民國歷史與文化研究

十八編

第 **1** 冊

形塑軍閥政治：北洋陸軍武器裝備研究（1894～1928）

蔣鐵鑫 著

花木蘭文化事業有限公司

國家圖書館出版品預行編目資料

形塑軍閥政治：北洋陸軍武器裝備研究（1894～1928）／蔣鐵鑫
著 -- 初版 -- 新北市：花木蘭文化事業有限公司，2024〔民
113〕
序 2+ 目 2+224 面；19×26 公分
（民國歷史與文化研究　十八編；第 1 冊）
ISBN 978-626-344-630-4（精裝）
1.CST：軍事史 2.CST：北洋軍閥 3.CST：軍事裝備
4.CST：武器
628.08　　　　　　　　　　　　　　　　　　112022502

ISBN-978-626-344-630-4

民國歷史與文化研究
十八編　第 一 冊　　　　　　　ISBN：978-626-344-630-4

形塑軍閥政治：北洋陸軍武器裝備研究（1894～1928）

作　　　者　蔣鐵鑫
總 編 輯　杜潔祥
副總編輯　楊嘉樂
編輯主任　許郁翎
編　　　輯　潘玟靜、蔡正宣　美術編輯　陳逸婷
出　　　版　花木蘭文化事業有限公司
發 行 人　高小娟
聯絡地址　235　新北市中和區中安街七二號十三樓
　　　　　　電話：02-2923-1455／傳真：02-2923-1452
網　　　址　http://www.huamulan.tw 信箱 service@huamulans.com
印　　　刷　普羅文化出版廣告事業
初　　　版　2024 年 3 月
定　　　價　十八編 22 冊（精裝）新台幣 55,000 元　　版權所有・請勿翻印

形塑軍閥政治：北洋陸軍武器裝備研究（1894～1928）

蔣鐵鑫　著

作者簡介

蔣鐵鑫，1993 年出生於甘肅張掖，現居成都。主要從事歷史研究與歷史教育工作。在工作期間多次獲得四川省教育教學獎勵，發表學術論文數篇，主持科研項目數項。

提　　要

「軍閥政治」是北洋時期最大的政治特徵。塑造軍閥政治的過程表面上是軍事集團政治化的過程，其背後的運行邏輯卻是武器裝備的強弱。本文從軍事史的研究視角入手，抓住軍閥政治發展的特殊動因——武器裝備的發展，分別從軍火貿易、兵工仿製、戰爭應用三個維度來論述武器裝備對於「軍閥政治」的影響。通過對北洋陸軍初建時期、袁世凱統治時期、後袁世凱時期、北伐戰爭時期四個時期的關於武器裝備的發展、仿製、應用以及制式統一等問題的論述，力圖展現武器裝備在「軍閥政治」形成過程中的作用。文章認為，武器裝備的強弱不僅僅影響了戰爭走向，作為一種震懾力量，武器裝備還形塑了近代軍閥的政治格局。但是中國軍隊武器裝備並沒有跟上世界軍事技術向機械化邁進的潮流，導致近代中國陸軍發展一直受制於人。最終北洋軍閥時期的軍隊沒有成為推進中國實現工業化的中流砥柱，也沒有成為維護民國「民主共和」的國之干城。

僅以此書獻給我的祖父蔣振華先生、
祖母張鳳英女士

序　言

李學通

　　北洋軍閥集團是清末民初時期對中國歷史走向產生重要影響的武裝政治力量，然而北洋軍閥史研究在整個中國近現代史研究中，卻始終不溫不火甚至顯得「冷僻」。個中原因，見仁見智，缺乏適當的「突破口」或許也是原因之一。

　　近代中國歷史始終伴隨著炮火硝煙，戰爭深刻地影響了它的政治、經濟、社會面貌，乃至國人的思維邏輯和語言表達方式。武器當然不是決定戰爭勝負的唯一要素，然而西哲有言：「批判的武器不能代替武器的批判，物質力量只能用物質力量來摧毀。」做為武裝的政治力量，武器裝備的強弱在北洋軍閥集團形成、成長、形塑晚清民初歷史面貌中發揮著舉足輕重的作用，乃至成為政治運行的底層邏輯。毋庸諱言，目前學界對於武備因素如何具體影響、形塑北洋軍閥政治，尚缺乏深入具體的系統研究。

　　鐵鑫的《形塑軍閥政治：北洋陸軍武器裝備研究（1894～1928）》，聚焦清末至民初北洋陸軍成長歷史，從軍火貿易、兵工仿製、戰爭應用三個維度，具體展現武器裝備在北洋集團形成過程及「軍閥政治」形塑中的武備因素。作者認為，武器裝備的強弱不僅影響了戰爭的走向，更形塑了清末民初的政治格局。在軍事技術、軍火貿易、戰爭應用相互交織影響下，「槍桿子共和國」最終也無法實現真正的民主共和。本書對於推動北洋軍閥歷史研究，深化相關歷史認知，都具有極好的學術意義和價值，甚或可以引發讀者就「歷史─戰爭─軍火」，做更深入的思考和討論，也未償不是推進北洋軍閥史研究的一個「突破口」。

　　筆者當年追隨章伯鋒、李宗一先生，參與編纂由中國史學會主持的中國近代史資料叢刊《北洋軍閥（1912～1928）》，並編著《北洋陸軍各師沿革概述》、撰寫《北洋六鎮編練過程考》等，對該此段史事雖稍有涉獵，但未及深入。鐵鑫是在學位論文的基礎上，進一步廣泛搜集海內外所藏相關歷史檔案文獻，完成《形塑軍閥政治：北洋陸軍武器裝備研究（1894～1928）》的寫作和出版，或許也可以說是對這段史事研究的一種傳承。

　　總而言之，這部《形塑軍閥政治》，立意新穎，史料翔實，敘述清晰，分析鞭闢入理，不失為一篇優秀學術著作。當然，瑕疵和不足也在所難免。作為軍事史著作，缺乏地圖的引用和具象化的戰局描繪，可能會給讀者的閱讀過程中帶來一些困擾。另外，書中所引用了不少歷史圖片是一大優點，但圖片細節的深挖和闡述尚有進一步提升的空間。瑕不掩瑜，該書有作為一部優秀軍事史著作的潛質，希望以後能有適合的時機再加補充修訂，使之更為完美。

目

次

緒　論

一、選題的目的與意義

（一）選題目的

辛亥鼎革之際，北洋陸軍以革命鎮壓者的身份前往武漢，最終卻憑藉強大的武力優勢「左右逢源」成為共和革命的反正者，開始掌控北京政府。作為北洋陸軍首領的袁世凱，是滿清宣統皇帝《退位詔書》指定的臨時共和政府的組織者和南京臨時政府參議院選舉的中華民國臨時大總統，他既「行使了清帝轉移的主權，但同時也繼承了南京臨時政府的法統。」〔註1〕袁世凱的雙重政治屬性決定了北洋陸軍要為鞏固國家主權和保衛民主共和政體承擔更多的歷史責任。

國防軍隊購買武器本是為了履行其作為國家暴力機關的責任，但北洋軍閥卻用手中的武器來鎮壓政治異見者，鞏固自身的權力與地位。北洋軍閥的暴力行徑不僅嚴重破壞了民初「民主共和」的政治理念，還使西方列強以此為理由對中國實施軍火禁運政策。

「裝備革新」對於北洋軍閥而言，無疑是自身軍事實力提升最為重要的內容，考察武器裝備發展的歷史，是以北洋軍閥的「物質基礎」為依據，探析其在中國近代軍事改革中的地位以及影響。逮至「九一八」事變，中國軍隊始終受困於武器裝備的不足和落後，這與北洋軍閥的武器裝備發展密切相關。

〔註1〕章永樂：《舊邦新造（1911～1917）》，北京大學出版社，2011年，第51頁。

　　毛澤東曾提出「槍桿子裏出政權」的著名論斷，正是民初政治現實的反映。「槍桿子」的問題並不是國民革命失敗之後才出現，從民國肇建「槍桿子」問題就成為了民國政治的重要議題。思考政治表象背後的運行邏輯才是歷史研究的目的，「槍桿子」的多寡強弱決定了一個軍事武裝集團的實力，也相當程度上決定了他們對中國政治的影響力。探析各類軍閥掌握的武器類型、武器來源以及武器在戰爭中發揮的作用，才能讓歷史研究憑藉對軍閥武裝力量的認識回溯到真正的歷史現場。

（二）學術創新與不足

　　近些年來，北洋軍閥史的研究一直是中國近代史研究中的「冷門」。更多歷史研究者的關注點漸漸由政治軍事史研究轉向社會文化史研究，這就使得北洋政治軍事史研究更加落寞。本文以武器裝備為線索梳理北洋軍閥繼承的晚清軍事遺產、袁世凱統治時期全國軍隊武器裝備的發展情況以及後袁世凱時期各個軍閥的武器裝備發展狀況。之所以選擇以武器裝備為線索，是因為武器裝備是真切還原歷史情境的切入點。儘管軍事力量並不是簡單的數據疊加，但是明晰北洋軍閥掌握的武器裝備來源、數量、性能以及武器裝備在歷次戰爭中的作用，可以更直觀地瞭解北洋軍事政治運作背後的原因。

　　除此之外，本文在寫作過程中尤其會注意世界軍事技術、戰爭形態發展過程對於中國軍事的影響——無論時局如何變幻，北洋陸軍的根本性質是國防軍，不能僅將北洋陸軍和其他各省軍隊加以比較，而是要將北洋陸軍放置在第一次世界大戰前後，世界軍事力量發生重大變革的歷史背景下進行考察。

　　本文的創新之處就是以武器裝備的購入、生產、應用為主線，打破政治史認識的局限，以軍事史的視角切入，考察軍事與政治的關係，武器裝備如何以及多大程度上影響了政治。以求更全面、真切地還原歷史真相。本文還使用了相關歷史照片，力求「以圖證史」，使文章敘述更加鮮活。

　　本文在寫作過程中也存在許多不足之處。首先，本文使用到的戰場地圖有限，戰場形勢的描寫多有隔膜之感。其次，運用的第一手檔案資料不足，對於戰爭細節的敘述稍顯凝滯。其三，國際形勢的把握並不充分，只是把「武器禁運」作為一項影響北洋軍閥武器進口的因素，並沒有將其上升到格局和框架的高度來分析。

二、研究現狀

（一）專著

北洋軍閥史最有成就的研究著作當屬來新夏等人編著的《北洋軍閥史》，該書以袁世凱小站練兵為開端，對於北洋六鎮的武器購置有比較詳細的歸納，並梳理了北京政府時期歷次軍閥混戰。無論是材料的應用還是論述的深度，該書都是北洋研究的執牛耳者。〔註 2〕

姜克夫編著的《民國軍事史》第一卷「北洋軍閥和國民革命軍」一書，對於北洋軍隊武器裝備的種類、兵力情況、戰爭中各軍的戰鬥組織序列都有詳細的介紹，是研究北洋軍閥軍事史不可或缺的軍事類專著。但是該書只有對各個軍事力量基本情況的概述，疏於分析戰爭背後的更深層次原因。該書對於交戰雙方的戰鬥序列的記述也多有不確之處，需要從各方材料中加以考證。〔註 3〕

王兆春是中國火器史研究專家，其編寫的《中國火器史》對於晚清的火器發展史有精到的評述，並充滿熱情地肯定了中國軍事技術專家對於中國武器製造做出的貢獻。該書的論述重點是中國火器的發展製造等問題，故而對於武器購買、應用論述並不充分。〔註 4〕

《中國軍事史》編寫組編寫的相關係列第一卷《兵器》，凝練地概括了中國兵器製造歷史，其中對於各種步槍、火炮的技術數據有最為權威的介紹，本文的武器裝備的技術數據大多引自該書。〔註 5〕周緯的《中國兵器史》一書更多的關注冷兵器，對於熱兵器所述有限。〔註 6〕邱捷的《近代中國民間武器》也值得注意，該書梳理了有關清末民國初年民間武器的基本史實，是一本紮實的中國近代「槍炮社會史」專著。〔註 7〕香港學者鄺智文的《民國乎？軍國乎？——第二次中日戰爭前的民國知識軍人、軍學與軍事變革》，該書作者極其重視「知識軍人」在民國軍事發展中的作用，作者利用近代軍事雜誌資料（尤以東北為多）梳理了近代中國軍事學發展歷程。〔註 8〕

〔註 2〕來新夏等著：《北洋軍閥史》，東方出版中心，2016 年。

〔註 3〕姜克夫：《民國軍事史》第一卷，重慶出版社，2009 年。

〔註 4〕王兆春：《中國火器史》，軍事科學出版社，1991 年。

〔註 5〕《中國軍事史》編寫組：《中國軍事史・兵器》，解放軍出版社，1983 年。

〔註 6〕周緯：《中國兵器史》，中國友誼出版公司，2015 年。

〔註 7〕邱捷：《近代中國民間武器》，社會科學文獻出版社，2012 年。

〔註 8〕鄺智文：《民國乎？軍國乎？——第二次中日戰爭前的民國知識軍人、軍學與軍事變革》，中華書局（香港）有限公司，2017 年。

　　美國學者鮑威爾的《中國軍事力量的興起（1895～1912）》是海外中國近代史專家較早論述晚清陸軍軍事現代化及其社會影響的論著。〔註9〕齊錫生的《中國的軍閥政治（1916～1928）》一書，利用資料分析了軍閥間保持「均勢」的軍事原因，並強調了地理因素對於北洋時期軍事的重要影響。〔註10〕安東尼（Anthony B. Chan）的著作《武裝中國人：中國軍閥與西方軍備貿易（1920～1928）》（Arming the Chinese: The Western Armaments Trade in Warlord China, 1920～28）是一本讓人敬佩的著作，作者從列強對華的軍火貿易著手，認真分析了軍火流入中國的過程，認為軍備貿易是一種新形式的帝國主義，西方和日本以軍火貿易的方式繼續對中國的「統治」。〔註11〕該書的第二到四章由沈自敏翻譯，發表在《近代史資料》第74號上。戴安娜·拉里（Diana Lary）將目光聚焦在武器裝備的具體操作者——中國普通士兵身上，她的專著《軍閥的士兵：中國普通士兵（1911～1937）》（Warlord Soldiers: Chinese Common Soldiers 1911～1937）講述在軍閥時代的士兵如何成為了軍閥進行恐怖統治的工具和手段，反映出軍事政權對平民社會造成的傷害。〔註12〕愛德華·A·麥考德（Edward A. McCord）的《槍的力量：現代中國軍閥的誕生》一書關注辛亥革命後的湖南和湖北地區，認為在民國初期反覆使用軍隊解決關於政權結構和分配的爭議，最終阻礙了公民政治的鞏固（the consolidation of civil authority）。愛德華的研究主要強調民國初年軍事政治化的傾向，從政治史角度討論軍閥主義侵害民主共和的過程。〔註13〕林霨（Arthur Waldron）的著作《從戰爭到民族主義：中國1924～1925年的轉折點》（From War to Nationalism: China's Turning Point 1924～1925）一書解釋了民族主義革命的開始和現代第一次世界大戰式戰爭引入中國之間的聯繫。該書的焦點是1924年有關上海地位的地區爭端升級為一場大規模的內戰（江浙戰爭）。該書借鑒了大量新的檔案資料，闡述了1924年的戰爭如何為激進的民族主義開闢了道路，深刻影響了中國的經濟、

〔註9〕　拉爾夫·爾·鮑威爾：《中國軍事力量的興起（1895～1912）》，中國社會科學出版社，1979年。

〔註10〕　齊錫生：《中國的軍閥政治（1916～1928）》，中國人民大學出版社，2010年。

〔註11〕　Anthony B. Chan, Arming the Chinese: The Western Armaments Trade in Warlord China, 1920～28（Second Edition）, University of British Columbia Press, 2010.

〔註12〕　Diana Lary, Warlord Soldiers: Chinese Common Soldiers 1911～1937, Cambridge University Press, 2010.

〔註13〕　Edward A. McCord, The Power of the Gun: The Emergence of Modern Chinese Warlordism, University of California Press, 1993.

社會、政治和對外關係。〔註14〕

中國近代軍事發展一直深受德國影響。德國漢學家喬偉與南開大學合作編著的《德國克虜伯與中國的近代化》，從中國引進克虜伯技術和知識層面，考察了晚清到民國的中國軍隊近代化的歷程。〔註15〕孫烈的著作《德國克虜伯與晚清火炮——貿易與仿製模式下的技術轉移》一書分析了晚清軍火貿易以及建立在仿製基礎上的兵器工業發展的得失成敗，以及貿易、仿製與技術轉移之間錯綜複雜的關係，是一本難得的軍事技術史研究專著。〔註16〕

對於近代兵工企業的研究專著，曾祥穎的《中國近代兵工史》是一本較為全面的中國兵工歷史梳理，略微遺憾的是，作者並沒有對中國近代兵工發展進行深刻論述。〔註17〕王爾敏所著《清季兵工業的興起》則認為兵工業雖是中國近代工業的先鋒，但其管理、產量、技術上處處落後，所以清末兵工企業的影響有限。〔註18〕

對於後袁世凱時期北洋各系軍閥軍事史研究，當屬郝秉讓編著的《奉系軍事》最佳。該書從軍事史角度細緻入微地分析了奉系軍閥從崛起到衰落的全過程，其中對於東三省兵工廠和奉系軍閥軍事裝備的狀況有著詳盡的論述，但是對於諸多細節論述並沒有寫明材料來源，有所遺憾。〔註19〕

關於軍事裝備技術性分析的著作，近年來也開始湧現。霍安治、馮傑編寫的《中國野戰炮兵史（1900～1937）》一書關注中國野戰炮兵的發展，以專業角度從射擊指揮、測地、觀測、通信、炮操五個方面追溯中國野戰炮兵歷史。特別值得關注的是，作者論述了中國火炮製造「特種鋼」製造的技術瓶頸和野戰炮騾馬駄力不足對於炮兵帶來的限制。但是該書對於北洋時期炮兵在戰爭中的作用，較少述及，且全書語言表達多有不嚴謹之處。〔註20〕

〔註14〕 Arthur Waldron, From War to Nationalism: China's Turning Point 1924～1925, Cambridge University Press, 2003.

〔註15〕 喬偉、李喜所、劉曉琴：《德國克虜伯與中國的近代化》，天津古籍出版社，2001年。

〔註16〕 孫烈：《德國克虜伯與晚清火炮——貿易與仿製模式下的技術轉移》，山東教育出版社，2014年。

〔註17〕 曾祥穎：《中國近代兵工史》，重慶出版社，2008年。

〔註18〕 王爾敏：《清季兵工業的興起》，臺北「中央研究院」近代史研究所，1978年。

〔註19〕 郝秉讓：《奉系軍事》，遼海出版社，2000年。

〔註20〕 霍安治、馮傑：《中國野戰炮兵史（1900～1937）》，中國長安出版社，2015年。

　　軍事史研究者更多關注的是抗日戰場上中日兩國武器裝備的研究，抗戰期間中國軍隊使用的武器大多來源於北洋軍隊，筆名為火器堂堂的研究者主編的《抗戰中國軍隊輕武器史料》對於北洋軍隊的武器裝備技術數據和來源也有所涉及。〔註21〕

　　除傳統的論著以外，影像史料的研究著作也值得注意。劉香成編著的《壹玖壹壹——從鴉片戰爭到軍閥混戰的百年影像史》雖然並不以北洋新軍為中心，但是部分照片反映出北洋軍人的真實細節。〔註22〕駱藝與黃柳青編著的《軍閥之國——從晚清到民國時期的中國軍閥影像集（1911～1930）》一書包含大量的北洋新軍以及北洋各系軍隊的圖片，並且對圖片內容加以考訂，是研究北洋影像史難得的佳作。〔註23〕陳克、岳宏編的《新軍舊影——清末新軍照片文獻資料選》，其中包含北洋新軍的訓練以及演習的大量照片，對於直觀認識北洋新軍的武器裝備水平有很大幫助。丁格爾關於武昌起義的《中國的革命（1911～1912）》一書，是丁格爾親身經歷武昌起義而寫成，更為難得的是丁格爾拍攝了許多關於武昌起義的照片，這為瞭解南北軍的武器裝備情況提供了珍貴的一手材料。〔註24〕

（二）論文

　　臺灣地區因為外交檔案的資源優勢，開展北洋軍事史研究比較早。最令人矚目的是陳存恭所著的《民初陸軍軍火之輸入》〔註25〕和《列強對中國禁運軍火的發端》〔註26〕，這兩篇文章對於國內、國際軍事形勢變化有著精到的把握，並利用當時作者所見資料分析了北洋時期武器裝備的購入和列強對華武器禁運的動因。在幾十年後，再評價前輩學者紮實的學術論文，難免要苛責作者所採用的資料並不十分全面。

〔註21〕火器堂堂主：《抗戰中國軍隊輕武器史料》，航空工業出版社，2014 年。

〔註22〕劉香成編：《壹玖壹壹——從鴉片戰爭到軍閥混戰的百年影像史》，世界圖書出版公司，2011 年。

〔註23〕駱藝、黃柳青編：《軍閥之國——從晚清到民國時期的中國軍閥影像集（1911～1930）》，人民日報出版社，2015 年。

〔註24〕〔美〕埃德森‧J‧丁格爾著，張建軍譯：《中國的革命（1911～1912）》，中央編譯出版社。2011 年。

〔註25〕陳存恭：《民初陸軍軍火之輸入》，《中央研究院近代史研究所集刊》第 6 期，1974 年，第 237 頁。

〔註26〕陳存恭：《列強對中國禁運軍火的發端》，《中央研究院近代史研究所集刊》第 4 期（上），1973 年，第 106 頁。

　　北洋軍閥軍事史研究的論文主要以學位論文為主。李寧的碩士論文《北洋新軍武器裝備建設歷史考察（1895～1911）》最貼近北洋軍閥武器裝備研究的主題，作者以1895～1911年間北洋新軍各個階段武器裝備情況為研究對象，基本釐清了其發展脈絡。但是作者只是簡單得出了北洋陸軍武器裝備「多購自世界軍事強國，品種豐富，性能精良」的結論，對武器裝備具體技術數據沒有加以嚴密分析，是以為憾。〔註27〕趙魯臻的博士論文《危機下的變革：晚清陸軍戰術及訓練研究──以湘軍、淮軍與新建陸軍為中心的討論》是為數不多的關注陸軍戰術及訓練的佳作，該文通過評價晚清陸軍在戰術和訓練上的得失，展現了中國軍事學的近代化過程。作者對晚清軍事思想表現出來的實用主義傾向進行了批評，並認為「晚清軍隊雖然在不斷變革，但其精神信念卻江河日下，產生了深遠的歷史影響。」〔註28〕王濤的博士論文《清軍火器、軍制與戰爭──以旗營與淮勇為中心》回應了西方史學界對「軍事革命」的研究，該文在清史的場景下將前清史與1840年代以後的變革扭結在一起，梳理出一條貫通清史的軍事變革脈絡。〔註29〕

　　郭靜的《清末新軍後勤體制研究（1895～1911）》一文認為北洋新軍後勤體制的建立，大大提高了新軍的反應協調與戰鬥能力，增強了清政府的軍事力量和國防力量。該文同時指出了清末新軍後勤體系因為經費不足和依賴國外武器而形成局限，但是該文對於清末整體兵工企業發展布局的認識並不深刻。〔註30〕潘崇的《錫良與清末雲南新軍編練》一文，評價了錫良督滇時期對於雲南新軍的改造，其中特別強調了錫良為雲南新軍購置武器裝備的過程，對於本文的寫作提供了有益的參考。〔註31〕

　　對於近代兵工企業科學技術史的研究，也不乏其人。施春煜的碩士論文《江南製造局技術引進及其工業體系的建構》深入到具體技術層面，對於江南

〔註27〕李寧：《北洋新軍武器裝備建設歷史考察（1895～1911）》，國防科學技術大學碩士學位論文，2008年。

〔註28〕趙魯臻：《危機下的變革：晚清陸軍戰術及訓練研究──以湘軍、淮軍與新建陸軍為中心的討論》，南開大學博士學位論文，2014年。

〔註29〕王濤：《清軍火器、軍制與戰爭──以旗營與淮勇為中心》，復旦大學博士學位論文，2007年。

〔註30〕郭靜：《清末新軍後勤體制研究（1895～1911）》，陝西師範大學碩士學位論文，2012年。

〔註31〕潘崇：《錫良與清末雲南新軍編練》，《軍事歷史研究》2016年第3期，第69頁。

製造局技術的引進和成果有了完整的認識。該文對於江南製造局具體技術細節的研究給人以啟發。〔註 32〕侯玲玲的《湖北槍炮廠的興建和發展（1888～1927）及其歷史作用的探析》一文是對湖北槍炮廠發展歷史中規中矩的梳理，對湖北槍炮廠的技術細節的爬梳和分析還遠遠不夠。〔註 33〕除了學位論文，侯昂妤和劉戟峰發表在香港《二十一世紀》雜誌的文章《中國近代軍事學何以落後於日本》一文也應該注意。該文將「科學的獨立與專業化」看作中國軍事學開始落後的因素之一，對於中國軍事學的研究很有啟發意義。〔註 34〕

　　華中師範大學是中國近代史研究的重鎮，其培養的碩士生也逐漸將目光聚焦於北洋軍事史研究。謝之玉的碩士論文《1912～1926 年湖北軍隊建設研究》通過北洋時期湖北軍隊發展、後勤建設、內部建設，以及湖北軍隊對於社會影響等諸方面展開論述，得出湖北軍隊「近代化軍隊仍有一定距離」的結論。該文基本上一篇比較完整的北洋時期湖北軍隊沿革史文章。值得注意的是，作者強調了漢陽兵工廠的歷史地位，並給出了「由於被軍閥把持，漢陽兵工廠的成就沒有為國家做出貢獻」的評價，這點值得商榷。〔註 35〕吳吉利的《北洋初年陸軍改造論評（1912～1916）》通過分析 1912 到 1916 年間北京政府為陸軍建設所做出的努力，肯定了北京政府在推動軍隊近代化方面的貢獻。〔註 36〕

　　除此之外，李峰的碩士論文《民初陸軍部研究（1912～1916）》以建立現代化國防為切入點，論述了陸軍部制度變遷與實際運作，該文更多傾向於制度沿革，並不是純粹的軍事史研究。楊濤的碩士論文《北洋陸軍第三師述略》對北洋陸軍第三師從建立到覆滅的過程進行了梳理，全文行文單薄，使用材料不多，參考價值有限。〔註 37〕

〔註 32〕施春煜：《江南製造局技術引進及其工業體系的建構》，蘇州大學碩士學位論文，2006 年。

〔註 33〕侯玲玲：《湖北槍炮廠的興建和發展（1888～1927）及其歷史作用的探析》，內蒙古師範大學碩士學位論文，2011 年。

〔註 34〕侯昂妤、劉戟峰：《中國近代軍事學何以落後於日本》，《二十一世紀》總第 100 期，2007 年，第 73 頁。

〔註 35〕謝之玉：《1912～1926 年湖北軍隊建設研究》，華中師範大學碩士學位論文，2017 年。

〔註 36〕吳吉利：《北洋初年陸軍改造論評（1912～1916）》，華中師範大學碩士學位論文，2016 年。

〔註 37〕楊濤：《北洋陸軍第三師述略》，吉林大學碩士學位論文，2011 年。

對於北洋陸軍個別軍種的研究，並不多見，何薇的《段祺瑞與清末北洋新軍炮兵制度研究（1895～1900）》一文填補了相關空白，該文評價了段祺瑞在北洋炮兵成立過程中的領導作用，並認為炮兵制度的建立為中國軍事各方面的發展和成熟奠定了基礎。但全文只是一篇中規中矩的北洋新軍炮兵沿革史，對於北洋新軍使用的火炮的具體型號、性能並沒有詳加討論。〔註38〕

隨著歷史學的發展，新史學理論也開始出現。臺灣學者黃金麟的論文《近代中國的軍事身體構建（1895～1949）》應用了西方身體史的研究方法，該文以一種整體性和趨勢發展的視角，試圖揭示自小站練兵以來中國身體和國家的軍事訓練之間的因果關係。與此同時，作者也嘗試證明，國家對身體的壟斷與民族國家的競爭趨勢和「整體戰」思維有著密切關係。身體史理論當然是一種歷史研究的新視角，但目前從學術界的接受程度來看，該種理論還處在自說自話的階段，需要不斷的補充和完善。〔註39〕

（三）相關史料

來新夏主編的《中國近代史料叢刊・北洋軍閥》（五卷）彙集了從1895年到1928年間北洋軍閥有關的資料，對北洋軍閥武器裝備的記述散見於其中，尤其對於晚清新建陸軍的各種文件輯錄較為全面。〔註40〕章伯鋒、李宗一主編的《北洋軍閥（1912～1928）》（六卷）所收集資料以北京政府時期的活動為主，對於各歷史事件的相關電報、談話、信函搜羅完備，對瞭解戰爭局勢有極有價值。〔註41〕第二歷史檔案館編的《北京政府檔案》彙編了北京政府時期各個政府檔案，並且該檔案已經全部實現數字化，其中陸軍部等部門的檔案為北洋武器裝備史研究提供了便利。本文所引用的相關部分檔案均來自「第二歷史檔案館開放檔案查詢系統」。〔註42〕《中華民國檔案資料彙編・北洋政府・軍事》是對北洋政府的行政公文較為全面的輯錄整理，對於諸如軍制、人事任命、國防軍等諸多問題的研究提供了查閱史料的便利。

〔註38〕何微：《段祺瑞與清末北洋新軍炮兵制度研究（1895～1900）》，上海大學碩士學位論文，2015年。

〔註39〕黃金麟：《近代中國的軍事身體構建（1895～1949）》，《中央研究院近代史研究所集刊》第43期，第173頁。

〔註40〕來新夏：《中國近代史料叢刊・北洋軍閥》（五卷），上海人民出版社，1993年。

〔註41〕章伯鋒、李宗一主編：《北洋軍閥（1912～1928）》（六卷），武漢出版社，1990年。

〔註42〕中國第二歷史檔案館編：《北京政府檔案》，中國檔案出版社，2010年。

　　《近代史資料》編譯室主編的《徐樹錚電稿》收錄了時任奉軍副司令的徐樹錚於 1917～1918 年致各方的密電存稿，這一時期正值直皖政爭不斷，徐樹錚引奉軍入關劫奪軍械，該電稿對於瞭解皖系、奉系軍事發展有很大幫助。〔註43〕張國淦作為北京政府要員，其對於北京政府內部的各種政治情況頗為瞭解，所以其《北洋述聞》一書可作為歷史細節的補充。〔註44〕

　　榮孟源、章伯鋒主編的《近代稗海》系列是對上述史料最好的補充，《近代稗海》第4、5輯對於軍閥混戰均有所涉及。值得一提的是，第14輯《北伐陣中日記》是國民革命軍參謀部的作戰日記，其中包括了國民革命軍的進軍路線、戰鬥詳報以及各類電報，是研究北伐戰爭的一手材料。〔註45〕張俠等編著的《北洋陸軍史料》對於民國初年北洋陸軍各師的概況、軍械以及鎮壓「二次革命」和對抗護國戰爭中的情況有著詳細的介紹，該書是研究袁世凱掌握北京政府時期重要的歷史資料。〔註46〕《中國近代兵器工業檔案史料》彙集了從晚清洋務運動到中華人民共和國成立前近百年的兵工歷史檔案。其中對晚清民國的軍火生產統計、兵器科學發展的相關文件都有收錄整理，是研究近代兵工發展最全面的檔案資料彙編。〔註47〕《袁世凱全集》的出版對於北洋歷史研究而言是巨大的推動，袁世凱全集收錄了從光緒元年（1875 年）至民國五年（1946 年）袁世凱的存世文字，收集了國內（包括港澳臺地區）的已刊未刊檔案，以及日本、韓國主要的已刊未刊檔案。對於北洋軍事史而言袁，世凱作為北洋新建陸軍的主要領導人，他的信函、奏摺有許多涉及具體戰爭細節的方面。〔註48〕

　　天津作為北洋軍閥的起點，對於北洋軍閥歷史有著特殊的地位。天津檔案館編的《北洋軍閥史料》（33 冊）分為「袁世凱卷（二冊）」、「黎元洪卷（十四冊）」、「徐世昌卷（九冊）」、「吳景濂卷（八冊）」。其中所收的資料包括他們的家書、文稿、圈閱文件、條陳、說帖等公私文件，內容翔實，是研究北洋時期

〔註43〕中國社會科學院近代史研究所《近代史資料》編譯室：《徐樹錚電稿》，知識產權出版社，2013 年。

〔註44〕張國淦：《北洋述聞》，上海書店出版社，1998 年。

〔註45〕榮孟源、章伯鋒主編：《近代稗海》，四川人民出版社，1985 年、1988 年。

〔註46〕張俠：《北洋陸軍史料（1912～1916）》，天津人民出版社，1987 年。

〔註47〕《中國近代兵器工業檔案史料》編委會：《中國近代兵器工業檔案史料》，兵器工業出版社，1993 年。

〔註48〕劉路生、駱寶善：《袁世凱全集》，河南大學出版社，2013 年。

軍事社會的重要參考資料。〔註49〕天津檔案館還編有《北洋軍閥天津檔案史料選編》，其中軍事部分涉及北洋軍閥軍火購買和軍事攤派等問題。〔註50〕瀋陽作為奉系軍閥的大本營，其所藏檔案亦不在少數。遼寧省檔案館編有《奉系軍閥密電》（5冊），對於瞭解兩次直奉戰爭及奉系軍隊內部發展極具參考價值。〔註51〕

　　《中華文史資料文庫・政治軍事編》第一卷與第二卷是全國政協輯錄的關於晚清民國以及北伐戰爭的相關回憶錄。對於補充清末民初各場戰爭的細節，提供了良好的史料支撐。但是該種史料最大的缺點就是時間、地點、人物的記述有不準確之處，引用時需要多加辨析。〔註52〕《民國史料叢刊》是一套影印民國時期各類史料的大型叢書，其中北洋時期的軍事書籍搜羅並不太多，但收錄的關於江浙戰爭的書籍對於戰爭細節的描述彌足珍貴。〔註53〕

　　除紙質文本史料外，《全國報刊索引》數據庫收錄的各種資料，尤其是《陸軍學會軍事月報》、《兵事雜誌》等刊物為本文的論文寫作提供了較為直接的當時人對於軍事發展情況的認知史料。〔註54〕臺北「中央研究院」近代史研究所開發的近代春秋 TIS 系統，不僅包括了《中華民國史事日誌》還收錄了《譚延闓日記》與《徐永昌日記》等，前者為歷史事件的發生提供了準確的時間發展線索；後者則是以北洋時期軍事要員的為主，對於北洋軍事史研究而言是珍貴的一手史料。〔註55〕除此之外臺北「中央研究院」近代史研究所藏部分民國外交檔案可以在線瀏覽，民初軍火貿易作為外交的一部分，對於瞭解軍火貿易的來龍去脈至關重要。〔註56〕

　　以上就是北洋時期軍事史相關的專著、論文和檔案資料的情況，但是筆者力有未逮，有許多研究成果和資料可能在我搜集範圍之外，希望以後有機會將其歸納進來。

〔註49〕天津檔案館編：《北洋軍閥史料》，天津古籍出版社，1996年。
〔註50〕天津檔案館編：《北洋軍閥天津檔案史料選編》，天津古籍出版社，1990年。
〔註51〕遼寧省檔案館編：《奉系軍閥密電》，中華書局，1984、1986年。
〔註52〕中國人民政治協商會議全國委員會文史資料委員會編：《中華文史資料文庫・政治軍事編》，中國文史出版社，1996年。
〔註53〕張研：《民國史料叢刊》，大象出版社，2009年。
〔註54〕全國報刊索引：http://www.cnbksy.cn/
〔註55〕臺北「中央研究院」近代史研究所近代春秋 TIS 系統：http://mhdb.mh.sinica.edu.tw。
〔註56〕臺北「中央研究院」近代史研究所檔案館：http://mhdb.mh.sinica.edu.tw。

三、概念、思路與方法

（一）概念解釋與說明

1. 武器裝備

工業革命以來，戰爭的形態發生了顛覆性的改變。武器裝備變得越來越多樣，殺傷力越來越大，戰爭中死亡人數越來越多，波及的範圍越來越廣，最終釀成了兩次世界大戰。武器裝備在其中的作用不言而喻。

《軍事裝備史》一書指出，作為集合概念的軍事裝備，「是獨立於編制體制、作戰方式、軍事理論等軍事領域的一個重要組成部分或子系統，因此又叫軍事裝備系統。」〔註57〕這就極大的豐富了武器裝備歷史研究的內涵。本文以北洋時期武器裝備（主要指槍炮）為考察對象，就是將武器裝備看作是發展的過程來進行研究。所以本文將按照武器裝備的需求、武器裝備的引進、武器裝備的生產和使用、武器裝備的影響四個方面進行考察。

2. 軍閥

關於「軍閥」政治的概念充滿爭議，譬如齊錫生講到：「『軍閥』（militarists）這個名詞是指個別的政治角色。雖然『軍閥』（warlord）是一個通常慣用的名詞，並用來作為這本書的書名（指《中國的軍閥政治（1916～1928）》），但是他含有輕蔑、非難的意思。甚至在20年代，對於究竟誰是一個「軍閥」，而誰不是，仍常有爭論。其爭論的焦點在於「軍閥」含義究竟是什麼。」〔註58〕可見對於「軍閥」一詞的含義，時人並不明確，後來的歷史學研究者也心存疑慮。

桑兵的研究發現，中國最早使用「軍閥」這一概念的是李大釗，早在1915年《申報》相關報導就有「軍閥」一詞，而且日本東方通信社在1916年將中國軍事實力派稱之為「軍閥」。「軍閥」一詞進入中國之時，已經很明確地指向了段祺瑞等人，但是還沒有「北洋軍閥」的提法。至遲到了1917年，「北洋軍閥」一詞已經將矛頭「直指執掌全國政權的段祺瑞及安福俱樂部。」〔註59〕

作為北洋史研究的執牛耳者——來新夏批駁前人對於軍閥的定義集中在「私兵、地盤和武裝」三點來立論，指出北洋軍閥內部雖有派系，但不是「將」

〔註57〕郭世貞、裴美成：《軍事裝備史》，解放軍出版社，2007年，第6頁。
〔註58〕齊錫生：《中國的軍閥政治（1916～1928）》，中國人民大學出版社，2010年，第1頁。
〔註59〕桑兵：《「北洋軍閥」詞語再檢討與民國北京政府》，《學術研究》2014年09期，第102～108頁。

能終生專其「兵」，故而不能稱之為私兵，而以「軍事組織」更為妥切；對於割據地盤則用反證邏輯，提出軍閥需要割據，但不能由此作出凡割據都是軍閥的反命題；至於武治一說，來新夏指出本不用將「文治」「武治」人為地強分畛域，混淆史實。基於此，來新夏從北洋軍閥集團的主導思想、本身具備的條件，特別是北洋的劣行和對社會進程所起的反作用，斷言軍閥概念是一個貶義詞，並對軍閥概念作了表述：「以北洋軍閥為代表的近代軍閥是以一定軍事力量為支柱，以一定地域為依託，在「中體西用」思想指導下，以封建關係為紐帶，以帝國主義為奧援，參與各種政治、軍事及社會活動，罔顧公義，而以只圖私利為行使權力之目的之個人和集團。」〔註60〕

徐勇從超越北伐史觀的理解出發，提出了對軍閥的定義：「所謂軍閥，實指近代社會政治轉型時期軍政關係失衡條件下，逾越法制規則與文化道義而擅權干政的軍事人物或其權勢集團；軍閥是含貶義的近代漢字概念，是同推進社會發展的健康的軍事力量相對立的形象稱謂。」〔註61〕

張華騰則認為北洋軍閥的形成有一個過程，如果一開始就稱他們為軍閥，那麼就掩蓋了形成過程中的一系列事實，影響了對他們進行客觀評價。張華騰認為中性詞彙「北洋集團」的提法對其研究才符合歷史實際，他認為「北洋集團」分為三個時期：「從甲午戰爭後小站練兵到1911年辛亥革命前，為北洋集團的興起和遭受挫折時期；從1911年辛亥革命袁世凱重新出山、繼任中華民國臨時大總統到1914年中華民國約法公布，為北洋集團發展的頂峰時期；從袁世凱稱帝敗亡到張學良東北易幟，是北洋集團發展為北洋軍閥時期，同時也是北洋集團的衰落和滅亡時期。」〔註62〕

近代軍閥政治的形成是一個緩慢的過程，不是由歷史事件可以將其割裂的。本文作為軍事史研究論文，尤其是武器裝備史研究論文，應該考慮到軍閥存在的前提是武器裝備所賦予的「暴力震懾」使其擁有了把持中央到地方政權的實力。本文認為在近代以來，使用現代武器裝備，濫用軍事力量鎮壓人民和政敵，違背「民主共和」精神推行專制集權統治的武裝集團就是軍閥。

〔註60〕來新夏等著：《北洋軍閥史》，東方出版中心，2016年，第18頁。
〔註61〕徐勇：《近代中國軍政關係與「軍閥」話語研究》，中華書局，2009年，第11頁。
〔註62〕張華騰：《北洋軍閥詞語探源──簡論北洋軍閥、北洋集團概念的使用》，《史林》2008年，第3期，第58頁。

（二）論文結構及主要內容

　　第一章論首先回顧了中國火器引進的歷史，簡述世界軍事技術革新帶來的軍事革命，由此勾勒出「軍事大分流」對於中國軍事發展的負面影響。其次探討北洋新建陸軍、武衛右軍以及北洋常備軍的發展過程中，其裝備的制式步槍、火炮的性能，以及與列強（尤其是日本、俄國）之間的差距，凸顯出其作為大清王朝的國防軍與假想敵之間「軍事分流」趨勢。最後對於兵工廠的發展情況也略加論述，肯定了晚清兵工廠在技術層面的進步，對清末兵工廠落後於世界軍事發展潮流的原因也進行了剖析。

　　第二章論述辛亥革命中北洋陸軍的武器裝備優勢給袁世凱帶來的政治優勢。在袁世凱統治時期，中國軍隊的發展相對來說較為平穩，兵工企業進步明顯，但是袁世凱對於兵工企業統一治理的規劃以及制式武器統一的計劃，都沒有得到實施。通過贛寧之役與護國戰爭，可以看到北洋軍閥仍然是中國最強的軍事集團。

　　第三章從護法戰爭著手，簡述皖系軍閥的武力統一政策失敗，導致其開始向日本靠攏，積極獲得日本貸款軍械。皖系軍閥編練的西北軍和國防軍裝備了精良的日式武器，並由日本教官負責訓練。但是直皖戰爭爆發，皖系軍隊並沒有完全發揮實力，便因曲同豐被俘等原因而戰敗。皖系的軍械最終被直系與奉系瓜分。

　　第四章論述直系軍閥在西方武器禁運背景下的軍事發展情況。因直系軍閥對於兵工廠的發展沒有規劃致使其統治北京政府時期，國內兵工廠發展毫無起色。鑒於此，直系又不得不向意大利等國購買軍械，但是意大利並非傳統軍事工業強國，加之直系財政困難，購買軍械相當有限，第一次直奉戰爭雖然直系勝利，但其沒有繼續推動軍事改革和兵工企業發展。

　　第五章回溯奉系從秦皇島截械之後的軍事崛起之路，第一次直奉戰爭敗北後，張作霖大力整合東三省軍事實力，設立東三省陸軍整理處推動奉系軍隊軍事改革，尤其重視炮兵的發展。奉系還著力發展東三省兵工廠，使其一躍而成當時國內生產規模最大的兵工廠。除此之外，張作霖還積極購買軍械，使奉軍裝備更為完備。到第二次直奉戰爭，奉軍戰略推進得當，戰術運用相宜，並在馮玉祥發動北京政變的配合下，一舉戰勝直軍。

　　第六章論述蘇聯軍事援助對於國民革命軍的建立和北伐的作用。雖然蘇聯援助的武器裝備並不是最為先進的武器，但是通過蘇聯的軍事援助使得國

民革命軍從無到有，這對於國民革命軍的發展而言是相當關鍵的因素。在北伐中，蘇聯顧問也幫助國民革命軍在軍事戰略上做出了正確的決定，直到蔣介石發動「四一二」反革命政變，蘇聯對國民革命軍的援助才停止。在蔣介石尋求日本幫助未果以及「濟南事變」之後，國民黨開始選擇與德國進行軍事合作。國民革命軍通過「二次北伐」順利進軍北京，北伐宣告結束。

第一章　北洋建軍時期的軍備發展

一、中國火器引進

武器裝備是進行戰爭的必要工具。武器裝備的發展離不開科學技術的進步，而武器裝備的不斷發展又促使戰爭形態發生了巨大的變化。

中國發明的黑火藥使世界軍事史開始出現「冷兵器」和「熱兵器」的分類。黑火藥不僅被用來製作焰火，同時也被被運用到軍事作戰上，諸如火箭、噴火器、地雷等軍事武器被製造出來。在近代科學產生以前，火器裝備水平長期停滯不前。歐洲人最遲至 1267 年開始使用黑火藥，1326 年歐洲出現銃炮。戰爭的壓力加之理性主義的指引使得歐洲火器裝備開始變得精密，早期的殖民者更是將火器作為強制暴力的一種必不可少的工具。

武器裝備的發展史，無疑也是人類歷史中最血腥最暴力的篇章——自大航海時代以來，「殺人技術」開始變得愈加精巧與高效，先進的武器成為歐洲殖民者征服全球的憑藉。正如麥克奈爾所說：「當他們能夠壟斷新式火炮，中央集權就能夠掌握更大的領域。」〔註1〕從某種程度上，我們可以說現代世界政治是由武器裝備形塑的。

（一）火槍

明崇禎八年（1635 年），《軍器圖說》一書記載了畢懋康製造的燧發槍，這是有中國使用燧發槍最早的文字記載。〔註2〕有清一代，燧發槍並沒有大量

〔註 1〕William H. McNeil, The age of Gunpowder Empires 1450～1800, Washington: American Historical Association, 1989, P.1.

〔註 2〕王兆春：《中國古代兵器》，天津教育出版社，1991 年，第 95 頁。

的裝備部隊使用，清軍單兵作戰武器還是以鳥銃為主。〔註3〕但是在近三百年的時間裏，歐洲國家的武器裝備中燧發槍佔據主流。到了 1840 年第一次鴉片戰爭時，侵華英軍使用的主要槍型之一就是 1800 年裝備的伯克式前裝滑膛燧發槍。〔註4〕英軍的燧發槍發展比較成熟，射程和射速也優於清軍使用的鳥銃，所以與英軍的正面作戰中清軍連連失利。

為了鎮壓太平天國，湘淮軍開始積極購置西方步槍，甚至「在淮軍幾支精銳營頭中顯然已經有了洋槍隊的編制」。〔註5〕西式武器的引進使湘淮軍在以排槍對戰的野戰中佔據優勢。

到了 1892 年，中國江南製造局在吸取了先進的彈倉技術之後也製造出了一種連發槍，被稱作「快利連珠槍」。快利步槍是參考奧匈帝國曼利夏步槍和英國新利步槍、南夏步槍所設計而成的，其性能要比原型槍曼利夏步槍優異。但是到了 1897 年江南製造局放棄了快利連珠槍，轉而一心發展 7.9 毫米毛瑟步槍。

甲午戰爭中使用村田式步槍的日本士兵

圖片來自 HISTORICAL PHOTOGRAPHS OF CHINA：https://www.hpcbristol.net

---

〔註3〕王兆春：《中國火器通史》，武漢大學出版社，2015 年，第 266 頁。

〔註4〕茅海建《天朝的崩潰——鴉片戰爭再研究》，生活・讀書・新知三聯書店，2016 年，第 33 頁。

〔註5〕王濤：《清軍火器、軍制與戰爭——以旗營與淮勇為中心》，復旦大學博士學位論文，2007 年，第 136 頁。

　　1894 年甲午中日戰爭爆發，清軍裝備的步槍主要是 M1871 式毛瑟步槍和雷明頓 M1867 步槍，還裝備了其他步槍，槍支種類混雜。日軍則裝備了村田式來復槍，這款村田步槍於 1889 年（明治 22 年）改良自「十八年」式村田銃步槍，雖然該槍借鑒了德國 M1888 年式步槍的部分優勢，但是在槍械設計上更接近於 M1871 毛瑟步槍。只在步槍的性能上而言，中日兩國的步槍性能相近，並無代際差別。在船橋裏戰役中，清軍以 2200 人對 3600 敵兵，拼死搏戰，取得了重大的戰果。〔註6〕這就說明了在作戰中清軍如果充分發揮武器性能，還是一支可以抵禦侵略的生力軍。甲午戰爭的失敗，原因當然是各種各樣的，但僅就陸軍步槍而言並不是「器不如人」而導致的失敗。

（二）火炮

　　火炮的出現則使得大型投擲武器在圍攻城市的戰爭中大放異彩。比如在 1453 年君士坦丁堡之戰時，奧斯曼土耳其用匈牙利人烏爾班設計的重達 17 噸的大炮，擊碎了君士坦丁堡的城牆。令人感到唏噓的是，烏爾班設計的大炮在一次炸膛事故中也帶走了這位武器天才的生命，可見當時的火炮技術還不成熟。火炮雖是攻城戰中的利器，但對於野戰來講，則只能起到威懾敵人心理的作用。海戰則不同於陸戰，當小型火炮被裝上帆船就成為最有效的遠距離投擲武器。火炮技術也隨著殖民者的航海軌跡，在世界各地傳播。

　　火炮技術傳入中國，則要等到 1517 年。〔註7〕當時明朝官員以「佛朗機銃」來命名這種歐洲後膛炮。這種歐洲早期樣式的後膛炮一般需要兩個人才能操作，一人負責發射，一人負責裝填。其口徑為 2～8 英寸（5～20 釐米），長度則為 4～6 英尺（120～180 釐米），重量則在 100～400 磅（45～180 公斤）。較好的熟鐵後膛炮和銅後膛炮在 16 世紀初才出現，最大有效射程為 200～500 碼（180～450 米）。〔註8〕明代中國火炮的性能應該在此類歐洲後膛炮之下。

　　明清之際，火炮在戰爭中依然發揮著重要的作用。薩爾滸之戰後，明朝軍隊在檢討自己軍事潰敗原因基礎上加強了對遼東的經營，部署歐式火炮成為遼東防禦體系的重點。在明軍整軍經武的同時，滿洲也積極組織自己的火炮部

〔註6〕戚其章：《甲午戰爭史》，上海人民出版社，2005 年，第 98 頁。

〔註7〕周維強：《佛朗機銃在中國》，社會科學文獻出版社，2013 年，第 23 頁。

〔註8〕Guilmartin, J.F.Jr, Gunpowder and Galleys, Cambridge: Cambridge University Press, 1974, P.160.

隊，1631 年 2 月 8 日，佟養性督率被俘虜的漢族工匠鑄造了 40 門歐式大炮，這些大炮在大凌河之戰中發揮了至關重要的作用。〔註9〕

　　清軍入關之後，清軍的火炮技術並沒有質的提升。直到太平天國運動爆發，清政府才開始積極購買西方先進的武器裝備，其早期購買的武器都是來自英、法、美等國的私商。這些軍火掮客最初賣給湘軍的都是西方淘汰的舊式鐵製前膛裝滑膛炮，儘管該種火炮落後於後裝線膛炮一代的差距，但是相比而言比清軍之前裝備的火炮要先進許多。作為清政府的雇傭軍華爾率領的洋槍隊在不敵太平軍後，也開始在上海添購了一對半噸重的拿破崙野戰炮。〔註10〕

北塘炮臺內部，彈藥庫和大炮

英國攝影師菲利斯·比託在第二次鴉片戰爭中拍攝。可以看出清軍使用的火炮與「佛朗機」幾無差別，依舊十分落後。圖片來自 HISTORICAL PHOTOGRAPHS OF CHINA

〔註 9〕〔美〕魏斐德著，陳蘇鎮、薄小瑩譯：《洪業——清朝開國史》，新星出版社，2013 年，第 121 頁。
〔註 10〕〔美〕裴士鋒著，譚伯牛譯：《天國之秋》，社科文獻出版社，2014 年，第 84 頁。

　　把當時世界最先進的後裝線膛火炮帶到中國的，並不是出售各種武器給湘軍和太平軍的軍火掮客，而是英國侵略者。第二次鴉片戰爭時，英軍帶來了剛研製成功不久的阿姆斯特朗炮，這種被譽為「第一門真正的現代武器」的首秀就出現在中國。阿姆斯特朗炮是當時後裝線膛炮中的佼佼者，其最大射程達到驚人的 5000 碼，遠遠超過普通的拿破崙炮。當英軍用阿姆斯特朗炮轟擊防守的清軍時，情境相當慘烈。目睹了阿姆斯特朗炮驚人威力的英軍軍官麥吉寫道：

　　　　我就站在巴里炮兵連的旁邊，他們的大炮之精確既讓人驚歎，又讓人害怕，炮彈準確命中既定目標，清軍的大炮被擊中後就在他們耳邊爆炸，硝煙四起……（工事內部）15 具（清軍）屍體橫七豎八地躺在大炮周圍，表情各異，令人恐懼。可以看出，他們三個一組操作大炮，同樣可怕的阿姆斯特朗炮將他們三個一組送上了天……〔註11〕

20 磅阿姆斯特朗炮

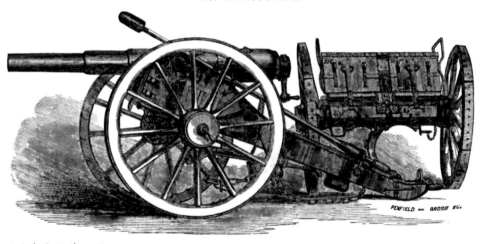

圖片來自維基百科。

（三）軍事大分流

　　明末清初由於現實戰爭的需要，推動了中國的火器技術的發展，使中國火器技術一度達到了世界先進水平。同時代的日本，也是如此。日本戰國時代（1467～1600）「公認為最偉大的軍事家武田信玄就是受火槍長距離狙擊喪

〔註11〕〔英〕麥吉著，葉紅衛、江先發譯：《我們如何進入北京——1860 年中國戰役的記述》，中西書局，2011 年，第 83 頁。

生，而織田信長在著名的長筱之役（1575）能夠徹底擊潰武田勝賴，主要得力於埋伏在河邊的上萬名火神搶手。這說明在短短一代之間，火槍就左右了日本政治、社會了。」〔註12〕陳方正在《競逐富強——公元1000年以來的技術、軍事與社會》一書所做的序中認為，日本近代武器落後的原因在於「維持穩定的大前提下，已經發展起來的先進科技被壓制。」〔註13〕其實，這只是一個內部原因，更重要的因素是：中、日兩國作為東亞軍事力量的傳統強國，一直在更新「技術」方面是佼佼者，但始終沒有發展起來成熟的科學體系，沒有科學基礎知識作為發展科學技術的基石，武器裝備研發很難有實質性突破。在火繩槍時代，東亞的火器製造者尚能以更精細的手工來彌補科學知識的不足，但是隨著歐洲科學理論的不斷突破，工業替代手工業時代的到臨，東亞的火器技術優勢蕩然無存。

北京城牆上的火炮

中國的火炮從明末清初之後再無大的改變。圖片來自 HISTORICAL PHOTOGRAPHS OF CHINA

1840年中英鴉片戰爭中，儘管在技術原理上中英雙方使用的火炮還是同一技術時代的產品，但是「此時的英軍火炮從數量意義上講，在其設計思想、炮身材質、鑄造工藝、彈藥質量、火炮射程、艦炮品質、火炮機動性、射擊精度和射速等技術關鍵之處優於清軍。」〔註14〕

〔註12〕〔美〕威廉·H·麥尼爾著、倪大昕、楊潤殷：《競逐富強——公元1000年以來的技術、軍事與社會》，上海辭書出版社，2013年，序第1頁。

〔註13〕〔美〕威廉·H·麥尼爾著、倪大昕、楊潤殷：《競逐富強——公元1000年以來的技術、軍事與社會》，上海辭書出版社，2013年，序第2頁。

〔註14〕劉鴻亮：《第一次鴉片戰爭時期中英雙方火炮的技術比較》，《清史研究》2006年第3期，第31頁。

正是得益於工業革命的成果，英軍的優勢呈幾何式增長。工業革命的技術使得軍隊的運輸和補給可以依託於汽船和鐵路，令人印象深刻的是：「1840年 6 月，英軍從廣東水域出發，攻陷定海，兵臨天津海口，僅花了 35 天。……道光帝在 1841 年 1 月虎門沙角、大角之戰前後增兵廣東，但在 4 個月後才有一次微小的攻勢。」〔註15〕雖然清軍總體士兵數量要遠超英軍，但是在局部戰爭來看，英軍的運兵效率使得其軍隊可以快速集中兵力並重複投入不同的戰場作戰。武器裝備在工業革命後的迅猛發展，也使得戰爭的基本形式發生了巨大的變化。歐陽泰將這一時期中國與歐洲出現的軍事差距稱之為「軍事大分流」，他認為「英軍的優勢一部分要歸功於歐洲的實驗科學傳統」。〔註16〕誠然如此，沒有近代科學實驗的出現，對於軍事技術的進步則沒有本質的推動。

日本明治維新之後，軍事工業迅速發展，科學精神也逐漸為日本人所接受。正如杉本勳在《日本科學史》中指出，面對十九世紀西方的軍事壓力，日本敏捷地認識到：「一、在西方軍事優勢的背後，存在著經過產業革命的產業技術優勢；二、在產業技術優勢的深處存在著近代科學思想；三、有必要培養本國的科技人才。中國則通過一部分先進的官僚之手引進了上述第一點的西方軍事技術並謀求產業近代化。以農本主義和科舉制度為基礎的清朝政府，在十九世紀內沒有積極著手根據上述第二、三點的認識進行真正的近代化。」〔註17〕正因為日本對於科學與軍事學關係認識的透徹力度，其科學獨立和專業化程度遠遠大於中國，這對於兩國近代軍事學的歷史影響是久遠的。〔註18〕

近代以來中國軍事發展一直亦步亦趨追隨世界先進武器的變化，屬於典型的「後知後覺者」。甲午戰爭中清軍使用的毛瑟步槍和雷明敦步槍，基本都是是購自外洋。日本已經有初步的獨立制槍體系。村田式步槍雖然不是當時世界最先進的步槍，但貴在可以滿足日軍作戰需要和保障後勤補給。

〔註15〕茅海建《天朝的崩潰——鴉片戰爭再研究》，生活‧讀書‧新知三聯書店，2016年，第 66 頁。

〔註16〕〔美〕歐陽泰著、張孝鐸譯：《從丹藥到火炮——世界史上的中國軍事格局》，中信出版社，2019 年，240 頁。

〔註17〕〔日〕杉本勳編、鄭彭年譯：《日本科學史》，商務印書館，1999 年，第 329頁。

〔註18〕侯昂妤、劉戟鋒：《中國近代軍事學何以落後於日本》，《二十一世紀》總第 100期，2007 年，第 76 頁。

二、新建陸軍

中日甲午之戰中，清政府鑒於湘軍、淮軍均不足恃，準備迅速籌建一支新型軍隊拱衛國防。〔註19〕清廷官員中通曉西方軍事技術者甚少，只好求教於北洋海軍顧問漢納根。光緒二十年（1894年）九月，漢納根赴京，備總理衙門諮詢。漢納根與翁同龢、李鴻章的接觸中提出清政府應該用洋人西械加練新軍十萬，全以新法教練。〔註20〕漢納根強調說：「募兵選將，招請洋軍師、教習，購備槍炮軍械三事刻不容緩。」〔註21〕此時日軍已侵入中國國境，清政府岌岌可危，光緒皇帝下旨：「由督辦王大臣諭知漢納根，一面迅購船械，一面開招新勇。」〔註22〕

負責籌辦新軍的胡燏棻與漢納根商議後，上疏說：「練兵一節，臣以時勢急迫，十萬人未易驟集。當與漢納根再三擬議，始定先練三萬人，購備五萬人槍械，並募洋將八百員，約需經費一千餘萬兩。……」〔註23〕這筆編練新軍的預算中購買軍械占比重大。對於各項花費預算，漢納根曾說：「購買十萬軍械等項，約需費二千餘萬兩」。〔註24〕按照胡燏棻的建議將購買軍械數量減半，需要的款項也至少在一千萬兩左右。以款項支出情況看，漢納根計劃練兵的重點就是購買國外先進槍械。

隨著日軍攻陷旅順，清政府對於購買軍械編練新軍一事更為急迫，但是編練新軍最重要的是財政支持。胡燏棻致電軍務處催要款項：「今日具疏招募，請撥一千萬，糧臺四百萬。如一時款難，至少共先撥一千萬，餘俟一月後再撥，方能與漢納根訂立購械募將合同。盼切，禱切。旅順已全失，容詳

〔註19〕 中國社會科學院近代史研究所中華民國史組編：《清末新軍編練沿革》，中華書局，1978年，第3～4頁。

〔註20〕 翁同龢：《翁文恭公日記》，《中國近代史資料叢刊·中日戰爭》（四），上海人民出版社，1957年，第505頁。

〔註21〕 中國社會科學院近代史研究所中華民國史組編：《清末新軍編練沿革》，中華書局，1978年，第5頁。

〔註22〕 中國社會科學院近代史研究所中華民國史組編：《清末新軍編練沿革》，中華書局，1978年，第5頁。

〔註23〕 中國社會科學院近代史研究所中華民國史組編：《清末新軍編練沿革》，中華書局，1978年，第5頁。

〔註24〕 以價格來看如此價格高昂的購買軍械合同，很可能不僅包括步槍，還有相當數量的火炮。但這其中並不包括海軍購買船隻的款項。見中國社會科學院近代史研究所中華民國史組編：《清末新軍編練沿革》，中華書局，1978年，第5頁。

稟。」〔註25〕漢納根編練新軍的建議，因為財力有限，清政府無力承擔，最終擱置。從之後編練新軍的情況看，購買軍械一事卻沒有因此停止，繼續由漢納根負責。

光緒二十年（1894 年）十二月下旬，清政府命廣西按察使胡燏棻在馬廠編練定武軍。定武軍一共有十營兵力，其中「步隊三千人，炮隊一千人，馬隊二百五十人，工程隊五百人以為根本，並加募步隊二千人，馬隊二百五十人，共足七千人之數」。〔註26〕

1895 年 4 月清政府被迫於日本政府議和，甲午戰爭以中國的完敗而告結束。對於甲午戰敗的原因胡燏棻認為武器不精、型制不統一也是重要因素：

　　　西國之講求武備者，凡槍炮新器一出，試之而佳，即通飭各營，改用一律。今中國……件件購自外洋，承平之日，部臣以款絀為詞，先事未能預備，及變起倉促，疆臣各辦各事，但以購得軍火為貴，未能詳求。以致同屬一軍，而此營與彼營之器不同；前膛後膛，但期備數，德制奧制，並作一家。……此又一病也。〔註27〕

從胡燏棻的痛陳時弊的奏疏中可以看出，對於軍械制式統一，掌握實權的清廷高官並沒有充分地認識。對於官兵的素質，胡燏棻也頗為不滿，認為清軍招募士兵魚龍混雜，臨戰即逃，先進武器反而遺留戰場，致使「以利器資敵」。光緒二十一年（1895 年）九月，定武軍因馬廠營房不足而移駐天津小站。

定武軍移駐小站不久，胡燏棻被調去督辦津蘆鐵路。這時在朝鮮卓有政聲的袁世凱就開始出現在清政府王公大臣的視野裏。光緒二十一年十月二十日，由督辦軍務處親王奕訢、奕劻會同軍機大臣李鴻藻、翁同龢、榮祿、長麟等聯名奏請變通兵制，並保薦袁世凱編練新軍。奏疏中說：

　　　中國自粵、撚削平以後，相沿舊法，習氣漸深，百弊叢生，多難得力。現欲講求自強之道，固必首重練兵，而欲迅期兵力之強，勢必

〔註25〕中國社會科學院近代史研究所中華民國史組編：《清末新軍編練沿革》，中華書局，1978 年，第 6 頁。

〔註26〕《督辦軍務處王大臣原奏》，《新建陸軍兵略錄存》卷一，見來新夏主編：《中國近代史料叢刊·北洋軍閥》（一），上海人民出版社，1988 年，第 37～38 頁。

〔註27〕中國社會科學院近代史研究所中華民國史組編：《清末新軍編練沿革》，中華書局，1978 年，第 9 頁。

更革舊制……臣等公同商酌，查有軍務處差委浙江溫處道袁世凱，樸
實勇敢，曉暢戎機，前駐朝鮮，頗有聲望；因令詳擬該練洋隊辦法。
旋據擬呈聘請洋員合同及新建陸軍營制餉章，臣等復加詳覈，甚屬周
妥。相應請旨飭派袁世凱督練新建陸軍，假以事權，俾專責任。……
一切軍械，即在去歲漢納根購到大批軍火內撥給。〔註28〕

　　從這份奏摺中可知，新建陸軍的槍械都是經漢納根之手購自德國。漢納根
所購軍火現已無清單可查，通過漢納根與胡燏棻之前的商議，估計此批軍械起
碼有步（馬）槍五萬支。

　　漢納根購買的步槍是奧匈帝國造 8 毫米口徑五響曼利夏步槍以及馬槍。
曼利夏步槍是採用無煙火藥進行改良的小口徑步槍，其口徑為 8 毫米，槍長
（除刺刀）1.27 米，槍重（除刺刀）3.78 公斤，初速 620 米／秒，子彈為圓
頭，槍機是槍柄前後推拉將子彈推進藥室和退出空彈殼的直動式。直動式槍機
的優點是操作便易，不須由肩膀卸下槍亦可裝進子彈和退出彈殼，理論上每分
鐘可發射二十二發，缺點是構造較為複雜。總體來看曼利夏槍的質量不高，各
種機件易於損傷，連發時熱度較大，因而後來沒有大量採購。〔註29〕

　　新軍在訓練時，袁世凱為了讓士兵熟悉使用曼利夏槍還特意編寫了《槍件
問答》，這篇問答不僅有利於瞭解曼利夏槍構造，也有利於更加明晰北洋新軍
槍支訓練的基本情況，茲節選於下：

　　　問步兵：手持軍器為何名？答曰：槍。問：此槍何國所造。答
曰：造自奧國。問：此槍何名？答曰：曼利夏。問：何名為曼利夏。
答曰：因造槍之人名以為名。問：何種隊伍所用？答曰：步隊。問：
槍用處有幾樣？答曰：有兩樣。問：有哪兩樣？答曰：一、可擊敵
人，二、保護己身。問：此槍有幾大件？答曰：四大件。問：哪四大
件？答曰：一、槍筒，二、槍機，三、槍碼，四、槍托。問：槍上零
件繫何物？答曰：安卸機柱、子彈巢、護手、送子簧，卸子簧、停
槍紐、管機、筒簧、槍箍、安刺刀鼻子及旁星、準星、并槍環、槍
底、鐵片、螺絲釘等件。問：槍外隨槍零件繫何物？答曰：槍刺刀、
皮腰帶、并皮子彈盒、皮背帶。問：槍上備份件為何物？答曰：機

〔註28〕　《督辦軍務處王大臣原奏》，《新建陸軍兵略錄存》卷一，見來新夏主編：《中
　　　　　國近代史料叢刊‧北洋軍閥》（一），上海人民出版社，1988 年，第 37～38 頁。
〔註29〕　《中國軍事史》編寫組：《中國軍事史‧兵器》，解放軍出版社，1983 年，第
　　　　　226 頁。

簧、退子鉤。……問：來復線有何用？答曰：為擠緊子彈不能晃動，可使子彈旋轉出口，直向前行。問：「來復線是何形？」答曰：如盤腸旋轉形。問：來復線彎曲有何用？答曰：為使子彈旋轉出口，前行準穩力大，不致顛倒，又兼落力愈大之用。問：子彈膛有何用？答曰：為子彈裝入合式。問：槍機是何材料？答曰：亦鋼質。問：槍機有何用處？答曰：能堵槍膛後口不泄藥氣，能令火藥燃著，能裝放子彈並能令子殼退出。……問：此槍碼係何尺寸？答曰：單步數。問：每步若干長？答曰：二尺五寸。問：以中準線若干遠擊至若干遠？答曰：由眼前可擊至一千七百步遠。問：擊若干遠應用橫移尺瞄準？答曰：由一千八百步至兩千五百步皆用。問：用橫移尺瞄準，從何處視去？答曰：縱橫移尺缺口向旁準星瞄去。問：表尺不動，由若干遠擊至若干遠？答曰：由槍口可擊至三百步遠。問：將表尺初起一層，尚無洋碼號，由若干遠擊至若干遠？答曰：由三百步擊至四百步。……問：此槍每次能裝幾子？答曰：能裝五子。問：此槍子藥何種？答曰：無煙火藥。問：何為無煙火藥？答曰：發出槍時，只聞其聲，不見煙氣。問：槍刺有何用處？答曰：為距敵甚近，欲刺人交手仗之用。〔註30〕

　　從以上《槍件問答》中可以看見曼利夏步槍的具體性能，北洋新軍在訓練之時對於槍炮訓練也是極其細緻。槍械的所有構造和部件都不厭其煩地要講清楚、搞明白。只有經過這樣的專業訓練才能更好地讓士兵明白自己手中武器的威力和使用方法。但從《槍件問答》中也可以看出，曼利夏槍最致命的缺點就是結構過於複雜，士兵保養槍械很不方便。

　　漢納根因為其父在德國陸軍部供職，所以和德國陸軍高層交誼深厚，這也為其「代購」活動提供了便利。除了購買曼利夏步槍外，漢納根可能還購買了大量的克虜伯火炮。在克虜伯原廠出售給中國的火炮數量統計中，可以看到1894年共售給中國各類火炮289門。這是晚清幾十年間克虜伯向中國出售火炮最多的一年。〔註31〕而這與前述胡燏棻與漢納根商議購買軍械一事，以及奕訢等奏疏中「一切軍械，即在去歲漢納根購到大批軍火內撥給」相契合。

〔註30〕來新夏主編：《中國近代史料叢刊‧北洋軍閥》（一），上海人民出版社，1988年，第153頁。

〔註31〕孫烈：《德國克虜伯與晚清火炮——貿易與仿製模式下的技術轉移》，山東教育出版社，2014年，第126頁。

　　德國鐵血宰相俾斯麥的名言──「真理只在大炮的射程之內」，一語道破了十九世紀末弱肉強食的時代，武器裝備對於一個國家的重要意義。對於炮兵建設，袁世凱延攬了赴德克虜伯工廠實習歸來的段祺瑞擔任新建陸軍第三營（炮兵營）的統帶。據王捍珍統計：段祺瑞為統帶的第三營是新建陸軍中唯一的炮兵營，分為左翼重炮隊、右翼快炮隊和接應馬炮隊三個隊，每隊又分為三哨。左翼重炮隊裝備克虜伯 75 毫米過山輕炮 18 門；右翼快炮隊整備格魯森 57 毫米過山快跑 24 門；接應炮隊裝備格魯森 57 毫米過山快跑 18 門。全營總人數 1651 人，配馬 474 匹，火炮總數 60 門。〔註32〕可以看出，北洋新軍的火炮還是以德國克虜伯和格魯森兩家公司生產的山炮為主，比起野炮而言火力並不強悍，對於大型固定目標的毀壞力一般。需要指出的是，北洋新軍裝備的格魯森火炮是否由漢納根購自德國尚存疑，因為北洋新軍有格魯森炮 42 門，而在 1894 年格魯森廠只售給中國 4 門。清軍自 1891 年到 1893 年共購得格魯森炮 75 門，可能從其中撥出一部分給北洋新軍。〔註33〕

三、武衛右軍

　　光緒二十四年（1898 年）戊戌政變之後，清廷最高領導人為了鞏固自己權力不被分割，更好把控全局思謀整合軍備。袁世凱建議將直隸的毅、甘、武毅、新建陸軍合編為武衛軍，由榮祿統領，並由榮祿另募萬人作為親兵。榮祿深知外界對自己專權的傳聞不絕於耳，於是謙辭道：「菲材獨膺重寄，撫躬自省，隕越時虞，萬一貽誤戎機，不特負咎甚深，擬且辜恩滋重」，故請派員會辦；並表示自己「不敢因簡派有人希圖諉卸，置軍事於不顧，仍將殫竭血誠，力圖報稱，隨時隨事和衷商辦，共濟時艱」。〔註34〕隨後清政府就簡派裕祿幫辦武衛軍事宜，實權仍然掌握在榮祿手中。之前「互不統屬，不能聯絡一氣」的直隸各軍，現在被編為前、後、左、右、中五個軍。中軍招募八期旗丁一萬人，駐紮北京南苑，由榮祿兼領。前軍是直隸提督聶士成統率的武毅軍，駐天津蘆臺。後軍是董福祥統率的甘軍，駐薊州。左軍是四川提督宋慶統率的毅軍，駐山海關。右軍是袁世凱統率的新建陸軍，駐天津小站。以上各軍除了武衛中

〔註32〕王捍珍：《中德軍事交往錄》，解放軍出版社，2016 年，第 35 頁。
〔註33〕孫烈：《德國克虜伯與晚清火炮──貿易與仿製模式下的技術轉移》，山東教育出版社，2014 年，第 126 頁。
〔註34〕《軍機大臣榮祿奏為節制北洋各軍請簡派重臣會同辦理事》（光緒二十四年九月十五日），錄副奏摺，檔號 03-5997-047，縮微號 444-1361。

軍和武衛右軍按照德國營制建軍外，其他各軍仍沿舊制，沒有跟進改革。1899年，榮祿還曾向日本購入兩萬支村田式步槍。〔註35〕這些被日本陸軍淘汰的步槍都裝備給武衛軍其他部隊，武衛右軍還是以使用曼利夏步槍為主。

　　以練兵起家的榮祿對於如何更新武衛軍的武器裝備也有自己獨到的看法，他在奏片中說：

　　　　再，行軍之道，器械為先，各軍槍炮多購自外洋，設遇決裂開釁，各國守局外之例，必至束手受困。現時南北洋暨湖北各省多設有機器製造等局，擬請飭下各督撫就地速籌鉅款，移緩就急，督飭局員趕造新式後膛快炮，小口徑毛瑟槍，務期一律，以濟各軍之用。軍火庫藏不宜設於沿海地面，當於腹地建置子藥局庫，以備存儲，庶不至有意外之虞。至於地圖形勢，尤兵家所必究，各營將領於海口既不能處處親歷，圖說斯為至要。擬飭北洋武備學堂選派精於測繪學生，將舊有北洋輿圖分投重加考較，凡海口淺深，炮臺布置，以及山川道里遠近，均繪圖貼說，確悉不遺，然後分頒各將領隨時熟看，詳細考察，於行軍有所把握，庶免進退失據矣。〔註36〕

　　上述奏摺說明，北洋新建陸軍的武器裝備來源除了建軍之初漢納根購自德、奧等國的槍械之外，開始採用本土製造的槍械。

　　清政府鑒於武衛右軍武器和軍用物資不足，特令江南製造局撥給新式快槍3000支和一些快炮。〔註37〕江南製造局改進的快利連珠槍早已於光緒二十一年（1891年）已經停止生產，此時已開始生產曼利夏步槍。這批新式步槍可能就是江南製造局生產的曼利夏步槍。〔註38〕至於造炮方面，江南製造局撥

〔註35〕《軍機大臣荣祿本邦ヨリ兵器購入》，5-1-5-0-17_2_001，外務省外交史料館，明治32年2月25日～明治32年3月7日。

〔註36〕《軍機大臣榮祿奏為各軍槍炮多購自外洋請飭下各督撫籌款督飭各機器》（光緒二十四年十月二十四日），錄副奏摺，檔號03-5997-059，縮微號448-3107。

〔註37〕文公直：《最近三十年中國軍事史》第一卷第一章，上海太平洋書店1930年版；《清史稿・兵志三》，中華書局1977年版，第38頁。

〔註38〕光緒二十八年，光緒曉諭軍機大臣「榮祿奏，請飭直隸總督等省迅造槍彈以備撥用一摺。槍炮為行軍利器，北洋各軍拱衛京畿，關係尤重。據稱前後左右四軍，並添募中軍，需用槍炮子彈甚多，前經裕祿奏明，由湖北槍炮廠造小口徑毛瑟槍，江南上海機器局造曼利槍，北洋機器局趕造子藥，兼造快炮，以資應用。」《德宗實錄》卷四三七，頁七／b，光緒二十五年己亥正月己未（1899年2月20日），來新夏主編：《中國近代史料叢刊・北洋軍閥》（一），上海人

給新軍的火炮還是鋼質後膛炮，也就說明武衛右軍的火炮水平已經開始落後於世界主要軍事強國。

四、北洋常備軍

庚子事變後，法國政府出於削弱中國抵抗能力的目的，提議停止對中國輸入武器裝備，列強紛紛贊同這一提議。〔註39〕自 1900 年後，列強輸入中國的軍事裝備驟減，這對於清政府發展軍事力量無疑是嚴重的打擊。

鑒於武衛軍只剩袁世凱統率的武衛右軍保留了完整建制，清政府只好「把錢用在刀刃上」，拿出 100 萬兩白銀交給袁世凱，作為練募新軍的費用。袁世凱招募身強力壯的 6000 名士兵，仿照武衛右軍營制創建了北洋常備軍。1902年，北洋常備軍左鎮成立。1904 年，右鎮成立，於是改左鎮為北洋常備軍第一鎮（後改為北洋陸軍第二鎮），右鎮為北洋常備軍第二鎮（後改為北洋陸軍第四鎮）。同年，袁世凱派人從河南、安徽、山東等省招募新兵編成北洋常備軍第三鎮（後改為北洋陸軍第三鎮）。1905 年，經練兵處奏准將駐京的武衛右軍、自強軍及第三鎮各標和第二營合編為北洋常備軍第四鎮（後來改為北洋陸軍第六鎮）。同年，袁世凱以山東武衛右軍先鋒隊 12 營，又從第四鎮抽調步兵、炮兵共 6 營，並從山東各地募選新兵，合編為北洋常備軍第五鎮（後改為北洋陸軍第五鎮）。1903 年就已成軍的京旗常備軍後被改為北洋陸軍第一鎮。這就是北洋六鎮的來源。北洋六鎮對於中國近代歷史的影響可以說與黃埔軍校不分伯仲，有論者評價北洋六鎮「不僅為中國軍隊近代化之始，亦成為袁世凱的私人資本和他『軍事強人』形象的堅強支柱，成為北洋軍閥集團之淵藪。其影響不僅左右了清末政治，對民國初年政治格局的形成和演化尤具深刻影響。」〔註40〕

1903 年，俄日兩國在中國境內的矛盾正處在爆發邊緣，為了防備日俄戰爭爆發後清政府無兵可用，袁世凱建議清政府增加兵力購買軍火。〔註41〕對於這一時期的武器裝備的購置和發展，袁世凱說道：「……至更換器械一層。備戰之時，須換新器，比比皆然。所稱兵未與器習者，亦視將領之教練如何，而

民出版社，1988 年，第 342 頁。從這段材料可知，江南製造局已經開始有計劃地生產曼利夏步槍，故而推斷此處調撥新軍的因為滬造曼利夏步槍。

〔註39〕邵雍：《中國近代對外關係研究》，合肥工業大學出版社，2013 年，第 241 頁。

〔註40〕李學通：《北洋六鎮編練過程考》，《歷史檔案》1993 年 03 期，第 111 頁。

〔註41〕中國社會科學院近代史研究所中華民國史組編：《清末新軍編練沿革》，中華書局，1978 年，第 52 頁。

不光器械之更換與否。但北洋自經兵燹，武庫蕩然。又新約禁購軍火，現甫馳禁，而款項支出，儲備維艱，雖欲更換，驟難應手。」〔註42〕可見自庚子事變之後，清政府購買武器數量驟減，直到1903年列強才解除武器禁運。

（一）步槍

北洋常備軍作戰步槍繼續沿用曼利夏步槍之外，開始引進「德國88年式7.9毫米口徑5響帶刀頭毛瑟步槍」。其實該槍型並非毛瑟公司生產，而是德國步槍委員會研發（所以該槍也被稱作 M1888 式委員會步槍），由但澤（Danzig）、埃爾富特（Erfurt）和斯班道（Spandau）三家普魯士兵工廠生產。據統計，到1898年停止生產該槍時，德國兵工廠總共生產了 1675000 支之多。M1888 式委員會步槍的槍機設計是由曼利夏槍機改進過來，但有一點毛瑟式槍機的特徵，所以被稱為施勒格爾米爾希／毛瑟式槍機。該槍的彈倉也是改進自曼利夏5發彈倉，但所用漏夾經過改進。原本的曼利夏彈夾只能從一邊裝進彈倉，而這種彈夾兩邊都可以裝進彈倉。〔註43〕M1888年式步槍在設計上吸收了曼利夏步槍的優點，但該槍服役不久就爆出多起炸膛事故。等毛瑟公司生產出 98 式毛瑟步槍後，該種槍型就逐漸被替換。武器裝備的更新不是一朝一夕就能完成，直到1915年，德國陸軍也沒有全部列裝98式毛瑟步槍，M1888 式委員會步槍仍是德國陸軍最理想的替代品。比起北洋陸軍以前裝配的曼利夏步槍，M1888 式委員會步槍還是有很大程度的改進，該種槍裝備北洋陸軍後使其戰鬥力有所提升。

德國 M1888 式委員會步槍

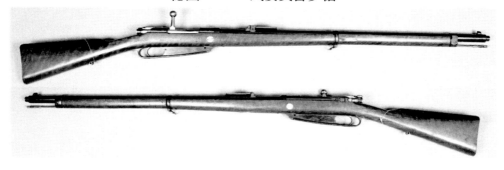

〔註42〕袁世凱：《覆陳言官奏請整軍節餉摺》（光緒二十九年十二月初四日），來新夏
　　　　主編：《中國近代史料叢刊‧北洋軍閥》（一），上海人民出版社，1988年，第
　　　　678 頁。

〔註43〕《1888 式委員會步槍》，http://pewpewpew.work/german/r/1888/1888.htm。

　　M1888 式委員會步槍製造數量巨大，但炸膛事故頻發，安全質量無法把控，1893～1897 年間該種槍型不得不全部返廠檢修改造。〔註44〕從此之後，不再繼續受到德國軍隊青睞，德國兵工廠急於將這些剩餘的槍支賣出，而迫切希望引進無煙火藥步槍的清政府就成為了德國兵工廠的銷售目標。因為清政府的技術人員只認毛瑟公司的品牌，德國商人謊稱 M1888 式委員會步槍為「1888 式毛瑟步槍」，不明就裏的清政府官員就將該槍設計資料全部買下，交給國內兵工廠生產。

　　「1888 式毛瑟步槍」的技術數據是：口徑 7.9 毫米，槍長（除刺刀）1.24 米，槍重（除刺刀）3.75 公斤，初速為 600 米／秒，表尺射程 2000 米，槍機是回轉式，即開動槍機和關閉槍機時須將機柄回轉 90 度，才能向後拉動和推進關閉。〔註45〕為防止槍管過熱影響士兵在作戰時與敵用刺刀搏殺，特意在槍管外增加了一個套筒，故而這種槍有個響亮的中國俗名——「老套筒」。

北洋新軍步兵訓練場景

圖片來自朱賽虹主編：《最後的皇朝·軍務》，故宮出版社，2011 年。

〔註44〕潘越：《日本軍事崛起之路——幕末至明治時代》，中國長安出版社，2015 年，第 191 頁。

〔註45〕《中國軍事史》編寫組：《中國軍事史·兵器》，解放軍出版社，1983 年，第 226 頁。

　　1893 年漢陽兵工廠開始仿造：「1888 式毛瑟步槍」，定名為「漢陽式」，並在具體的生產中做了很多改進，省去套筒，將槍口外徑加厚（原為 13.4 毫米，加厚為 14.8 毫米），加木護蓋；將表尺由直立式改為固定弧形式；探條加長。經改進後，雖重量稍增（除刺刀，槍重 4.66 公斤），但槍的機件較堅固耐用，且易於製造。〔註 46〕「漢陽造」是近代中國兵器的傳奇，直到解放戰爭中還在被使用。值得一提的是，1889 年在歐洲考察的日本槍械設計師村田經芳認識到 M1888 年式小口徑無煙火藥的優點，據此設計出了「二十二年式村田連發銃」。但是該槍裝彈速度過慢，日本陸軍對此不滿。1897 年，有阪成章設計出「三十年式」步槍，日本陸軍逐漸淘汰「村田銃」。

漢陽兵工廠製造的老式「漢陽造」

　　除了「德國 88 年式 7.9 毫米口徑 5 響帶刀頭毛瑟步槍」外，北洋常備軍第一鎮還購買了日本「6.5 毫米口徑 5 響新式步快槍」，即日本「三十年」式步槍。檔案資料也印證了這一點。日本「三十年」式步槍，口徑 6.5 毫米，槍長 1.28 米，槍重 3.95 公斤，槍口初速 765 米／秒。因為該槍保險榫用銅合金製造而成，而且形狀是鉤形，故被清軍士兵稱為「金鉤步槍」。但是從日俄戰爭的實戰狀況來看，三十年式步槍裝備給駐紮北京的北洋常備軍第一鎮多少有些「水土不服」。〔註 47〕

〔註 46〕《中國軍事史・兵器》，解放軍出版社，1983 年，第 227 頁。

〔註 47〕1905 年，日軍在中國東北戰場的作戰中發現 30 年式步槍存在嚴重的設計問題，那就是中國北方的細小沙塵很容易飄進槍身機匣內導致操作故障，以愛槍著稱的日本士兵要經常擦拭槍身機匣，而這種需要細緻折分步槍的除塵工作往往會發生更加嚴重的機械故障，比如折斷撞針等等。三十年式步槍在風沙較大的中國北方地區明顯「水土不服」。日軍尚且如此，北洋軍恐怕遇到的問題比日軍還多。

日本「三十年」式步槍

光緒三十二年。

　　十二月，時任考驗大臣的蔭昌在考察北洋常備軍第六鎮時，也發現了三十年式步槍不耐用的問題，他說：「……（第六鎮）槍均係日本三十年式，口徑六密里五，惟查此項槍支機件較易損傷，亦應設法更換；以期耐久。」〔註48〕與蔭昌同行的徐世昌也對三十年式步槍不甚滿意：「（三十年式步槍）與日本本國所用不甚徑庭，然如機簧、扳機舌、槍機、機頂、筒札及刺刀鋼質既不精純，製法亦甚草率，且刺刀有已經起刃寸餘，似因見鋼質不佳始行賣於中國者，正可為我武器不能獨立之國作一沉痛之警告也。」〔註49〕雖然三十年式步槍出口中國的槍支質量堪憂，但客觀地說，三十年步槍在作戰性能上還是一支比較優秀的步槍，該槍口徑較小，初速較快，槍彈射程遠，後坐力小，有利於精確射擊，在日俄戰爭中該種步槍的精準射擊給俄軍帶來了慘重的傷亡。1905 年在三十年式步槍的基礎上，日本設計師加裝了防塵蓋，造出了一代名槍——明治三十八年式步槍。

（二）火炮

　　火炮方面，從引進武器的資料來看北洋新軍還是以德國克虜伯公司和格魯森公司生產的各式火炮為主，而且和小站練兵時一樣都是運動便捷的山炮。山炮適宜於在山區作戰，其彈道是彎曲彈道，只有這樣才能殲滅隱蔽在山林丘壑間的敵人。〔註50〕山炮的效能在中國這樣一個地理環境複雜的國家得到了充分發揮。山炮便於拆解行軍，將拆解之後的各部件置於特製馬鞍之上，使用畜力背馱就可以在各種地形中遊走，這對於戰鬥力的提升有很大的好處，部隊行軍可以不為火炮的交通問題苦惱，炮兵隨時可以給予步兵火力支持。山炮的

〔註48〕蔭昌：《考驗大臣蔭昌為考驗近畿陸軍各鎮情形奏摺》，來新夏主編：《中國近代史料叢刊·北洋軍閥》（一），上海人民出版社，1988 年，第 342 頁。

〔註49〕《長庚、徐世昌考驗北洋三鎮陸軍日記》，來新夏主編：《中國近代史料叢刊·北洋軍閥》（一），上海人民出版社，1988 年，第 827 頁。

〔註50〕霍安治、馮傑：《中國野戰炮兵史（1900～1937）》，中國長安出版社，2015 年，第 40 頁。

不足也是與生俱來的，拆解山炮至少要分成四個部分：炮管一馱、前架一馱、後架車輪一馱、護盾一馱。在火炮布設時，這些拆件一般會以插銷固定的方式進行組合，所以山炮自身的結構強度遠遠不及一體成型炮架的野戰炮和榴彈炮。結構強度決定了山炮不可能承受一般野戰炮和榴彈炮的後坐力，也就是限制了山炮的射程。

　　北洋常備軍從日本大倉洋行進口的 7.5 釐米陸路炮和過山炮的型號是日本「三十一年」式。這不是北洋陸軍第一次進口日式 7.5 釐米陸路炮和過山炮。〔註51〕光緒三十四年，蔭昌在檢閱北洋陸軍第四鎮的時候說：「以軍械言之，該鎮陸路過山炮均係光緒三十一年在日本大阪廠定製，口徑七生的五，步、馬槍同口徑六密里五、全鎮一律。炮身、跑車，機捩靈活……」〔註52〕校閱陸軍第四鎮的時候，蔭昌還觀摩了部隊演習，他評價 7.5 釐米陸路炮說：「考核該鎮射擊命中分數，以炮隊、步隊為最優，炮隊之內尤以陸路炮效力為尤偉，工、輜次之，惟馬隊較遜。」〔註53〕可以看出校閱大臣對於日本 7.5 釐米陸路炮的印象非常好。

太湖秋操中北洋軍炮隊「於狹窄口放列之景況」

圖中可以清晰地看到清軍使用的是「三一」式火炮。圖片來自朱賽虹主編：《最後的皇朝·軍務》，故宮出版社，2011 年。

〔註51〕　袁世凱：《諮外務部等文》（光緒三十年正月十二日），劉路生、駱寶善主編《袁世凱全集》第 17 卷，河南大學出版社，2013 年，第 15 頁。

〔註52〕　蔭昌：《校閱大臣蔭昌等為校閱陸軍第四鎮事竣奏摺》（光緒三十四年五月初十日），來新夏主編：《中國近代史料叢刊·北洋軍閥》（一），上海人民出版社，1988 年，第 678 頁。

〔註53〕　蔭昌：《校閱大臣蔭昌等為校閱陸軍第四鎮事竣奏摺》（光緒三十四年五月初十日），來新夏主編：《中國近代史料叢刊·北洋軍閥》（一），上海人民出版社，1988 年，第 674 頁。

　　日本先後從德國克虜伯公司購買 220 件炮身和 400 件炮身半成品，又從法國施耐德公司購買炮架 400 套，由東京炮兵工廠開始生產組裝。1898 年（明治三十一年），確定為日本制式火炮，命名為「三十一年式速射炮」（簡稱「三一」式）。1903 年 2 月，日軍完成火炮換裝。〔註54〕不僅在日俄戰爭中日本「三一」式火炮大展身手，「九一八」事變中該型火炮依然成為日軍侵略中國的利器，甚至到了二戰中，日軍深陷印緬山區的泥淖普通火炮周轉不靈，日軍不得不使用拆解方便的「三一」式山炮負隅頑抗。可以說「三一」式火炮見證了日本軍國主義的興起和滅亡。日本著名軍工設計師有阪成章設計的「三一」式速射炮的性能也確實很出色：該炮重 908 千克，口徑 77 毫米，初速 487 米／秒，最大射程野炮 7800 米（山炮 4300 米），高低射界＋38°／-5°，發射速度約 3發／分鐘，榴彈重 6.1 千克，榴霰彈重 6.0 千克，螺式炮閂。該型火炮也被稱作「有阪炮」，但是該型火炮並沒有採用世界先進火炮復進技術。

北洋軍山炮炮隊

可見山炮拆解運輸之便利。圖片來自朱賽虹主編：《最後的皇朝·軍務》，故宮出版社，2011 年。

〔註54〕 王虹鋪：《火炮歷史的見證——館藏火炮鑒賞》，南京大學出版社，2014 年，第 23 頁。

　　火炮復進機的發明和改進，令火炮技術獲得了巨大提升。在火炮使用了無煙火藥和高級炸藥之後，火炮發射帶來的巨大後坐力使得傳統架退炮移位嚴重，嚴重延遲了進行二次射擊的時間。如何解決這個問題，成為了火炮設計的技術關鍵。1879 年前後，法國人莫阿（Mohi）最初發明了氣體復進機，1897年，法國又創製了氣體制退復進機，並製成了 M1897 式 75 毫米炮。改型火炮重量超過 1180 千克，需要六匹馬拖拽，最大射程是 6840 米。〔註55〕法國人發明成熟的管退式火炮沒多久，德國、英國、意大利就紛紛開始仿造。

　　北洋常備軍從英國和德國洋行引進其他山炮型號是 75 毫米 14 倍徑山炮，此類山炮雖然不能摧毀大型固定目標，但優點是可以在畜力的馱運下克服多種地形條件的交通困難，給予步兵及時有效的火力支持。

北洋軍陸路跑炮隊

放列的火炮極可能是克虜伯 75 毫米陸路管退火炮。圖片來自朱賽虹主編：《最後的皇朝・軍務》，故宮出版社，2011 年。

　　至於野戰炮，北洋常備軍使用的是克虜伯 87 毫米 30 倍口徑野炮。〔註56〕該型火炮威力遠超 75 毫米過山炮，但在具體使用中還是面臨不少的問題，其中最重要就是動力問題。因為其口徑大，造成火炮全重直線上升，以蒙古馬種的挽力，無法拖動如此之重的火炮在戰場上遊刃有餘地進行運動。這也就是為

〔註55〕〔英〕邁克爾・E・哈斯丘：《對比與反差——火炮》，機械工業出版社，2016年，第 22 頁。

〔註56〕段祺瑞：《第六鎮統制官段祺瑞為報歷年徵募編練等項清冊》，宣統二年十一月，來新夏主編：《中國近代史料叢刊・北洋軍閥》（一），上海人民出版社，1988 年，第 685 頁。

什麼克虜伯火炮多採用 75 毫米至 77 毫米口徑野炮標準口徑的原因。〔註57〕
1910 年，北洋陸軍第六鎮保留 75 毫米口徑野炮，而將「克虜伯八生七圍城快
炮四尊」送繳北洋軍械局，可能就是出於火炮機動限制的原因。

（三）小結

光緒三十年（1904 年）北洋常備軍第一、二、三鎮成軍，三鎮共六十三
營，近四萬人。次年，兵部尚書長庚與練兵處提調徐世昌會同考驗北洋三鎮陸
軍，隨後向朝廷彙報三鎮情形。這份「考察報告」很具有典型性：

> 遷安（第一鎮）步槍、馬槍、陸路炮、過山炮，均於二十九年
> 購自日本。槍支口徑六密里五，炮位口徑七生特五，各種照尺用德
> 國推起式，所有槍式、炮式，全鎮一律。馬廠（第二鎮）步槍於二
> 十九年購自德國，口徑七密里九，過山炮係寧、鄂兩廠所造，而鄂
> 造居多，口徑均五生七，陸路炮係英廠、德廠所造，口徑均為七生
> 特五，馬槍與遷安（第一鎮）同式。保定（第三鎮）馬槍係鄂廠及
> 德廠所造，口徑均七密里九，陸路炮、陸路重炮、過山炮、管退炮
> 均德廠所造，口徑七生特七，馬克沁機器炮係英廠所造，口徑八密
> 里二，步槍與馬廠（第二鎮）。該兩鎮編制初定，購械為難，其槍式、
> 炮式僅能使一標、一營相同，將來仍應逐漸備換，俾全鎮畫一。三
> 鎮跑車、藥車、機捩甚靈，瞄準器具悉合新式，槍身、膛線、機簧、
> 螺絲等項組件，保存均尚得法。尤以遷安（第一鎮）為優。〔註58〕

從中可以看出，北洋常備軍三鎮的武器裝備步槍和火炮都是以日械和德
械為主，還有部分是來自國產。但裝備不統一的問題已經明顯暴露出來，長庚
也一心想早日使得各鎮武器整齊劃一。值得注意的是，長庚說第三鎮火炮情況
是「陸路炮、陸路重炮、過山炮、管退炮均德廠所造，口徑七生特七」，從報
告的種類中雖然不清楚火炮具體型號，但可以判斷北洋軍隊雖然裝備了先進
的「管退炮」，但還是保留了較落後的架退炮裝備部隊。這也說明北洋軍隊的
火炮整體軍事能力有限。

〔註57〕霍安治、馮傑：《中國野戰炮兵史（1900～1937）》，中國長安出版社，2015 年，
第 46 頁。

〔註58〕長庚：《兵部尚書長庚等為考驗北洋陸軍情形事奏摺》，光緒三十一年三月十
九日，來新夏主編：《中國近代史料叢刊・北洋軍閥》（一），上海人民出版社，
1988 年，第 540 頁。

　　對於北洋六鎮的武器裝備情況，姜克夫在《民國軍事史》第一卷中曾列出北洋六鎮的裝備簡表：

番　號	步　槍	馬　槍	陸　炮	山　炮
第一鎮	6849 支　六五口徑	1483 支　六五口徑	36 尊　5.7 毫米、7.5 毫米　各半	18 尊　5.7 毫米
第二鎮	5448 支　六五口徑	1222 支　六五口徑	36 尊　7.5 毫米	18 尊　7.5 毫米
第三鎮	6849 支　七九口徑	1435 支七九口徑	18 尊　7.5 毫米	36 尊　7.5 毫米
第四鎮	5458 支　六五口徑	1443 支　六五口徑	18 尊　7.5 毫米	18 尊　7.5 毫米
第五鎮	5275 支　六五口徑	1110 支　六五口徑	18 尊　7.5 毫米	18 尊　7.5 毫米
第六鎮	6849 支　六五口徑	1483 支　六五口徑	36 尊　7.5 毫米	18 尊　7.5 毫米

　　據姜克夫說，「此表係書於一單紙片上，無年代；根據推測，當係光緒三十二年以後的統計，因為第六鎮一律換成六五口徑步槍，係光緒三十二年事。但此表統計不精確，只是大略如此。」〔註59〕

　　從北洋常備軍購入武器清單和北洋六鎮武器裝備簡表來看，北洋常備軍建軍之初主要的步槍武器是從小站練兵之後一直裝備的曼利夏步槍繼承而來，又繼續填購了更加先進的「88 式毛瑟步槍」（M1888 委員會步槍及其國產型）和日本「三十年」式步槍，並逐步淘汰了曼利夏步槍。當時北洋常備軍裝備的這幾種槍型，在世界範圍內來看也並不落後，但是與德國、日本這樣的軍事強國列裝的 98 式毛瑟步槍和三八式步槍相比，還是處於落後的地位，而且中國軍隊的武器更新迭代很慢，北洋常備軍所使用的步槍成為二十世紀前三十年中國軍隊步槍的主流。火炮方面仍然以克虜伯和格魯森為主，也開始引進部分性能優異的日式和法國克魯蘇 7.5 釐米陸路炮和過山炮。

　　一個國家軍事力量的強弱，並不僅僅是武器性能決定的，如若沒有良好的軍事工業基礎和成熟的人員訓練，那也只能「逞一時之勇」，並不能持久。縱然這批武器奠定了北洋新軍武器裝備的底色，但此後很長一段時期以北洋新軍為核心的中國軍隊武器裝備只有數量上的變化，沒有質量上的飛躍。反觀日本此時列裝的絕大多數武器已經實現了國產化，建立起了以東京炮兵工廠為核心的軍事工業體系。正如杉本勳在評價日本軍事工業發展中所說的「用西方進口的武器、借來的技術，不能進行湊合一時的強兵之策。」〔註60〕中日的兵

〔註59〕姜克夫並沒有指出「紙片」藏在何處，所以對表中各數據可信度尚有疑問。見姜克夫：《民國軍事史》第一卷，重慶出版社，2009 年，第 9 頁。
〔註60〕〔日〕杉本勳編，鄭彭年譯：《日本科學史》，商務印書館，1999 年，第 357 頁。

工企業發展起步相同，但是日本卻在近代軍事崛起，是因為其對科技產業、科技人才培養有清晰的目標。

五、日俄戰爭後的北洋陸軍武器裝備

（一）日俄戰爭後的影響

日俄戰爭對晚晴軍事產生的影響是巨大的。《東方雜誌》當時即指出：

> 夫受日俄戰事之影響，其直接有力者莫如中國。中國政府未嘗不動心於此次龍爭虎鬥之壯劇，而戮力於練兵一事。練兵之說，上主持於二三重臣，下洋溢於國人之口，外張皇於外人之視聽。然就年來所謂練兵之實施者，而下一觀測，竊未敢謂其舉動至當也。夫練一國之兵以衛一國，不先在其根本之地，定一基點，以全力經營之，而徒飾其表面，是愈用力愈無效矣。今日練兵之成績最優者莫如北洋、湖北。湖北軍之步武槍操，誠舉動齊一。精練特出矣。然兵無關心，聞開差之令即逃，則見仗時更無論矣。北洋之河間演習其得外論之褒獎，誠中國前所未有。然竊聞日本將校中有參觀者云：「是太平時壯國威之長具耳，是形式上之美觀者也。」嗚呼，彼日人何因而下此貶詞，又以何觀察下此貶詞？此在我國之有心人所不可不知者也！〔註61〕

在日俄戰爭中，日軍發現「三十年」式步槍容易受風沙影響的缺點，而對其加以改進造就了「三八式」步槍，這種步槍成為日軍至到二戰的主要制式步槍。而俄軍對於馬克沁重機槍的應用使當時各國都認識到，重機槍強大的火力輸出影響了戰鬥的勝負。這也對北洋新軍的武器裝備發展提出了新要求，北洋新軍自 1906 年後開始引入各類重機槍。

與北洋軍不同，南方新軍沒有充裕的財政支持其購買馬克沁機槍這樣昂貴的重武器，南方新軍退而求其次，開始購買輕機槍裝備部隊。雖然重機槍和輕機槍購買的具體數目不詳，但是數量並不大，則是肯定的。其中裝備重機槍的是北洋軍精銳部隊，其編制被歸入炮隊下。就機槍的裝備數量而言與火炮一樣，都呈現出「北多南少，北方先進南方落後」的趨向。

〔註61〕佚名：《日俄戰爭之結果及中國練兵之前途》，《東方雜誌》第三卷第 2 期，1906年，第 27～29 頁。

清軍使用重機槍的情形

據統計，自 1903～1906 年北洋新軍只購買了兩種類型的馬克沁重機槍 6 挺。〔註 62〕圖片來自美國國會圖書館：https://www.loc.gov/item/ 2014688611。

清軍在太湖秋操中使用輕機槍場景

圖片來自朱賽虹主編：《最後的皇朝・軍務》，故宮出版社，2011 年。

〔註 62〕駱藝、黃柳青：《軍閥之國——從晚清到民國時期的中國軍閥影像集》（上），人民日報出版社，2015 年，第 98 頁。

（二）武器裝備制式統一

日俄戰爭爆發前，袁世凱就認為各地清軍軍械「參差不齊」難以禦敵。〔註63〕在 1903 年清政府鑒於「各直省軍制操法器械，未能一律」多次下旨要求整齊劃一，但是成效甚微，所以決定設立練兵處，督辦新軍訓練事宜。〔註64〕

1905 年岑春煊上奏清政府說，魏光燾之前選定的步槍口徑是 6.5 毫米日本「三十年式」步槍口徑，但是在日俄戰爭中暴露出了很多問題：

> 「西人多謂日槍口徑太小，其逼碼能傷人而不能死人，故敵軍有身中數十彈猶能戰鬥者，亦有負傷雖重不久即愈復能從軍者。」

岑春煊認為「三十年」式步槍口徑太小，戰鬥威力已經經過戰場檢驗，槍械口徑一事茲事體大，所以他補充說道：「夫戰陣固不求多殺，固是文明之極軌，但兩軍相見之頃，一國之存亡榮辱之軍械，稍有未宜，誤事即已不小。」〔註65〕

練兵處會辦袁世凱也深知槍械火炮口徑對於編練新軍至關重要，在經過一番權衡利弊後「剳飭各局廠遵照此次新定式樣購機遵制，其舊造各式，悉令停止」。隨後又公布了其選定的陸軍槍炮口徑等項：

> 快槍：槍支口徑擬用六密里八；槍筒長一百五十倍口徑；子彈初出槍口速率，須六百五十密達以上；用無煙藥，其燒化之速，以子彈將出槍口藥始化盡為度。

> 陸路炮：炮口擬徑用七生的五；身長二十八倍口徑；炮身連閂三百六十啟羅；子彈開花用開花、子母、葡萄三種；子彈、引火共重七啟羅；炮身、炮架、前車、子彈、零件配齊，共重以一千七百啟羅為率；子彈初速率，須五百密達以上，擊遠須五千密達以上；炮昂度以十六度為限；快放速數每分鐘須十五出以上。

> 過山炮：炮口徑擬用七生的五；身長十五倍口徑；炮身連閂重一百一十啟羅；炮架高六十四生的，兩輪相距八十生的；架重連護甲共三百啟羅；炮架最重之件不得過一百一十啟羅；子彈用開花、

〔註63〕中國社會科學院近代史研究所中華民國史組編：《清末新軍編練沿革》，中華書局，1978 年，第 52 頁。
〔註64〕中國社會科學院近代史研究所中華民國史組編：《清末新軍編練沿革》，中華書局，1978 年，第 51 頁。
〔註65〕《中國近代兵器工業檔案史料》編委會：《中國近代兵器工業檔案史料》（一），兵器工業出版社，1993 年，第 571 頁。

子母、葡萄三種，子彈、引火共重六啟羅；子彈初速率須三百密達
以上，擊遠須三千五百密達以上，炮昂度以二十度為限，附度以十
度為限；快放速數每分鐘十五出以上。

　　以上炮位兩種，其炮身均擬用鋼質，炮閂均擬用螺形，炮藥均
擬用無煙火藥，藥之重量應按所造之藥力試定。〔註66〕

　　從上文中的「購機遵制」上可以看出，北洋軍的步槍裝備更傾向於小口徑
的 6.8 毫米步槍，為了購買、引進毛瑟 M1898（Gew.98）型步槍，該槍的外貿
型號 M1904 將原先 7.9 毫米口徑改為 6.8 毫米口徑，清政府交由廣東兵工廠生
產。

　　而火炮製式則比較統一，用 75 毫米二十八倍後裝野戰炮和 75 毫米十五
倍後裝山炮。對於選擇 75 毫米口徑火炮，而不購買口徑更大的野戰炮的原
因主要是地形和道路限制。是因為「中國情況有大不同者在焉，即道路是也。
德國邊境及與他國接壤者遇有戰事，所有道路皆可通行。雖六馬所託拖之炮
皆甚便利，而中國則不然，因中國多數省份道路窄狹，低凹不平恐野戰短管
之行軍速度決不能與步兵相比，凡最有效力之炮，如不能適時運至應用之地
點，雖有若無。如滿洲、直隸、山西、山東或可用野戰短炮。然如揚子江一
帶並四川雲南及南方各省皆係窄路且已損壞不堪。而大多數橋樑恐皆不能負
此重力。」〔註67〕可見袁世凱「購機遵制」的制定符合中國現實國情。

　　後來，袁世凱擬定的「購機遵制」被列入清政府法規，正式成為「國標」。
但是這一「國標」推行過程中卻遇到很多問題。陸軍部軍實司認為，「購機遵
制」中所規定的 6.8 毫米步槍標準，只說明了槍口初速與火藥燃燒兩項，其餘
數據並不充分「掛漏太多」。對於陸路跑和山炮的兩種火炮的引進標準，「購機
遵制」也缺乏精確，所以不應該被列入法規。〔註68〕可見清政府內部對於槍械
口徑的意見並不統一，袁世凱的「購機遵制」缺乏可操作性，也使得地方兵工
廠的生產工作不能順利展開。例如，四川省兵工廠一直將制槍新機器口徑選擇

〔註66〕袁世凱：《練兵處奏擬訂陸軍槍炮口徑等項程序摺並清單》，光緒三十一年，上
　　　　海商務印書館編譯所編：《大清新法令（1901～1911）》第 3 卷，商務印書館，
　　　　第 735 頁。
〔註67〕王裕光：《野戰重炮》，《軍事雜誌（北京）》第 36 期，1915 年，第 2 頁。
〔註68〕《陸軍部軍實司為光緒三十二年奏訂槍炮口徑等項程式欠確未便列入法規事
　　　　之呈文》（1907 年～1908 年），見《中國近代兵器工業檔案史料》編委會：《中
　　　　國近代兵器工業檔案史料》（一），兵器工業出版社，1993 年，第 571 頁。

為 6.5 毫米還是 6.8 毫米一事上左右為難。〔註 69〕

1909 年 8 月，陸軍部尚書鐵良建議清政府購買克虜伯二十九倍口徑陸路快炮，決定「先購一鎮炮數五十四尊，及備各廠仿造之炮六尊」。〔註 70〕袁世凱去職之後，鐵良在綜合比較法國克魯蘇和德國克虜伯多種口徑火炮之後決定捨棄袁世凱「購機遵制」中規定的二十八倍口徑而改用二十九倍口徑。鐵良對此做出了說明：「覺從前擬定之二十八倍口徑。炮身稍短，其中致遠之力因之遞減，與殺敵致果之義尚有未合；三十倍、三十一倍口徑炮身愈長，效力俞大，但全體既已加增分量，即嫌稍重，我國馬匹體力素形單弱，平時既難配置，戰時尤不便運輸，斯運用即難期靈便，惟德廠所製之二十九倍口徑。輕重較為適宜，使用能收實效。」鐵良此次改變火炮炮身倍徑是出於火炮效能和馬匹運輸方便的考量，這就說明鐵良對於北洋火炮建設的思路是明確的。

對於北洋軍隊的建設問題，一直是各方關注的焦點。宣統元年直隸總督的端方上奏說：

> ……全鎮之配合合計分步、騎、炮、工、輜重五項，無一不關重要。二、四兩鎮，均係按照奏定章制編練，配合尚稱全備，然日俄之戰，俄軍之用重炮隊、機關槍隊較日軍之為多，故南山、旅順各戰，日軍雖勝，傷亡之數實眾。蓋火器之勝利，斷非肉薄者所能當其衝。日人於戰後乃竭力研究重炮隊、機關槍隊之用法，並購德、法兩國槍炮，使炮廠兵工參仿改造，分別訓練。其重炮隊分為野戰重炮隊、要塞重炮隊兩種。其機關槍則每聯隊中必有一隊，更番練習，使各兵士人人通曉其用法。又因戰時之動作，非輸送迅速，消息敏捷，難以制勝，故又特設交通旅團分練鐵道、氣球各隊，以利軍事上之應用。〔註 71〕

〔註 69〕《趙爾巽為四川兵工廠擬暫製六毫米五口徑事致陸軍部電》（1910 年 3 月 21 日）；《陸軍部為四川兵工廠造槍口徑應為六毫米八事致趙爾巽電》（1910 年 3 月 23 日），見《中國近代兵器工業檔案史料》編委會：《中國近代兵器工業檔案史料》（一），兵器工業出版社，1993 年，第 571 頁。

〔註 70〕《鐵良奏請改訂陸路快炮式樣並訂購該式炮供練習及仿製摺》（1909 年 8 月 30 日）《中國近代兵器工業檔案史料》委員會編：《中國近代兵器工業檔案史料》（一），兵器工業出版社，1993 年，第 573 頁。

〔註 71〕端方：《直隸總督端方為陳北洋軍陣情形及改良辦法事奏摺》，宣統元年十月十五日，來新夏主編：《中國近代史料叢刊・北洋軍閥》（一），上海人民出版社，1988 年，第 679 頁。

　　端方強調日軍在日俄戰爭後抓緊了新型軍事兵種的建設，而清政府所定的軍制並沒有將新的兵種納入其中。端方認為應該緊跟世界軍事變革潮流增加重炮隊、機槍隊、交通隊。但是端方不久後去職，其對於北洋軍隊的建設思路並沒有付諸實現。

北洋軍氣球隊氣囊之景況

可見新型軍事技術也為北洋軍所重視。圖片來源：美國國會圖書館，https://www.loc.gov/item/2014688610。

　　段祺瑞在宣統二年十一月在奏摺中詳細提到北洋第六鎮武器換裝情況和數量：

> ……法國克魯蘇七生半陸炮三十六杆，炮車零件全，編練時右軍原有格魯森五生七陸炮十二尊，光緒三十二年由北洋兵備處發給新式法國克魯蘇七生半陸炮三十六尊，原炮送繳北洋器械局。法國克魯蘇七生半山炮十八尊，駝鞍零件子彈箱齊全，編練時右軍原有格魯森五生七山炮三十二尊。光緒三十二年由北洋兵備處發給新式法國克魯蘇七生半山炮十八尊，原炮送繳北洋軍械局，又外存原有克虜伯八生七圍城快炮四尊，麥克沁八密里二輕機快炮八尊，送繳北洋軍械局。〔註72〕

〔註72〕段祺瑞：《第六鎮統制官段祺瑞為報歷年徵募編練等項清冊》，宣統二年十一月，來新夏主編：《中國近代史料叢刊·北洋軍閥》（一），上海人民出版社，1988年，第685頁。

　　第六鎮的火炮則都是 7.5 毫米野戰炮和山炮，可以說北洋第六鎮是按照袁世凱「購機遵制」理想要求打造的。鐵良購買的火炮數量有限，可以推斷第六鎮使用的 75 毫米野戰炮還是袁世凱之前購買的管長為二十八倍口徑的野戰炮。但這僅僅是北洋陸軍精銳的火炮，其他軍隊使用的大多是格魯森 57 毫米火炮。

北洋軍在涿州校閱中的炮兵陣地

圖中火炮應為克虜伯 75 毫米管退陸路炮。圖片來自朱賽虹主編：《最後的皇朝·軍務》，故宮出版社，2011 年。

　　除火炮情況之外，段祺瑞還詳細陳述了北洋第六鎮淘汰舊槍全部換裝日本「三十年」式步槍的情況。北洋第六鎮是袁世凱的嫡系精銳，但其武器裝備上全部換裝的卻使用與「購機遵制」口徑不一致的 6.5 毫米日本「三十年」式步槍，這可能是因為 6.8 毫米步槍並不充足所致。

　　北洋其他部隊，就離「購機遵制」相去甚遠了。以北洋第五鎮為例，步槍依舊使用「88 式毛瑟步槍」，這還是幾經更換才全鎮統一的。第五鎮的火炮裝備更是曲折——山炮是東拼西湊才裝備了德國格魯森 57 毫米山炮、湖北兵工廠生產的 57 毫米山炮和英國費開司山炮，陸炮則是德國格魯森 57 毫米陸炮。後來第五鎮才開始使用克虜伯 75 毫米管退山陸炮，對於克虜伯 75 毫米炮第五鎮相當滿意，直說「此炮最稱利用」。但是克虜伯炮僅有開花彈沒有子母彈，第五鎮後勤保障的尷尬可見一斑。〔註73〕

〔註73〕　《第五鎮編練徵募情形》，宣統二年十一月，來新夏主編：《中國近代史料叢刊·北洋軍閥》（一），上海人民出版社，1988 年，第 707 頁。

　　至於非北洋系的軍隊就更慘了，毅軍因「所存黎意毛瑟等槍，既少且雜，演驗率多爆炸。」袁世凱撥給了部分曼利夏步槍。但是毅軍裝備四千支曼利夏槍，子彈庫存不足，通過洋行購自外洋的子彈又遲遲不到，所以只好硬著頭皮「叩求我帥賞撥曼利夏子彈若干粒，格魯森七十五、七十三米粒，並哈奇開司兩磅過山炮子若干顆，以應急用。」從毅軍請求撥給火藥的諮片中，不難發現非北洋系軍隊的裝備水平和後勤保障是何等窘迫。〔註74〕從各個軍隊的武器制式統一來看，袁世凱的「購機遵制」沒有被推行。

　　莫理循對清末新軍的武器裝備情況評價道：

> 火炮質量低劣，一切亟須統一，這是巨大的缺陷。主要用克虜伯炮，或進口或在上海和漢陽的兵工廠製造。此外用的是日本有阪野戰炮（「三一」式山炮）；第六鎮配備了卡耐炮，有三個使用馬克沁機關槍的炮兵連。還有格羅伊森炮和丹麥機槍。如要舉例說明這種混亂，批評家可以第一鎮為例。他們裝備了三種不同的炮——三個炮兵連配備了幾乎從歐洲各國購買的各種型號的毛瑟槍，日本來復槍，曼利徹爾來復槍等等，但主要型號是 1888 式毛瑟槍。還有就是三零式明治來復槍（「三十年」式步槍），自從中日甲午戰爭以來，中國士兵一直大量地使用著。槍支是採用日本已淘汰的 6.5mm、6.8mm 重鎗來復槍，中國無論何種來復槍都是 6.8mm 的標準內徑。〔註75〕

　　值得注意的是，莫理循不僅說明了北洋新軍武器制式的混亂，還指出北洋新軍部分部隊裝備有馬克沁重機槍。

　　清末武器裝備制式統一的問題，在日俄戰爭之後成為焦點。袁世凱制定的「購機遵制」因為缺乏對於機械細節的標準而缺乏可操作性，其主張的 6.8 毫米步槍鮮見裝備於北洋新軍。在「購機遵制」中要求購入的 75 毫米二十八倍徑火炮，也被鐵良改為二十九倍徑，儘管是一字之差，但是大炮的規格一變彈藥也要隨之改變，北洋新軍之前購買的火炮又不能盡數淘汰，這對於北洋新軍脆弱後勤保障又提出了新的挑戰。在武器裝備革新上，「購機遵制」缺乏遠見，對於新型的作戰部隊的出現沒有給予充分的重視。總體而言，清末陸軍武器制

〔註74〕袁世凱：《為籌撥毅軍械彈諮練兵處文》，光緒二十九年十二月初六日，劉路生、駱寶善主編《袁世凱全集》第 4 卷，河南大學出版社，2013 年，第 580 頁。

〔註75〕竇坤等譯著：《〈泰晤士報〉駐華首席記者莫理循直擊辛亥革命》，福建教育出版社，2011 年，第 104 頁。譯文中將日本步槍口徑寫作 6~5 毫米、6~8 毫米恐不確，引用時已將其改正。

式統一問題沒有得到解決，而這一弊病在近代中國陸軍武器裝備問題上一直存在。

（三）清末兵工生產的發展

早在小站練兵時，袁世凱就認識到：「我中國各行省設局製造，已歷年餘，然遇有戰事，終需購諸外洋，其自行仿造者，器械多粗劣不堪，子彈每炸裂相半，種種誤事，不可枚舉，在國家經費所出，統計每年不下數百萬，而竟不足備一旦緩急之用，勢等虛擲，可謂痛心。……」〔註76〕雖然自己的兵工廠不爭氣，但還是要堅持發展，才能爭取武器裝備上的主動，不再受制於人。客觀地說，十九世紀末到二十世紀初十餘年的時間裏，中國兵工廠的發展還是比較令人滿意的，其中很多兵工廠自造的經典武器一直被用到了解放戰爭。在此文中也只討論各兵工廠對後世影響最大的經典制式武器，從中可以看出晚清兵工艱難發展之路。

步槍的生產製造，晚清時期湖北槍炮廠一時風光無兩，其中最著名的當然是 1888 年式 7.9 毫米毛瑟步槍。該種槍型的性能之前已經有所提及，因為其性能可靠，生產簡便，成為近代中國陸軍裝備最多的槍型之一。湖北槍炮廠形成了年產槍 1.5 萬支、槍彈 1500 餘萬發的生產能力。到了光緒三十二年（1906年）後，因為經費緊張，槍產量減少 40%。同年湖北槍炮廠不再生產火炮和炮彈，槍炮廠從此變成了「槍廠」。光緒二十一年至宣統元年（1895～1909 年），湖北槍炮廠共生產前膛和後膛炮 1086 門，炮彈 98.93 萬發，步（馬）槍 13.07萬支，槍彈 6277.7 萬發，其出售價格比照外洋同式槍炮低 20%。〔註77〕湖北槍炮廠雖然生產火炮較多，但都是以 37 毫米和 57 毫米火炮為主，火力較弱，屬於被北洋陸軍淘汰的火炮，僅地方各軍仍在使用。至於步槍數量，也不僅是生產 7.9 毫米步槍，甚至還包括部分抬槍。〔註78〕湖北槍炮廠畢竟產量有限，難以滿足清政府編練新軍的要求。

〔註76〕 袁世凱：《欽遵懿旨敬陳管見摺》，光緒二十二十四年十二月初一日，劉路生、駱寶善主編《袁世凱全集》第 4 卷，河南大學出版社，2013 年，第 311 頁。

〔註77〕 曾祥穎：《中國近代兵工史》，重慶出版社，2008 年，第 45 頁。

〔註78〕 據湖北槍炮局奏報，湖北槍炮廠自光緒二十一年秋至二十七年年底，共生產7.9 毫米步槍 22，500 支，所以文中自 1895～1905 年生產 13.07 萬支步槍，其中 7.9 毫米步槍可能只占不到一半。《湖北槍炮局就湖北槍炮廠光緒二十一年至二十七年產量上署湖廣總督端方之呈文》（1902 年），見《中國近代兵器工業檔案史料》委員會編：《中國近代兵器工業檔案史料》（一），兵器工業出版社，1993 年，第 483 頁。

　　除了湖北槍炮廠，江南製造局也於光緒三十二年開始生產 M1888 年式毛瑟步槍。在造槍方面江南製造局從三個方面保證了槍支的質量：「首先是在原料上嚴加選擇，採用本局自煉的鋼材作槍管，用山東青島及河南省所產的核桃木製槍托，用優質鋼材製造槍機附件。其次是在造槍設備上盡量採用先進的機器，只有在無法使用機器的情況下，才用手工操作，使用機器比例已高達 80%。其三是對造槍工藝提出了嚴格要求，按當時規定，在製造槍管時，先用鋼材車成圓條，再將圓條進行拉力試驗，實驗合格後用鑽床將其鑽成槍管，用磨光機將槍管內外磨光，用拔絲機刻製膛線，在製造機槽、機管、彈倉、線牌等機件時，也要先優選原料，用印模壓成粗胚，爾後再用各種機床車製，經過檢驗合格後，才能摩光，組合成槍。全槍組成後還要通過實彈試射才能裝備部隊使用。」〔註79〕

　　在火炮仿製方面，因引進歐洲先進的「馬丁」爐而煉出優質鋼鐵的江南製造局是火炮仿製的翹楚。1905 年上海江南製造局仿製成功了克式 75 毫米十四倍後裝管退炮。這是中國最早自製的一尊管退炮。江南製造局仿製的克式 75 毫米十四倍後裝管退炮，比原廠「克虜伯 1904 年式山炮」性能上還是有一定的差距，〔註80〕但是該型炮卻仍不失為當時中國自造的最具代表性的火炮。江南製造局原本量產的制式山炮，是仿造英國 19 世紀 90 年代主力的 12 磅 6 架退後膛炮，該炮最大射程只有 3932 米，在技術上落後於「克虜伯 1904 年式山炮」。然而「江南製造局畢竟功底深厚，『克虜伯 1904 年』式山炮的制退復進機的新工藝不難掌握，複合炮身的熱套法也被輕鬆攻克，於是江南製造局迅速仿造出大名鼎鼎的『滬』造山炮，一躍邁入管退炮時代。」〔註81〕由於該炮射速快，發射方便，所以該廠仿製成功後，於宣統年間奉命進行批量製造，以為編練新式陸軍之用。到了宣統二年（1910 年），江南製造局已經具備了年產管退陸路炮 50 門、炮彈 2.4 萬發的生產能力。〔註82〕中國第一門管退炮的仿製成功，僅比著名的「法國 75」管退炮晚 8 年，比日本晚二三年，在趕超世界先進造炮工藝的過程中，取得了令人欣慰的成績。

〔註79〕王兆春：《中國火器史》，軍事科學出版社，1991 年，第 387 頁。
〔註80〕孫烈：《德國克虜伯與晚清火炮──貿易與仿製模式下的技術轉移》，山東教育出版社，2014 年，第 239～240 頁。
〔註81〕霍安治、馮傑：《中國野戰炮兵史（1900～1937）》，中國長安出版社，2015 年，第 29 頁。
〔註82〕曾祥穎：《中國近代兵工史》，重慶出版社，2008 年，第 45 頁。

　　但是滬造克式 75 毫米山炮甫一出廠就成為江南製造局造炮技術的巔峰之作，自此之後火炮製造技術再無實質突破。這是因為江南製造局所使用的「馬丁」煉鋼爐只能煉出來碳素鋼，而歐美國家在十九世紀末已經研發出了鉻、鎳與鎢合金鋼。「鉻鋼的主要功用在增加鋼材的硬度與彈性；鎳鋼主要作用在抗腐蝕、增加降伏強度；而鎢鋼更是神物，不但能增加鋼鐵強度抗腐蝕，更能耐熱耐磨。而這特性正是兵器工業的福音！」〔註83〕合金鋼技術不僅對於中國，在歐洲發達資本主義國家面前也是燒錢無比的，所以在沒有資金支持和切實軍備壓力的情況下，江南製造局止步不前也就可以理解了。這一技術落後直接限制了中國野戰炮兵的發展，使其越來越落後於世界水平。

　　7.9 毫米步槍和滬造 75 毫米火炮是中國兵工廠自造武器的代表，也是日後中國軍隊使用頻率最高的武器。可以看出晚清兵工廠製造水平一直處於追趕學習的狀態，生產的武器以堅固耐用質量好為標準，並不完全追求其武器性能的先進性。

　　1911 年 5 月，清政府也認為必須購買軍械以備不時之需。陸軍部對此提出了治標與治本兩種辦法。治標辦法則是向德國購買價值三千萬兩白銀的軍械，並希望可以分十數年分期還清購械借款。治本辦法則是設立南、北、中三個兵工廠，發展自身軍事裝備製造能力，陸軍部同時指出煉鋼和製造火藥是兵工廠面臨的主要問題。〔註84〕在反覆權衡之下，清政府決定先治標後治本，可見對於兵工廠的發展，清政府並不熱心。

　　在整個晚清階段，清政府在全國共建立了 40 多個兵工廠，其中能製造槍械的 17 家，能製造火炮的 11 家。據估算，晚清兵工廠生產的步槍約 25 萬枝，火炮約 4000 門。〔註85〕雖然中國民族軍事工業的發展受到了資金和技術兩方面的限制，但其依舊在極其艱難的環境中加速發展。作為北洋陸軍後勤支撐的兵工廠，其生產的武器數量能不能滿足北洋陸軍及各省新軍的需要？這就要回到國家軍隊的本質上來審視和評價。

〔註83〕霍安治、馮傑：《中國野戰炮兵史（1900～1937）》，中國長安出版社，2015 年，第 29 頁。

〔註84〕《陸軍部奏陳籌辦軍械情形以期預籌的款而充軍實摺》（1911 年 5 月 8 日），《中國近代兵器工業檔案史料》委員會編：《中國近代兵器工業檔案史料》（一），兵器工業出版社，1993 年，第 362 頁。

〔註85〕中國軍事史編寫組：《中國歷代軍事裝備》，解放軍出版社，2007 年，第 350 頁。

　　以軍隊後勤保障最重要的彈藥為例。在日俄戰爭後，俄國在遠東慘敗於傳統印象中蕞爾小國的日本，沙俄作為「戰鬥民族」自然不能服氣，在這之後就加緊了武器彈藥的儲備工作：

　　　　1906 年俄軍有關部門根據日俄戰爭的經驗規定了輕武器彈藥
　　　儲備基數：步槍每支儲備子彈 1000 發，機槍每挺儲備子彈 7.5 萬發，
　　　由此確定俄軍輕武器彈藥的總儲量應為 33.46 億發，但是在 1908 年
　　　俄軍只儲有 16 億發，由於補充這部分彈藥耗資太大，所以有關部門
　　　曾不止一次敵把儲存基數減少。到戰爭（指第一次世界大戰）陸軍
　　　部把這個數字減少到了 27.45 億發。〔註86〕

　　俄軍的輕武器彈藥儲存基數在一再削減下也要 27.45 億發，而中國兵工廠中步槍生產的重要基地漢陽槍炮廠，十餘年生產的槍彈只有 6277.7 萬發。據專家估計，晚清全國所建兵工廠生產的槍彈數量估計也不過數億枚。〔註87〕中國軍隊的彈藥儲存基數的真實狀況與俄軍的儲備基數相比所差甚遠，這也很客觀地反映出中俄之間的軍事實力差距。27.45 億發這一基數是不是俄軍有關部門過高的估計了俄軍的需要？事實上，這過低估計了戰爭環境中彈藥的消耗情況。俄軍在一戰中，就因為武器彈藥的缺乏，嚴重影響了其軍事行動，沒有及時擴大戰果。和俄國軍隊相比，北洋陸軍的彈藥儲備恐怕不能參與大規模持久戰爭，與敵人拼殺到底。彈藥作為消耗品，北洋陸軍也只能倚重國內兵工廠的生產。從國外購買彈藥是不僅不能急一時之用，而且價格昂貴。由此可見，晚清中國兵工廠的武器生產力已經發揮了自身的潛力，但還是沒有跟上世界軍事形勢的變化。

　　軍隊彈藥儲存不足的問題，清政府並非毫不自知，例如宣統元年（1911年）端方即意識到：「……今北洋二、四兩鎮退伍之兵亦既年增一年，軍裝，器械僅供目前操練尚虞不足，一旦有事，而使無被服，無糧秣、彈藥之兵與敵人相見於疆場。」〔註88〕但是不久端方在慈禧出殯之時因拍照驚擾隆裕皇太后而被罷官，新任直督陳夔龍則對北洋軍隊的改良有自己的看法。他否定了端方

〔註86〕郭世貞、裴美成主編：《軍事裝備史》（上冊），解放軍出版社，2007 年，第 393
　　　　頁。

〔註87〕王兆春：《中國火器史》，軍事科學出版社，1991 年，第 387 頁。

〔註88〕端方：《直隸總督端方為陳北洋軍陣情形及改良辦法事奏摺》（宣統元年十月
　　　　十五日），來新夏主編：《中國近代史料叢刊・北洋軍閥》（一），上海人民出版
　　　　社，1988 年，第 679 頁。

急需多多添置糧秣、彈藥、器械、馬匹等後勤物資的想法，認為：「原摺（指端方所上奏摺）所陳後方勤務之準備，如被服、糧秣、彈藥、器械、馬匹等項，東西各國均於平時預為數倍或數十倍之儲，以免戰時缺乏。今宜籌撥常款，漸次購儲，以備緩急各節。臣維練兵所以備戰，然非戰備充實，則雖士卒用命，敵愾同袍，而接濟不能，慮或貽誤，東西各國不惜巨費，於平日之籌度備極完全，其動員計劃，出師準備籌項，即一弁一役之所事，一針一縷之所需，無不明定責成，妥為料量，呫嗻集事，裝械饋餉，源源不窮，中國財力久虧，驟難語此。」〔註89〕陳夔龍的理由很直接，也很簡單，就是沒錢給北洋陸軍購買更多的武器彈藥。

1910 年，據《南報》報導陸軍部尚書蔭昌也為軍械不足甚為憂慮，蔭昌說：「軍隊實力以子彈為最。據西人某君最近之調查，中國子彈僅足供四十八鎮全體數分鐘之用。擬在天津上海各處組織一大製造局以自造軍械。」可見清末各地陸軍的彈藥儲備量之少，《南報》對此評論說，「一日戰機一動，亦必盡失所恃」。〔註90〕

總體來說，晚清末年的兵工廠生產的步槍追求簡單易造、堅固耐用的標準，性能上與世界先進武器有一定的差距。江南製造局生產的克式 75 毫米山炮是中國火炮製造業的標杆，直到二十世紀三十年代才停止生產，這是因為江南製造局沒有資金和環境生產先進的合金鋼，所以火炮技術一直受限。在數量上，晚清兵工廠的生產的武器並不能完全滿足北洋軍隊的國防需要。

〔註89〕 陳夔龍：《直隸總督陳夔龍為核議北洋軍鎮改良辦法奏摺》（宣統二年正月初五日），來新夏主編：《中國近代史料叢刊・北洋軍閥》（一），上海人民出版社，1988 年，第 682 頁。

〔註90〕 是我：《蔭尚書之軍械談》，見《南報》1910 年第 3 期，第 20 頁。

第二章　北京政府初期軍備發展

一、武昌起義中的南北軍的武器裝備

　　1911 年，四川爆發「保路運動」，清政府為防止四川進一步動盪，從湖北新軍中抽調部分軍隊前往彈壓。湖北防務空虛為革命黨所利用，湖北新軍中的革命黨軍事領導人原計劃在 10 底發動起義，但藏匿於漢口俄租界的新軍革命分子製作炸彈時發生意外爆炸，暴露了起義計劃。為了自保，湖北新軍工程營和炮營決定提前起義。

北洋軍從北京出發前往武漢鎮壓革命軍場景

10月10日，工程營率先奪取楚望臺軍火庫，炮兵營與工程營合力圍攻總督衙門。最終湖北新軍沒受到強烈抵抗就佔領了武漢。革命軍最後推舉了清軍協統黎元洪擔任軍政府大都督，此時武昌起義宣告成功，全國多省宣布獨立，清朝江山岌岌可危。

武昌起義爆發後，清政府立刻派遣陸軍部長蔭昌與海軍軍官薩鎮冰到武昌鎮壓革命軍。以湖北新軍為班底的湖北革命軍不得不面對清政府精銳部隊——北洋六鎮陸軍的正面攻擊。湖北革命軍面臨著一場真正的戰爭。

湖北新軍的形成可以追溯到張之洞於兩江總督任上創建的自強軍。1895年張之洞由兩江總督返任湖廣總督，帶回屬於自強軍的洋操護軍前後兩營五百人。〔註1〕

1904年，湖北新軍幾經調整和合併之後最終形成湖北常備軍兩鎮，由張彪、黎元洪分任第一、二鎮統制，但是兩鎮並不滿額。張之洞對此說道：

> 湖北目前餉力未充，若兩鎮步騎炮工輜各營隊全數練足，需餉過萬，力有未逮，不得不分別難易緩急，酌量多練少練之區分。……炮兵工兵極為重要，故炮兵工兵必須預練，尤須多練。湖北現定營制，惟炮兵工兵無論戰時平時，均照全數練足。步兵訓練較易，擬每鎮先練一協，暫虛一協。南省之地，山澤多於平原，利步而不利馬，故騎兵編制，每鎮止設兩營，仍各先練一營，暫虛一營。……

〔註2〕

1906年，湖北常備軍被編為陸軍第8鎮，全鎮11240人。原要編成陸軍第11鎮的湖北常備軍第二鎮，因原有部隊規模不夠，所以暫編為陸軍第二十一混成協，全協4900人。

1911年武昌起義之後，革命軍與北洋軍的對戰情形是：

湖北革命軍（黃興）		北洋軍（袁世凱）	
右翼軍（杜錫鈞）	指揮吳兆麟等湖北幾個師	第一軍（馮國璋）	北洋軍第六鎮（李純）
中央軍（李烈鈞）	指揮贛軍		第二鎮第三協（王占元）
左翼軍（王芝祥）	指揮桂軍趙恒惕、王芝		第四鎮第八協（陳光遠）

〔註1〕賀覺非、馮天瑜：《辛亥武昌首義史》，湖北人民出版社，1985年，第39頁。
〔註2〕中國社會科學院近代史研究所中華民國史組編：《清末新軍編練沿革》，中華書局，1978年，第205頁。

	祥廣西邊防軍及湘、鄂三個協	第二軍（段祺瑞）	第三鎮第五協（雷震春）
		海軍（薩鎮冰）	

資料來源：姜克夫：《民國軍事史》（第一卷），重慶出版社，2015 年，第 39 頁。

　　雖然武昌戰役之時，湖北新軍有所擴軍，各地也有援兵前來相助。但其主力還是前清編練的湖北新軍。湖北新軍之所以成為除北洋六鎮之外比較強的軍事勢力，很重要的原因是湖北槍炮廠在武漢，武器來源比較有保障。湖北新軍武器裝備的具體型號沒有詳細記載，不過推測應該是以「漢陽造」88 式毛瑟步槍為主。張彪作為湖北新軍第一鎮的統制也曾向日本購入三十年式步槍，具體數量不詳。〔註3〕可以看出湖北新軍所使用的步槍和北洋新軍沒有差別。但是湖北新軍畢竟屬於地方編練，在步槍相同的情況下，兵源規模上無法和北洋軍隊相較。

武昌起義中的革命軍新軍

丁格爾說道：「『星期二入伍，星期三訓練，星期四參戰』。這經常是對革命軍新兵的命運的安排。黎元洪憑這些未經訓練又不懂紀律的人，與大清帝國的現代化軍隊進行著對抗。」〔註4〕

　　湖北新軍使用的火炮亦不甚先進。1900 年（光緒二十六年），英國人卜朗登在參觀自強軍時注意到：「炮兵則充分供給漢陽製造局造的克虜伯型六磅快炮」。此中克虜伯型六磅快炮其實是 57 毫米格魯森架退炮。〔註5〕湖北炮兵的

〔註3〕　《張彪兵器讓渡の件》，《陸軍省‧密大日記》，M39-1-5，防衛省防衛研究所，明治 39 年。

〔註4〕　〔美〕埃德森‧J‧丁格爾著，張建軍譯：《中國的革命（1911～1912）》，中央編譯出版社。2011 年，第 65 頁。

〔註5〕　〔美〕拉爾夫‧爾‧鮑威爾著，陳澤憲、陳霞飛譯：《1895～1912 年中國軍事力量的興起》，中華書局，1978 年，第 107 頁。

火炮主要是漢陽兵工廠提供，而在 1906 年湖北槍炮廠就因為經費緊張停止生產火炮，沒有跟進江南製造局的造炮技術生產 75 毫米管退火炮，所以湖北新軍的火炮應該還是以裝備 57 毫米格魯森架退炮最多，據日本檔案記載，張彪曾向日本兵工廠購買日本三十一年式速射炮相關配件，說明湖北民軍還擁有日本「三一」式速射炮。〔註6〕可見在南北兩軍交戰前線，「三一」式速射炮成為湖北民軍的主力火炮，但裝備數量有限。〔註7〕

武昌起義後，漢陽兵工廠歸革命軍所有，據記載當時「（漢陽兵工廠）有槍 7000 餘支，子彈 500 萬發，炮 140 尊左右。其中炮以五生七（5.7 毫米）山炮最多最完整，其炮彈有 600 枚完成品，31 萬枚未完成品……」〔註8〕雖然這些數據各個回憶版本有差異，但是差異不大。丁格爾也說道：

> 革命軍在凌晨一時佔領了火藥廠，又在零星的交火之後佔領了兵工廠，並在兵工廠裏繳獲了至少 140 門 3 吋口徑的大炮、約 50 萬發槍彈和足夠製造 200 萬發槍彈的火藥。這個數字，加上已經知道的儲存在武昌附近的 3200 萬發來復槍子彈和 5000 發野戰炮炮彈，足夠起義軍支撐一段時間。不久，革命軍又攻佔了漢口華界。至此，革命黨人發現已經佔領了整個中國的三個最好的戰略據點。〔註9〕

〔註6〕《清國へ兵器売卻の件》，《陸軍省・密大日記》，M41-5-8，防衛省防衛研究所，明治 41 年 7 月～明治 41 年 8 月。

〔註7〕清末先進的 75 毫米管退炮，基本上都是引進克虜伯，但是湖北新軍卻沒有從克虜伯引進 75 毫米管退炮的記錄，所以辛亥革命後湖北民軍的火炮主要有 57 毫米架退山炮和日本三十一年式速射炮。見《德國克虜伯與中國近代化》一書中羅列了各地新軍引進克虜伯火炮的記錄，唯獨沒有湖北新軍。該書作者指出：「湖北新軍中沒有購買克虜伯炮的記錄，主要靠漢陽兵工廠提供的仿格魯森五生七快炮。」見〔德〕喬偉、李喜所、劉曉琴著：《德國克虜伯與中國近代化》，天津古籍出版社，2001 年，第 154 頁。祁楚才回憶道當時自強軍使用的軍械情形是：「新舊軍混合體（1905 年）的軍械，多已改為後膛槍炮，張之洞除向廣東借回步槍 2000 支、7.5 公分克虜伯炮 28 門，分發各營操練外，又向德日兩國均購有武器，因槍炮之式樣不同，操法各異托槍上肩時，也有左肩右肩之分。」見祁楚才：《湖北新軍編練經過》，見中國人民政治協商會議全國委員會文史資料委員會編：《中華文史資料文庫・第 1 卷・政治軍事編》，中國文史出版社，1996 年，第 127 頁。祁楚才說的應該是克虜伯架退火炮，但沒有足夠的材料證明這點。

〔註8〕《前二十四標佔領兵工廠、鋼藥兩廠節略》，政協湖北省武漢市委員會編：《武昌起義檔案資料選編》，湖北人民出版社，1981 年，第 90 頁。

〔註9〕〔美〕埃德森・J・丁格爾著，張建軍譯：《中國的革命（1911～1912）》，中央編譯出版社。2011 年，第 47 頁。

　　兩份材料關於革命軍佔領漢陽的雖然不盡一致，但是對於火炮數量的記載卻完全一致，說明對於火炮的記載可信。丁格爾所說的 3 吋口徑的大炮應是誤記，可以確定是格魯森 57 毫米大炮無疑。丁格爾反覆提到，北洋軍使用的是 4 吋大炮〔註10〕，其實應該是 75 毫米克虜伯野戰炮。

　　上面這幅照片，丁格爾將這張照片命名為「不怕死的炮隊」。丁格爾說：

　　　　一開始，革命軍的火炮的射程不及清軍的克虜伯火炮。革命軍
　　冒著清軍漸漸變弱的步槍和機關槍的火力，正在操作小型野戰炮，
　　並不慌不忙地發射。我很欣賞他們的無畏。這幅照片顯示，革命
　　軍的炮手已撕開火車站尖木柵的一部分，準備抵抗清軍的進攻。
　　〔註11〕

〔註10〕〔美〕埃德森・J・丁格爾著，張建軍譯：《中國的革命（1911～1912）》，中央
　　　　編譯出版社。2011 年，第 61 頁。
〔註11〕〔美〕埃德森・J・丁格爾著，張建軍譯：《中國的革命（1911～1912）》，中央
　　　　編譯出版社。2011 年，第 67 頁。

很明顯上面這張照片是「不怕死的炮隊」從不同位置的拍攝而成的，均為丁格爾拍攝。照片上寫著「⋯⋯3 inch gun under fire, Hankou」。也就是說上圖中革命軍使用的火炮就是丁格爾經常說的「三吋火炮」，其實丁格爾的說法並不準確，前文已有辨析，圖中革命軍使用的應該是格魯森 57 毫米口徑山炮。

與革命軍相對峙的北洋軍，配備的步槍以 88 式毛瑟步槍和日本「三十年」式步槍為主；火炮方面，裝備的是清一色的 75 毫米管退野戰炮和山炮，加之海軍軍艦的重炮支持，在火力方面明顯占優。

袁世凱在赴湖北督戰前就向東三省總督趙爾巽提出接濟槍炮，趙爾巽滿口答應，對此，袁世凱心存感激，說道：「承允撥槍五千支，炮二營，具紉高義，感謝莫名。」〔註12〕「兵馬未動，糧草先行」，北洋陸軍本就是當時中國最精銳、戰鬥力最強的軍隊，此時還有源源不斷的武器接應，其戰鬥力可想而知。

袁世凱利用危機從清政府那裏撈夠了政治資本和軍費，於 11 月 1 日抵達湖北孝感親自督戰。此次清政府集結了北洋軍第四鎮的全部、第二鎮、第六鎮各一個混成協的兵力約 3 萬餘人，並且配備了機槍、大炮等重型武器。袁世凱將這些軍隊編成兩個軍，第一軍以馮國璋為總統，第二軍以段祺瑞為總統。北

〔註12〕 袁世凱：《致東三省總督趙爾巽電》，宣統三年九月初七日，見劉路生、駱寶善
主編《袁世凱全集》第 19 卷，河南大學出版社，2013 年，第 31 頁。

洋軍在袁世凱復出之後，一改之前逡巡不前的態勢，北洋軍官李純的說法最具代表性：「……吾輩前日之所以觀望者，以統帥非人，不可謂吾輩無鬥志也。今袁宮保既不辭勞瘁，出受是任，吾輩當一革初心，與逆軍一決，苟得殲茲醜類，亦足以對宮保，庶不負小站宮保栽培之至意。」〔註13〕

清軍使用克虜伯75毫米野戰炮轟擊革命軍

在袁世凱復出前往湖北督戰後，北洋軍立時（10月29日）進攻漢口，不久北洋軍第二鎮第三協攻佔劉家花園，欲奪取漢口市區。革命軍在漢口集結部隊實施反攻，革命軍第四協代理協統謝元愷，炮隊標統蔡德懋，敢死隊隊長馬榮及工程隊長李忠孝等，皆在清軍機關槍、重炮猛射下陣亡。革命軍死傷慘重，只得退回漢口市區。革命軍總司令黃興見狀，由武昌渡江至漢口，率江防軍反擊，清軍向北撤退。革命軍追至劉家廟附近，以武器、兵力均屬劣勢，仍退回市區防禦。

這是重機槍第一次被中國軍隊在內戰中使用，重機槍在戰場上的出現帶給步兵的衝擊是巨大的，「機槍超凡的火力使得衝鋒全然無效。它否認所有舊式個人品質——勇氣、剛毅、愛國、正義——在致命的槍林彈雨面前，這些品質完全無用，就像碰上了無法摧毀的機械屏障。」〔註14〕儘管在彰德秋操時，

〔註13〕趙仁卿：《李純全史》，上海宏文圖書館印本。轉引自來新夏等著：《北洋軍閥史》，東方出版中心，2016年，第189頁。

〔註14〕〔美〕約翰·埃利斯：《機關槍的社會史》，上海交通大學出版社，2013年，第9頁。

湖北新軍已然見識過北洋軍重機槍隊參加軍事演習，但是此次湖北新軍卻承受著來自機關槍強大火力的威脅，傳統的步兵衝鋒隊形在機關槍面前一朝破功。

清軍在武昌起義中使用的馬克沁重機槍

11 月 1 日，清軍再次攻擊漢口，炮火猛烈。革命軍除利用掩體固守外，並將預備隊增加到第一線作戰，黎元洪也親率敢死隊督戰。當日十時，清軍左翼逼近漢口市區東段。在清軍重炮、機槍的火力壓制下，革命軍全線敗退，漢口失陷。〔註15〕革命軍敢死隊本想利用市區巷道狙擊清軍，馮國璋下令縱火，將漢口市區變成了一片火海。

在漢口戰役後，第一軍總統馮國璋想趁機攻取武昌，卻被袁世凱制止。雖然是按兵不動，北洋軍卻也對革命軍進行了精準打擊。袁世凱同意前線北洋軍轟擊漢陽兵工廠火藥庫，並直言該行動是為了「先轟敵庫，斷其接濟」。〔註16〕南方的十一月天氣漸冷，袁世凱已經為北洋陸軍裝備好了冬天作戰的軍服：「已飭籌備軍帽一萬頂，皮鞋一萬雙，裹腿一萬付，棉衣、褲五千套，十六日由京起運，其餘棉衣亦即續運。」〔註17〕並且袁世凱到京後向在前線的馮國璋

〔註15〕 蔣緯國：《國民革命戰史・建立民國》第二卷，黎明文化專業公司，1981 年，第 257 頁。

〔註16〕 袁世凱：《復第一軍軍統馮國璋電》（宣統三年九月十六日），劉路生、駱寶善主編《袁世凱全集》第 19 卷，河南大學出版社，2013 年，第 40 頁。

〔註17〕 袁世凱：《致第一軍軍統馮國璋電》（宣統三年九月十八日），劉路生、駱寶善主編《袁世凱全集》第 19 卷，河南大學出版社，2013 年，第 44 頁。

保證：「餉械仍當抽催，妥速轉運，源源接濟，力求充足。一切辦法已令隨時加意改良，俾出征軍隊無後顧之憂。」〔註18〕可見袁世凱對於前線北洋陸軍的後勤保障是極為盡心竭力。

　　11月16日夜，革命軍再次發動進攻試圖奪回漢口，但是革命軍部隊不諳夜戰，黃興殺潰兵止退，仍不能扭轉局勢。最終此次反攻漢口，造成軍官578人、士兵792人傷亡，山炮損失18門，步槍損失600支。革命軍的作戰不利，使其武器裝備損失嚴重。而北洋軍方面卻是物資源源不斷。

　　11月17日，東三省購置的一批軍火途徑天津，於是袁世凱想截留自用，便和陸軍大臣壽勳聯名致電趙爾巽：「貴省曾向德商禮和洋行訂購步槍八千支，馬槍兩千支，隨帶子彈，現已到津。此時前敵及各路需用槍械子彈甚急，擬即借用，以濟燃眉。我公顧全大局，諒必能暫允許。」〔註19〕趙爾巽此前已經調撥了槍炮接濟武漢前線，此時聽聞袁世凱要截留向德商禮和洋行訂購的軍火，心中也開始急慮，於是趕忙覆電袁世凱：「奉庫存械撥用已盡，新營未發齊，舊營彈尤待補，專盼此批。若全留，軍必慌，會必抗，恐釀意外。或分半用之，何如？」〔註20〕無論最後兩方協商結果如何，可以看出袁世凱為了保持北洋陸軍在軍事上的優勢，無論從棉衣被服到武器裝備都是竭盡所能。

　　雖然北洋軍後勤補給異常充足，但是已經對清王朝失望的袁世凱另有打算，令馮國璋在武漢按兵不動，自己則在京城進行積極的政治謀劃，不斷以自己手中的軍事力量逼迫滿清貴族就範。清政府在袁世凱按兵不動的策略的要挾下，不得不向袁世凱妥協。攝政王載灃也被迫退歸藩邸不再干預政事。為了不讓一心想建立不世之勳的馮國璋貿然進攻武昌，袁世凱將其調任第二軍總統負責京畿一帶和海防防務，並兼充禁衛軍總統官。袁世凱此舉不僅更加緊密地控制了武漢前線北洋軍隊，並且輕而易舉地轉移了清室手中直接掌握的武裝力量。〔註21〕

〔註18〕　袁世凱：《致第一軍軍統馮國璋電》（宣統三年九月十八日），劉路生、駱寶善主編《袁世凱全集》第19卷，河南大學出版社，2013年，第44頁。與上注不是同一函電。

〔註19〕　袁世凱：《與署理陸軍大臣壽勳等聯名致電東三省總督趙爾巽電》（宣統三年九月二十七日），劉路生、駱寶善主編《袁世凱全集》第19卷，河南大學出版社，2013年，第56頁。

〔註20〕　趙爾巽：《東三省總督趙爾巽覆電》（宣統三年九月二十七日），劉路生、駱寶善主編《袁世凱全集》第19卷，河南大學出版社，2013年，第56頁。

〔註21〕　來新夏等著：《北洋軍閥史》，東方出版中心，2016年，第196頁。

　　對於武漢前線的北洋新軍的軍事實力，馮兆基綜合外國觀察家的看法評論道：

> 　　實際戰鬥既反映出清政府軍隊的實力，也暴露了它的弱點。他們的馬克沁機槍射擊術不錯，工程兵部隊的裝備良好，炮兵部隊的布置看來也恰到好處，戰地工事構築得符合要求，彈藥坑和炮兵的掩體都建得「十分適當而且隱蔽性很強」。他們武器裝備的狀況良好，定時引信和著發引信都不成問題，而且瞎彈極少。但是，他們的炮擊技術大有改進的餘地。定時榴霰彈的爆炸點常常太高，以致不能產生真正的殺傷效果。他們的戰術性運動和戰略性調動有些遲緩，在陣地防禦戰方面尤其差勁。〔註22〕

　　雖然北洋新軍的缺點明顯，但是作為中國近代化程度最高的軍事力量，其軍事實力足以碾壓國內的敵手。

　　此時的袁世凱左右逢源，所恃的正是北洋陸軍在中國範圍內無人匹敵。雖然革命軍占著「民主共和」的現代政治的道德優勢，但是一腔熱血終究不會使得軍事力量的懸殊立即發生質的轉換，而戰爭繼續進行對於各方利益都是損害，對於病入膏肓的中國而言又是另一場災難。此時的袁世凱依靠「改革家」的形象，更憑藉無人匹敵的軍事實力，成為了國內各方甚至國際社會公認的最適合出任中華民國大總統的人選，一時之間「非袁不可」的呼聲開始出現。革命黨主要的軍事領導人黃興很清楚：

> 　　袁世凱是一個奸點狡詐、敢作敢為的人，如能滿足其欲望，他對清室是無所顧惜的；否則，他也可以像曾國藩替清室出力把太平天國搞垮一樣搞垮革命。只要他肯推翻清室，把尚未光復的半壁河山奉還漢族，我們給他一個民選總統，任期不過數年，可使戰爭早停，人民早過太平日子，豈不甚好。如果不然，他會是我們的敵人，如不能戰勝他，我們不僅得不到整個中國，連現在光復的土地還會失去也未可知。〔註23〕

　　面對軍事實力比自己遠為強大的北洋軍隊，革命軍深知和談才是最佳選擇。

〔註22〕馮兆基：《軍事近代化與中國革命》，上海人民出版社，1994年，第284頁。
〔註23〕李書城：《辛亥革命前後黃克強先生的革命活動》，《革命回憶錄》（一），湖北人民出版社1957年版，第200頁。

　　對於清政府來說，國家最強大的武裝力量已經被袁世凱完全掌握，繼續掙扎的也毫無意義，以退位換取優待條件，也是可選擇範圍內的最佳結果。當宗社黨首領良弼被革命黨人炸死，清王朝宗室便作鳥獸散。1912 年 2 月 5 日清政府接受「優待清室條件」，2 月 12 日清政府頒布了退位詔書。最終袁世凱依仗北洋陸軍的絕對軍事優勢，埋葬了滿清王朝，取得中華民國大總統的地位，從此也開啟了近代軍人政治的新模式。

　　馮兆基在《軍事近代化與中國革命》一書中所說：「新軍從未經受過對外戰爭的考驗。而缺乏對外戰爭的檢驗，就很難從軍事機制角度來評估新軍。或許，辛亥革命為評價這支中國現役部隊的紀律和實力提供了唯一的依據。」〔註24〕誠然，軍隊的第一要務是打仗，尤其對於國防性質的軍隊而言，對外戰爭才是軍隊存在的根本使命。但不能因為沒有經受對外戰爭的考驗，就不從軍事機制角度評價軍隊。武器裝備作為戰爭中最為關鍵的要素，認識清楚武器裝備的水平就能更加準確地評價北洋新軍和之後北洋軍閥各派系的軍隊。

二、北京政府初期陸軍裝備情況

（一）陸軍武器裝備概述

　　袁世凱當選中華民國臨時大總統後，並沒有放棄對於軍權的把控。北京政府在中央設立了陸海軍大元帥統率辦事處、參謀本部、陸軍部、陸軍訓練總監、將軍府五類軍事機構統轄全國軍務事宜。在地方又設立了將軍行署、護軍使署、鎮守使署、都統署、巡按使署附設軍務廳等職能機構，具體管理地方軍務。

　　民初北京政府頒布的陸軍師番號約有三十餘個，其中中央番號有二十餘個，地方陸軍師番號有十餘個，除此之外各地還包括二十五個混成旅編制。這些陸軍中，除袁世凱晚清時期編練的嫡系部隊——第一、二、三、四、五、六、十九（原第十三混成協）、二十師外，新編練的有第七、八、十、十一、十二、十三師。上面所列的十四個陸軍師，及受袁世凱控制的一些地方陸軍師（如湖北、浙江、江蘇）、混成旅，成為所謂「北洋軍閥」的主要軍事力量。〔註25〕

　　張俠編著的《北洋陸軍軍閥史料》按照北京政府《陸軍統計簡明報告書》整理了北洋各師的武器裝備情況，茲將其中內容整理列表如下：

〔註24〕馮兆基：《軍事近代化與中國革命》，上海人民出版社，1994 年，第 283 頁。
〔註25〕張俠等：《北洋陸軍史料》，天津人民出版社，1987 年，第 61 頁。

番號	駐 地	步槍、機關槍	火 炮
第一師	北苑	法國造七九步（馬）槍 日本造六五步（馬）槍	滬造七生五管過山炮 法國造五生七克魯森山炮 日本造七生五速射炮
第二師	武昌	德國造八八式七九步（馬）槍 漢廠造七九馬槍 漢廠造七九丹麥式機關槍 德國造七九馬克沁機關槍	德國造七生五二十九倍身 長管退陸炮 日本造七生五二十九倍身 長管退野炮 日本造七生五十三倍身長 速射山炮
第三師	保定	七九套筒步槍 七九單筒步（馬）槍 七九老式單筒步槍 七九新式單筒步槍 哈乞開斯機關槍 馬克沁機關槍	七生五管退炮 七生五速射山炮 五生七山炮
第四師	淞滬	二十九年式步（馬）槍 三十年式步槍 三十一年式步（馬）槍 七九口徑步槍 馬克沁三足式機關槍 馬克沁四足式機關槍	七生五管退山炮 日造速射野炮 日造速射山炮
第五師	青州	套筒毛瑟步（馬）槍 單筒毛瑟步（馬）槍 三十年步槍 俄國式步槍 馬克沁機關槍 哈乞開斯機關槍	克虜伯七生五十四倍管退 山炮 克虜伯七生五三十倍管退 陸炮
第六師	南昌	漢廠造七九步（馬）槍 日本造三十年式步（馬）槍 日本造三十一年式步（馬）槍 日本造三十八年式步（馬）槍	法國造克魯蘇七生五過山 管退快炮 法國造克魯蘇七生五陸路 管退快炮
第七師	河南	漢廠造七九步槍 德國造七九步槍 日本造步馬槍 六五保機式機關槍	德國造八生七克虜伯重炮 德國造七生五克虜伯陸路 炮 奧國造七生五愛赫特山炮

		七九史高德機關槍 七九馬克沁機關槍	
第八師	北京	七九毛瑟套筒步槍 七九馬槍 哈乞開斯機關槍 馬克沁機關槍	漢廠造山炮 滬造五生七管退山炮 速射山炮 愛赫特山炮 克魯蘇陸炮
第九師	湖北襄陽	漢廠造七九步（馬）槍 寧局造七九步槍 德國造七九套筒步（馬）槍 奧國造曼利夏步槍 日本造六五馬槍 奧廠造八〇機關槍 意國造八〇機關槍	滬造七生五山炮 漢廠造五生七山炮
第十師	淞滬及包頭	漢廠造七九步槍 德國造七九套筒步（馬）槍 七九哈乞開斯機關槍 七九阿爾特機關槍 七〇阿爾特機關槍	德國造七生五克虜伯過山快炮 德國造克虜伯七生五克虜伯陸路快炮 法國造七生五克魯蘇陸路快跑
第十一師	南苑	漢廠造七九步（馬）槍 寧廠造七九步槍 德國造七九步槍 史克德式機關槍	漢廠造五生七山炮 日本造七生五速射陸炮 七生五格魯森陸炮
第十二師	南苑	漢廠造七九步槍 德國造七九舊步（馬）槍 漢廠造七九馬槍 德國造十九馬克沁機關槍 奧國造七九史高德機關槍	滬廠造七生五十四倍管退山炮 漢廠造七生五二十九倍管退陸炮 德國造七生五克虜伯管退陸炮
第十三師	彰德、西苑	德國造七九新式步槍 德國造七九馬槍 史高德七九機關槍 馬克沁七九機關槍 哈乞開斯七九機關槍 八〇馬機關槍	日本造七生五速射山炮 滬廠造七生五管退山炮 奧國造七生五史高德管退陸炮 德國造七生五克虜伯管退陸炮

第一混成旅	山東滋陽、長山等地	套筒毛瑟步（馬）槍 馬克沁機關槍	七生五管退山炮 七生五管退陸路炮
第二混成旅	奉天	日本造二十九年式步（馬）槍 日本造三十一年式步（馬）槍 法國造七九哈乞開斯機關槍	日本造七生五三十年式速射陸炮
第五混成旅	江蘇	七九套筒毛瑟步（馬）槍 七九機關槍 七七機關槍	七生五管退山炮 五生七格魯森山炮 五生七格魯森陸炮
第七混成旅	山東兗州	德國造套筒毛瑟步（馬）槍 法國造哈乞開斯機關槍	滬造七生五管退炮
第八混成旅	河南鄭縣	漢廠造七九緊口毛瑟步槍 德國造七九套筒毛瑟步槍	
第十三混成旅	湖南岳州	漢廠造七九套筒步（馬）槍 德國造七九套筒毛瑟步槍 馬克沁機槍	日本造七生五速射山炮
第十四混成旅	福建	德國造七九毛瑟步槍 馬克沁機關槍	滬造克式七生五管退山炮 漢廠造格魯森五生七山炮 日本造五生七速射山炮
第十五混成旅	陝西興安、漢中	套筒毛瑟步槍 機關槍（型號不詳）	五生七克虜伯山炮
第十六混成旅	京兆廊坊	川廠造一九〇八式六八步（馬）槍 日本造三十年式步（馬）槍 德國造七九套筒毛瑟步（馬）槍 德國造一九〇八式六八步槍 四川造六八斯活式機關槍 日本造六五活機集斯機關槍	滬造七生五管退山炮 四川造七生五速射山炮 日本造七生五速射山炮

資料來源：張俠等：《北洋陸軍史料》，天津人民出版社，1987 年，第 61 頁。

　　從上表中可以清晰地看出，較之清末，北京政府管轄軍隊數量大幅增加，但是武器裝備方面依然沒有實現「革故鼎新」，換裝更為先進　的武器。值得注意的是馬克沁之類的重型機槍也開始配備到了部隊，雖然數量不多，卻是火力提升的具體表現。

（二）贛寧之役

　　南京臨時參議院通過的《中華民國臨時約法》確立了在中國實行共和政

體，同時為了限制袁世凱專權，改總統制為內閣制。在賦予內閣行政權力的同時，保留了總統制體制下國家元首享有的若干權力。而袁世凱則順勢而為，造成民初內閣總理頻頻走馬換將，內閣權力弱化的政治生態。

《臨時約法》「因人立法」反映出的不僅僅是南方革命黨人對於袁世凱專制的擔憂，更說明南北方之間缺乏最基本的政治信任。南北雙方不信任的焦慮情緒，很快就轉換為對武力的迷信。袁世凱對於革命黨的猜忌更是有過之而無不及。為此，袁世凱積極擴充軍隊，以增強政治實力的基礎。1912 年 8 月袁世凱命令自己絕對控制的軍隊「各軍統制，一律招足十成，不准缺少一名。」〔註26〕在購買武器上更是不遺餘力，北京政府從瑞記洋行借款 30 萬英鎊，捷成洋行借款 288000 元，用以購買武器裝備充實部隊。〔註27〕除此之外，袁世凱還繞過國會，以鹽稅為擔保，向英、法、德、日、俄五國財團借款 2500 萬英鎊，但這筆借款扣除各項舊賬到了北京政府賬面上的數額僅僅是總額的40%。〔註28〕這筆借款就成為北洋軍隊的軍費來源。

在裁撤南方軍隊時，江西都督李烈鈞就旗幟鮮明地反對裁撤，並開始購置日本軍火。據九江鎮守使戈克安民國二年二月稟報：「李督現在多方布置，一意反抗中央，志極堅定。」〔註29〕正是此時，袁世凱下令在九江扣留江西省購買日本商人的 7000 支步槍和 300 萬發子彈，並派海軍八艘艦艇監視，準備把這批軍火收歸海軍。武器裝備是李烈鈞雄踞江西的資本，豈肯做「人為刀俎，我為魚肉」的事。李烈鈞立時下令將贛軍主力向九江集結，並趕走了九江鎮守使戈克安。〔註30〕李烈鈞反袁的意志堅決，正如後來袁世凱在《為贛寧之役告國人令》中所說：

> 最初都督總領軍民，率以光復元勳，遂乃真除受事。等漢牧之就拜，類唐藩之留後。咸令本自不行。功過安從責課。厥後亟籌分治民政，別置長官。而乃簡命朝頒，拒電夕告。本大總統因循瞻徇，

〔註26〕《袁總統之軍事秘密》，《民國新聞》，1912 年 8 月 19 日。

〔註27〕《申報》，1913 年 10 月 9 日。

〔註28〕鳳岡及門弟子：《三水梁燕孫先生年譜》（上），1946 年鉛印本，第 135 頁。轉引自新夏等著：《北洋軍閥史》，東方出版中心，2016 年，第 189 頁。

〔註29〕《九江鎮守使戈克安為李烈鈞正多方積極布置一意反抗中央致陸軍總長段祺瑞稟》（1913 年 2 月 4 日），第二歷史檔案館開放檔案查詢系統 http://218.94.123.149: 8081/shac/res/layouts/login.jsp?searchContent=（以下注釋省略網址）：《北京政府檔案‧陸軍部》。

〔註30〕胡耀忠：《民國海軍》，中國文史出版社，2017 年，第 57 頁。

> 咎固難辭，顧亦嘗再四思維，實不敢漫然變置。夫人既有自私土地
> 之心，豈肯復為顧全大局之計。〔註31〕

袁世凱將李烈鈞比作唐朝藩鎮，足見兩人彼此之間必以武力相見的時刻已經越來越近。

從宋教仁案到善後大借款，南北之間火藥味越來越濃烈。袁世凱在錢、槍都到位之後，對於國民黨人的異見立刻回應以武力絞殺的大棒。1913 年 6 月，袁世凱以反對借款、不服從中央為由，撤免國民黨三位實權人物江西都督李烈鈞、廣東都督胡漢民、安徽都督柏文蔚職務，以此為導火線，「贛寧之役」（又稱「二次革命」）爆發。

「軍事是政治的延續」，當雙方信任的政治基礎被破壞，不以武力逼迫另一方就範則不可能。更何況在戰前袁世凱對張勳說：「倘偉人果肯真心息兵，我又何求不得。如佯謀下臺，實則猛進，人非至愚，誰肯受此。」〔註32〕袁世凱如此不信任國民黨人，南北之間的矛盾只能用武力解決問題。

早在 1913 年 5 月，第六師師長李純已經接到命令將其部分派至湖北蘄春、武穴、田家鎮、興國一帶駐紮，以控制九江及安徽方面突發意外。北洋第二師隨即進入湖北孝感，為李純第六師之奧援，以監控湖北形勢。7 月 8 日，李烈鈞在湖口建立了討袁軍司令部。11 日，李烈鈞提出具體作戰方案，將部隊分為左右兩翼，任命林虎為左翼司令，指揮一、二、七團攻擊沙河、十里鋪一線北洋軍；任命方聲濤為右翼司令，指揮三、九、十團攻擊九江城南金雞坡炮臺北洋軍，任命何子奇為湖口守備司令。

在李純部下張敬堯混成二十二團進駐興國等地後，其密探已經查清了贛軍的部分情況：

> 馬頭鎮現駐江西軍步兵一營、炮兵一營、陸炮十八尊，馬兵二
> 十一名，共計不足九百人（槍械繫湖北造及德國小口徑毛瑟二種，
> 但湖北造居多）。……九江現有七生的半炮十四尊，機關槍十八尊，
> 機關兵正在訓練，炮兵現無。〔註33〕

〔註31〕 袁世凱：《為贛寧之役告國人令》（1913 年 7 月 21 日），見劉路生、駱寶善主
        編《袁世凱全集》第 23 卷，河南大學出版社，2013 年，第 189 頁。
〔註32〕 《贛寧之役史料輯錄》，見章開沅：《辛亥前後史事論叢》，華中師範大學出版
        社，1990 年，第 497 頁。
〔註33〕 張敬堯撰、焦靜宜點校：《贛征紀略》，見來新夏主編：《中國近代史料叢刊·
        北洋軍閥》（二），上海人民出版社，1988 年，第 295 頁。

令人感到錯愕的是，九江作為江西軍事重鎮，其守備部隊對於重武器的使用還處於「訓練」狀態。贛軍的步槍則裝備 M1888 式毛瑟步槍，李純所屬部隊則使用清一色的日本「三十年」式步槍。

贛軍首先行動，在林虎的帶領下贛軍在瑞昌、德安之間，初戰北洋軍取得勝利。但是「旋以北軍械精糧足，次第增援，乃不敵，團長周璧階以攻奪九江金雞炮臺死之。」〔註34〕贛軍和北洋軍甫一接戰，李烈鈞就立馬認識到北洋軍「械精糧足」，武器裝備方面的差距。

「二次革命」中北洋軍的一個重機槍組

圖片來自駱藝、黃柳青編：《軍閥之國——從晚清到民國時期的中國軍閥影像集（1911～1930）》，人民日報出版社，2015 年。

7 月 16 日，贛軍向金雞坡、八里坡一帶的北洋軍張敬堯部進攻。張敬堯部第一營全行展開，正面迎擊贛軍。兩軍正面僵持不下，張敬堯見狀親率一營一連、三營一連、機關槍半連、炮一尊從八里坡進攻贛軍右翼。在機關槍的猛

〔註34〕李烈鈞：《李烈鈞將軍自傳》，見榮孟源、章伯鋒主編：《近代稗海》第 9 輯，1988 年，第 25 頁。

烈火力壓制下，贛軍沒有發動持續進攻。十二點十分張敬堯部一、二營（各缺一連）趕到戰場，張敬堯命其從左側進攻，合圍贛軍。此時張敬堯部炮兵進入預定陣地，不斷轟擊贛軍。北洋軍在炮兵的支持下，從兩側合圍贛軍，贛軍火力不支，向馬宿嶺退卻。此役北洋軍的機槍和火炮發揮了巨大的作用，使得贛軍火力處於被壓制狀態，造成了贛軍三百名士兵的傷亡。〔註35〕張敬堯部使用的山炮應該是是法國克魯蘇75毫米山炮和日本「三八」式機關槍。〔註36〕此役混成二十二團共消耗步槍及機關槍子彈總計61,480顆，炮彈總計22枚。

　　23日，出任陸軍第一軍軍長的段芝貴在金雞坡親自指揮，準備進軍南昌。段芝貴將所部分為左、右司令統轄。右司令為潯口留守司令，負責全軍後方事宜。左軍所屬兵力及戰鬥區域分配分為左司令部和攻勢地區兵力，現將攻勢地區兵力列於下：

攻勢地區兵力

編　　制	重武器配置
步兵二十二團	山炮四尊；機關槍一連
步兵二十一團	山炮四尊；機關槍二連
步兵第八團	山炮六尊；機關槍一連半

　　江西多山地又適值夏季，給北洋軍的行軍帶來了困難，「是日天氣異常炎熱，兼之道路崎嶇。步兵尚易通過，其他炮、馬及機關槍隊之前進實覺困難。」〔註37〕山地地形複雜導致武器運動相對遲緩。

　　7月23日，段芝貴發布命令進攻湖口。張敬堯部由金雞坡出發，經過新港向灰山、回峰磯進擊。張敬堯將所部分為左右兩個縱隊。具體作戰情形是：「五點鐘，據兩縱隊長先後報稱，新港附近及江岸等處匪兵，約有三千餘名，機關槍四杆，大炮四尊，防禦陣地極其堅固。」〔註38〕在炮兵的火力掩護下，

〔註35〕《李純報告金雞坡炮臺防衛戰電》、《張敬堯記金雞坡之戰》，見《民初政爭與二次革命》下編，上海人民出版社，1983年，第555頁。

〔註36〕張俠：《北洋陸軍軍閥史料》，天津人民出版社，1987年，第83頁。根據該書陸軍第六師武器裝備情況推測張敬堯部陸軍二十二團可能使用法國克魯蘇75毫米山炮和日本三十八年式機關槍。

〔註37〕張敬堯撰、焦靜宜點校：《贛征紀略》，見來新夏主編：《中國近代史料叢刊·北洋軍閥》（二），上海人民出版社，1988年，第295頁。

〔註38〕張敬堯撰、焦靜宜點校：《贛征紀略》，見來新夏主編：《中國近代史料叢刊·北洋軍閥》（二），上海人民出版社，1988年，第326頁。

步兵逐漸逼近新港，兩軍相距三四百米，戰鬥激烈，相持不下。張敬堯率預備隊，兩尊機關槍攻擊贛軍右翼，右縱隊預備隊則從左翼繞擊贛軍側背。如此行動，贛軍仍然苦撐，最終其右翼動搖，張敬堯部突入贛軍陣地，兩軍白刃廝殺。贛軍最終不敵，敗走回峰磯。此役混成第二十二團，消耗步槍及機關槍子彈總計 109，920 顆，炮彈總計開花彈 2 枚，子母彈 88 枚。

湖口的失陷則是從湖口要塞司令陳建訓反戈開始，陳建訓命所部轟擊贛軍，贛軍腹背受敵。24 日夜，湯薌銘率「江利」、「江享」、「楚同」、「湖鶚」等艦艇從九江出發，掩護由火輪拖帶的運兵民船偷襲湖口。船隊運送鮑貴卿旅，在湖口東炮臺下游柞機登陸。次日，該部佔領湖口東、西炮臺。湖口失陷。

佔領新港後，張敬堯部繼續向回峰磯進軍。

> 二十五日午前三點廿分，我先鋒隊步兵二連；機關槍四杆，已接近灰山、回峰磯。斯時匪兵對我猛烈射擊，同時又有少部匪人乘船由江內襲我左側後，當被我江岸之兵擊退。我一營已全行展開，進攻灰山正面之匪，炮兵亦入陣地，向灰山開始射擊。團長（張敬堯）以正面過弱，即令高營長留二連守江岸，竭力抵抗，親率其餘部隊向灰山進擊，援助我第一營。四點二十分，我第三營在回峰磯與匪猛烈戰鬥，相持約二小時，彼此火力不相上下，無分勝負。團長即令第二營黃營長以跑步向灰山前進，繞擊匪人左側，四點四十分至灰山麓。團長親率該營進佔右翼山腰，即派一連猛襲匪之左側背，並發號著全線遞次前進，匪兵強悍，抵死不退，對持約四小時之久，匪勢動搖……〔註39〕

張敬堯部一共繳獲：步槍一千五百餘杆，大炮十四尊，機關槍十二杆，子彈十餘箱，戰果可謂豐碩，也可以說明贛軍並不是「彈盡糧絕」。此役，混成二十二團共消耗步槍子彈總計 82,590 顆，炮彈總計開花彈 2 枚，子母彈 91 枚。在張敬堯的歷次戰鬥詳報中也可以看出北洋軍屢次戰勝贛軍的原因在於重武器，贛軍因為缺乏重武器，所以一直被張敬堯使用側面迂迴的戰術配合重武器而擊潰。

第六師作戰過程中，彈藥消耗過巨。8 月 8 日，李純致電陸軍部：「前請發克魯蘇山炮彈三千顆，帶備分底火五百。馬克沁機關槍彈廿萬粒。哈機給斯

〔註39〕張敬堯撰、焦靜宜點校：《贛征紀略》，見來新夏主編：《中國近代史料叢刊・北洋軍閥》（二），上海人民出版社，1988 年，第 328 頁。

（哈乞開斯）機關槍彈三萬粒。帶保彈板未奉電。希飭保局速備。再，信□夫無車運漢，乞轉請交通部速備車，以便該夫速到澪。」〔註40〕但是陸軍部沒有立刻撥給彈藥。李純再次發電催促：「前電請發克魯蘇山炮彈三千顆，備分底火五百箇。馬克沁機關槍彈二十萬。活機給斯（哈乞開斯）機關槍彈三萬，代保彈板。六米五步槍彈一千箱。業發電允步槍彈一千箱。由九江關起運，其炮彈及機關槍彈飭保局備齊，均交去員領回，卻至旬餘，皆未運到。刻間前方各種彈藥用將告罄，如遇激烈戰鬥，危險不堪設想。擬懇貴部儘量籌備無延。盼禱望復。」〔註41〕從李純的電報中可以看出北京政府陸軍部對於此次江西之戰的後勤補給並不充分。

8 月 18 日，「（張敬堯部）步兵據章河西岸時，炮兵尚未入陣地，匪兵勢焰，猛烈射擊，妨害我軍過河。及我炮兵放列，僅三四出，匪鋒大挫，火力稍減，即令第二營由右翼徵集船隻迅速渡河。」此役混成二十二團共消耗步槍及機關槍子彈 29,590 顆，炮彈總計子母彈 20 枚。同日，張敬堯部進入南昌城，贛軍相率繳械投降。〔註42〕

在新港和回峰磯的兩場戰役，可以清楚看見，無論北洋軍還是贛軍在武器裝備方面，受於地形限制並沒有發揮實力（根據情報贛軍或許連炮兵都沒有）。兩場戰役都是陷入相持之後，張敬堯部堅持到了最後才取得勝利，雖然不敢斷言是因為贛軍後勤保障不足（因為戰前被袁世凱截留的軍火，最後李烈鈞成功收回）才被北洋軍突破防守陣地的，但從白刃戰結果可以看到北洋軍的軍事素質要明顯高於成軍不久的贛軍。一旦贛軍失去地形之利，北洋軍重武器的威力就開始彰顯，只是 75 毫米克魯蘇山炮發射幾發子母彈，就使得贛軍自亂陣腳。

除江西外，二次革命的另一個主要戰場就是南京。7 月 15 日黃興在南京組織江蘇討袁軍，並親任總司令，下轄「中央陸軍」第一、第三、第八師。次日，江蘇都督程德全託故赴上海，南京守軍一部被北洋軍收買，此時黃興不得

〔註40〕 《江西護軍使李純為請速發軍需彈藥並乞轉請交通部備車運輸致陸軍部電》
（1913 年 8 月 8 日），第二歷史檔案館開放檔案查詢系統：《北京政府檔案‧陸軍部》。

〔註41〕 《江西護軍使李純為前線火急所需彈藥請飭保局備齊迅速籌發致陸軍部電》
（1913 年 8 月 13 日），第二歷史檔案館開放檔案查詢系統：《北京政府檔案‧陸軍部》。

〔註42〕 《段芝貴報告張敬堯團攻佔南昌等情》（1913 年 8 月 20 日），見《中華民國檔案史料彙編‧第三輯‧軍事》（2），江蘇古籍出版社，1991 年，第 152 頁。

已乃調駐防淮關之中央陸軍第八師，與開赴徐州的中央陸軍第一師回防南京。這一調動致使駐防徐州的中央陸軍第二師後方空虛，回撤淮關。〔註43〕7月8日，張勳陷徐州。

江西湖口失守後，江蘇軍心不穩。7月28日，江蘇都督程德全趁勢在上海通電，取消獨立。同日程德全向袁世凱發電，表示要「得尺得寸，勉圖自贖」。〔註44〕這對於反袁軍南京司令黃興來講無疑是落井下石。面對北洋虎狼之師，黃興深知敵我力量懸殊，他言道：「我軍餉精械彈均缺，或當不免一敗。雖我方有各省響應，同具決心，可破全國，非袁世凱所能抵禦；然興以此實不徒無益，而且有害。我如奮鬥到底，將使大好河山遭受破壞，即獲勝利，全國亦將糜爛，且有被列強瓜分之虞。」〔註45〕南京守軍槍不如人、炮不如人，黃興決定離開南京，隨後轉赴日本。

上海方面將進攻的重點目標選在江南製造局。陳其美率領六十一團三營、松軍三營、炮隊一營、岑春煊衛隊二營及新招士兵千餘人，數次進攻江南製造局，均被擊退。黃興雖然對南京的形勢不樂觀，但仍接濟陳其美開花炮彈二百五十顆，槍彈二十萬顆，但被程德全截留。

一篇《激二次革命家軍》的短文雖然俚俗倒也反映了反袁軍的情況：

> 我替你們羞死了，區區一千五百個北兵，就把製造局守得鐵桶相似。你們動稱數萬人，怎樣不把陳其美的舊麻繩拿去照樣綁一綁呢？活現醜！還要過黃河討袁世凱，歇歇罷。如這般照相放大的公民大會，不用多造孽了。林虎冷遹，活該倒運，一個將首級，掛在人家旗杆上，一個不知怎樣胡亂被張勳打死，這是有名的上將，其餘無名英雄，大概還不知斷送若干。該死該死，你們這等豆腐皮兒力量，也要耀武揚威，弄得個討袁反為袁所討，無窮商民跟著流離餓莩，你們真要算得些淘氣星君。我要問你們，張勳眼見得要光顧了，你們頭目自然腰包充足，誠如吳稚暉所言：「跑到外洋，尚能享三五年幸福。」但是一班牙爪，怎麼好呢？據說章梓回滬只是哭，黃興也是長籲短歎，牢門匾額。叫作懊惱遲了，在我看，你們趕緊

〔註43〕蔣緯國：《國民革命戰史‧建立民國》第三卷，黎明文化事業公司，1981年，第106頁。

〔註44〕《程德全應德閎來電》（1913年7月28日），見劉路生、駱寶善主編《袁世凱全集》第23卷，河南大學出版社，2013年，第261頁。

〔註45〕毛注青：《黃興年譜》，湖南人民出版社，1980年，第238頁。

各自逃生去罷。還來得及呢！〔註46〕

此一小文對反袁軍的冷嘲熱諷也說明了，在北洋軍的戰爭中，反袁軍已經處於四面楚歌的窘境。雖則如此，反袁軍也沒有輕易放棄抗爭。

黃興雖然離開南京，但南京守軍仍在堅守。8月8日，國民黨人何海鳴自任討袁軍總司令，派兵據守獅子山，與浦口北洋軍隔江對峙。值得一說的是，北洋軍在浦口用來轟擊南京的「二十四生的德式大炮」，就是軍火商雍劍秋用來賄賂袁世凱的艾哈德24釐米重型攻城臼炮，雖然這些炮沒有載運附件，不久就棄之不用，但還是給予了南京守軍一定的火力壓力。〔註47〕張勳所部甚至繳獲了南京守軍四門滬造75毫米山炮，要求江南製造局供給炮彈。〔註48〕

南京城畢竟城牆堅厚，不易被炮彈正面炸開。張勳眼見炮彈儲量逐漸不足，又要求陸軍部撥給炮彈：「連日南匪鏖戰，以子彈缺乏，致進行現難。雖各處挪借，仍恐無以為繼。應請速撥七生五陸路炮彈五千顆，七生五過山炮彈三千顆，五生七過山炮彈八千顆。均開花八成，子母二成。又七密里九套筒毛瑟槍彈二百萬粒，趨（機）關槍二百萬粒，趨（機）關槍彈一百萬粒，分飭各廠剋日撥運，以供戰備。切盼切禱。」〔註49〕從這份電報中，不僅可以看出張勳部所使用的火炮種類，而且可以想見當時的南京遭到怎樣的圍攻。

和張勳一起圍攻南京的馮國璋，也開始出現彈藥不濟的情況：「承撥之槍彈五百萬粒，昨已安抵滁州。惟機關槍無六密里五能通用者，請再籌撥七密里九機關槍用子彈二百萬粒，以濟前線急需為荷。」〔註50〕

攻守雙方戰況激烈，北洋軍記載道8月23日的情形：「午前六點，我十九團之前線已進至太平門約一千米達，叛軍於城內牆上以極猛烈之槍火向我射擊，我軍之火力雖較盛於敵，然效力甚少，蓋叛軍藉城垛之隱蔽，時隱時現故耳。」〔註51〕

〔註46〕「我」：《閒情：激二次革命軍》，《大共和日報》1913年7月，第84頁。

〔註47〕霍安治、馮傑：《中國野戰炮兵史（1900～1937）》，中國長安出版社，2015年，第34頁。

〔註48〕《張勳為請滬製造局速撥發彈藥致大總統袁世凱陸軍部等電》（1913年8月21日），第二歷史檔案館開放檔案查詢系統：《北京政府檔案・陸軍部》。

〔註49〕《張勳為請分飭各廠剋日撥運彈藥致陸軍部電》（1913年8月21日），第二歷史檔案館開放檔案查詢系統：《北京政府檔案・陸軍部》。

〔註50〕《江淮宣撫使馮國璋為請撥發機關槍子彈致陸軍部電》（1913年8月22日），第二歷史檔案館開放檔案查詢系統：《北京政府檔案・陸軍部》。

〔註51〕中國第二歷史檔案館：《民國檔案史料彙編・第三輯・軍事》（2），江蘇古籍出版社，1991年，第178頁。

　　8 月 26 日，張勳由朝陽門及太平門攻入城內，均被擊退。9 月 1 日，南京城內討袁衛隊隊長叛變，南京守軍內亂。張勳趁機炸開太平門與朝陽門之間城牆，再度攻入城內，南京最終失陷。張勳在南京城內大肆劫掠，北洋軍「伐罪弔民」的謊言被撕破。袁世凱作為軍事首領，一直強調軍紀嚴明，對於張勳部的所作所為甚是不滿，其質問道：「民納稅以給餉，兵出力以衛民，不能衛之，而反擾之，天良何在？為之官長者，目睹何忍？」﹝註52﹞但袁世凱恐怕自己都忘了，這一切的始作俑者正是他本人。

　　縱觀二次革命，袁世凱的北洋軍無論軍費還是武器，軍事優勢依然存在。而贛軍對於重火器的使用相當生疏，動輒被北洋軍的山炮和機關槍壓制。南京守軍，雖然武器不差，但是在「餉精械彈均缺」的情況下，北洋軍的軍使用各種重炮轟擊南京守軍，南京淪陷只是時間問題。上海方面，為了奪得更多的武器資源，將進攻重點選為江南製造局，但製造局守軍畢竟軍械精良，彈藥充足，陳其美的軍隊雖則人數占優卻沒有受過嚴格的軍事訓練，無法與北洋軍抗衡。

　　有論者認為二次革命的失敗是民初社會心理對這次革命的制約導致的。﹝註53﹞這顯然是史家充滿玄學色彩的後見之明。從純軍事角度而言，南北軍實力確實相差甚遠。以社會心理來解釋「二次革命」的失敗，或許也有一定道理，但是批判的武器，終究代替不了武器的批判，物質的力量，只能以物質來摧毀。

三、軍火輸入與兵工發展

　　民國成立之後，軍事裝備進口呈不斷增長趨勢。到一戰爆發前，從中央到地方軍火貿易如火如荼地進行。本節將從國內政治與國防需求，武器進口的規模、價格以及兵工生產等方面對民初武器的基本情況做一梳理。

（一）國內需求

　　辛亥革命爆發後，全國各地各種武裝力量如雨後春筍後出現。各支軍事力量急於擴大軍事實力以增強政治影響力，購買軍火就成為各方矚目的關鍵。

﹝註52﹞ 《致江蘇都督張勳江淮宣撫使馮國璋等電》，1913 年 9 月 6 日，見劉路生、駱寶善主編《袁世凱全集》第 23 卷，河南大學出版社，2013 年，第 439 頁。
﹝註53﹞ 許順富：《「二次革命」失敗原因新論》，《江西社會科學》，2001 年第 4 期。

如此龐大的軍隊不僅帶來財政困難，也給社會局勢造成極大壓力，於是軍隊裁撤的問題被提上議程。所謂裁兵也主要是裁撤南方革命黨領導的軍隊，北洋系軍隊沒有裁撤整編。為了防止地方實力派擁兵自重，尾大不掉，最直接的方法就是將武器購買權收歸中央政府所有。這樣不僅有利於削弱南方軍隊實力，還能增強北洋軍自身軍事實力。

1912 年 4 月 25 日，國務院即通電各省：

> 現在南北統一，所有各省軍械，應由中央政府收回，承認給價，以歸統一。經查明江蘇、福建、浙江、湖南、貴州等省，均持有購運護照報關，業由稅務處電飭該稅司扣留。並通飭各關稅司，遇有軍械進口，一律照辦……〔註 54〕

中央政府一紙聲明就想遽然收回武器購買執照，自然遇到了諸省的反對，而且之前陸軍部還同意放行該批武器。黃興則從地方安全的角度出發極力反對中央政府此舉：「各省購械，情形雖有不同，要無非因地方秩序未復，土匪蠢動，宗社黨到處煽惑，軍械不容缺乏之故。且各省經濟困，百計羅掘，僅能購得此數，良非良易。若徑一收回，似於日前情形，諸多窒礙，且恐因此遂釀他變。」〔註 55〕龐雜的軍隊帶來社會安全的威脅，而地方秩序不穩，又成為保留軍隊的理由。

〔註 54〕 中華民國史事紀要編輯委員會：《中華民國史事紀要（初稿）》（中華民國元年正月至六月），1987 年，第 457 頁。各省購械的情況，4 月 6 日胡惟德向段祺瑞做了說明：「據江海關稅務司來電，浙省由瑞記洋行購買槍七百五十支，子彈三萬粒」閩省由日本物產公司購買槍五百支，子彈十五萬粒。又由物產公司購買刀二百支，機關炮十支，子彈十萬粒。由禮和洋行購買手槍一千五百六十二支，子彈十七萬四千粒。蘇省由第亞士洋行購買快槍一千支，子彈一百五十萬粒。」4 月 8 日，胡惟德又向段祺瑞報告：「江海關稅務司來電，浙省由永興洋行購買子彈十二萬粒，由戴大利臣洋行購買槍四百支，蘇省由戴大利臣洋行購買槍五千支，子彈五十萬粒。黔省由戴大利臣洋行購買槍八百十四支，子彈八萬粒。湘省由戴大利臣洋行購買槍一萬支，子彈五百萬粒。」4 月 9 日，段祺瑞覆電准許海關放行。見張俠編：《北洋陸軍史料》，天津人民出版社，1987 年，第 410、411 頁。

〔註 55〕 中華民國史事紀要編輯委員會：《中華民國史事紀要（初稿）》（中華民國元年正月至六月），1987 年，第 465 頁。4 月 9 日，駐南京城贛軍發生嘩變，黃興指出：「此次亂事之發生，實由贛軍中之不法者，與土匪地痞勾合，且受張勳之煽惑。」見中華民國史事紀要編輯委員會：《中華民國史事紀要（初稿）》（中華民國元年正月至六月），1987 年，第 435 頁。由此可知，黃興反對陸軍部收回購買武器執照，確實是遣散軍隊造成了軍心不穩的情況，需要足夠武器保持社會秩序穩定。

　　袁世凱絕不會體諒黃興留守南京遣散冗兵的難處。5 月 4 日，陸軍部再次通電各省堅持要將軍械購買權收歸中央，「查各省向來購買軍火，均由中央政府批准。近數月間，各省每有自由購買軍火之事，致前後辦法不能一律，極應聲明舊例，所有各處訂購軍火，必須由中央陸軍部允准，發給憑照，不許私購私運致生危險。」〔註 56〕

　　各地海關對於中央政府的命令嚴格執行，但是陸軍部則迫於現實壓力，不得不對地方購買軍械「睜一隻眼閉一隻眼」。例如，河南士紳王錫彤剛通過瑞記洋行購買了 1888 年式毛瑟步槍 500 支，卻被陸軍部扣留。王錫彤向段芝貴說：「鄾縣地當孔道，兩鐵道貫穿其中，遊勇土匪，時出滋擾，居民不能安枕……鄉民驚恐餘生，昭允認款萬餘金，委彤購槍之任。……今忽遭此阻難，將何顏以對鄉里。今不敢他有奢望，但願陸軍部將槍扣留，將款發還，俾彤不致受鄉人責備，實出高厚之恩。」〔註 57〕可見南方需要槍械維持地方秩序，北方也需要購買槍械以自衛。

　　面對南方裁軍大潮，北洋軍不僅沒有裁兵，反而進一步充實軍備。1912 年北京政府兩次向瑞記洋行訂借英金總共 75 萬英鎊，分別向奧匈帝國 3 家公司和史高德（斯柯達）兵工廠訂購軍械。拱衛軍用此筆借款購買了斯柯達兵工廠生產的機關槍四十架，子彈二百萬粒。〔註 58〕武昌起義後與南方作戰的消耗，北洋陸軍此時急需補充槍支彈藥，此舉同時也是為了保持對南方的軍事優勢，鞏固自身統治基礎。

　　1912 年北洋軍隊購置的軍械大多是從天津等口岸海關進口，此年華北地區海關就進口了步槍 88,355 支，子彈 5547.5 萬發，各型火炮 59 門，軍火數額不可謂不大。〔註 59〕而華北進口的軍械數量只占到 1912 年全國進口軍火數量的 37.37%。〔註 60〕。1912 年全國的軍火進口量之大，從中可見一二。也可以看出民國初年，因為政治局勢動盪，對於武器裝備的需求大幅度提升。

〔註 56〕張俠編：《北洋陸軍史料》，天津人民出版社，1987 年，第 375 頁。
〔註 57〕張俠編：《北洋陸軍史料》，天津人民出版社，1987 年，第 408 頁。
〔註 58〕張俠編：《北洋陸軍史料》，天津人民出版社，1987 年，第 408 頁。
〔註 59〕見附表 1。附表 1 記載了 1911 年 11 月 14 日至 1912 年 12 月 11 日華北各海關武器購入情況，其中一共進口步槍 96875 支，子彈 6231.5 萬發，火炮 60 門，文中除去了 1911 年 11、12 兩個月的數據。
〔註 60〕陳存恭：《民初陸軍軍火之輸入》，《中央研究院近代史研究所集刊》第 6 期，1974 年，第 259 頁。

北京政府大肆購買軍火除了壯大自身實力考慮之外，也有穩定局勢維護國家統一，特別是邊疆安定的客觀需求。辛亥革命爆發之後，不僅內地各省軍情洶洶，這股浪潮也波及西藏和蒙古等邊疆地區。以西藏為例，四川都督尹昌衡報告說：

> 西藏於去年（1911 年）九月二十三日拉薩兵變，搶掠一空，前清駐藏大臣聯豫逃匿。彼時中央政府未成立，川中亦亂事方亟，故均未遑籌及。刻以川局漸定，因特設籌邊處派員往營邊務；並派吳嘉謨為　邊宣慰使，出關安撫一切。近據前清駐藏陸軍統領兼護駐藏大臣鍾穎，專函告急，稱駐藏兵丁尚有二千，業經數月未有糧餉，若再遲不發，勢必全行潰敗，不可收拾等語。應該飭財政部撥銀十萬兩，匯交鍾穎給發，或可維繫軍心，保全領土。〔註61〕

而事實是鍾穎率領的兩千士兵「因內地反正，兵丁四處掠搶，成為匪類。」〔註62〕不久駐藏川軍即被藏軍繳械。駐藏川軍的劫掠行為不僅給了達賴喇嘛武裝叛亂的口實，也使中央政府喪失了對西藏的實際控制。4 月 22 日袁世凱任命四川都督尹昌衡為征藏總司令，中國政府「決定用兵西藏」。〔註63〕

8 月 4 日，在江蘇都督程德全的協助下，四川省「以藏衛事急，需械孔殷「為由，在上海德商捷成洋行購就 1888 年式 7.9 毫米步槍五千支，馬槍五百支，子彈一百萬顆。〔註64〕對於四川用兵西藏，北京政府陸軍部給予了許多便利，8 月 20 日陸軍部致電黎元洪，要求宜昌海關放行四川所需軍械。〔註65〕有了充足武器裝備的尹昌衡統兵西進，勢如破竹，兵鋒直至達江。

9 月下旬，袁世凱擔憂英國干涉西藏事務，一再電令川軍停止入藏，以江達為界。袁世凱深知尹昌衡深入藏區平叛心切，說道：「該護督（指尹昌衡）

〔註61〕 中華民國史事紀要編輯委員會：《中華民國史事紀要（初稿）》（中華民國元年正月至六月），1987 年，第 380 頁。

〔註62〕 羅春馭輯：《鍾穎疑案》。見張羽新、張雙志編：《民國藏事史料彙編》第 20 冊，學苑出版社，2005 年，第 401 頁。

〔註63〕 中華民國史事紀要編輯委員會：《中華民國史事紀要（初稿）》（中華民國元年正月至六月），1987 年，第 453 頁。

〔註64〕 張俠編：《北洋陸軍史料》，天津人民出版社，1987 年，第 412 頁。

〔註65〕 張俠編：《北洋陸軍史料》，天津人民出版社，1987 年，第 412 頁。除前文提到四川購買捷成洋行的槍支外，四川省還購買了四批軍火，總計「手槍一千二百六十支，步槍七百支，馬槍一百六十支，機關槍八尊，子彈九十三萬二千粒。」

等慷慨出師，壯心堪佩，惟現在時局孔棘，財政困難，正如病夫，元氣已傷，百孔千瘡，尚須調攝，豈可竟忘遠慮，輕啟釁端。望遵迭次前電，勿得進入藏境，致滋漁利。已飭外交部與英使嚴重交涉矣。」〔註66〕尹昌衡只得就地駐防，經營川邊。但是此次西征後不久，中央政府與西藏地方政府的關係和緩，西藏沒有脫離中華民國的版圖。

正如《舊邦新造》指出：「關於辛亥革命的傳統歷史敘事往往想當然地假設了民國與清朝在國家主權上的連續性，這就忽視了清朝作為一個多民族王朝國家現代轉型的艱難。」〔註67〕辛亥之後西藏、內蒙、外蒙分裂勢力伺機而動，如果沒有強有力的軍事力量鎮懾，所謂的「五族共和」只是一廂情願。中央政府為了鞏固國防的需要，不得不購買更多軍械，以滿足國防作戰的需要。

（二）民初軍火輸入簡述

1. 洋行與軍火貿易

從民初的各項軍火訂單中，可以看到無論是內政還是國防，北京政府都需要進口大量的軍械裝備，很多洋行更是廁身其中充當軍火掮客的角色。如瑞記洋行、逸信洋行、榮華洋行、捷成洋行、戴大利臣洋行等等，不一而足。國外訂購的軍械不僅質量好，而且參與者可以通過洋行大吃回扣，這樣利潤豐厚的生意自然更受軍界高官青睞。例如陸軍部次長徐樹錚於 1914 年購買美國製造槍炮子彈和全副機器一套，價值九十三萬美元，美商即酬徐百分之三的經手傭金，共得傭金九萬餘元。〔註68〕外國洋行賄賂陸軍高層已經成為慣例。

雍劍秋是民初軍火買辦的佼佼者。雍劍秋本是德商禮和洋行的買辦，他為禮和洋行代理的克虜伯兵工廠打開了銷路。代理艾哈德兵工廠業務的捷成洋行高新聘請雍劍秋為其服務，深諳中國市場運作「規律」的雍劍秋提出了三個條件：

〔註66〕《西藏研究》編輯部：《民元藏事電稿‧藏亂始末見聞記四種》，西藏人民出版社，1983 年 02 月，第 84 頁。

〔註67〕章永樂：《舊邦新造（1911～1917）》，北京大學出版社，2011 年，第 2 頁。

〔註68〕此處金額貨幣單位並不一致。曹心保提到該筆傭金徐樹錚請示袁世凱後，將該筆傭金作為北京正志中學和《大公報》。但作者將此事與徐樹錚因為「訂購外國軍火浮報四十萬元」被袁世凱免職一事聯繫起來，認為這是袁世凱為稱帝而罷免徐樹錚的藉口，此論點值得商榷。見曹心保：《徐樹錚與皖系興亡研究》，廣西師範大學出版社，2016 年，第 34 頁。

第一，運動費要大，就是說對中國當局官僚，要用大量金錢收
買，不要像禮和那樣吝嗇；第二，貨物價格，要比國際水平低一些，
最低限度，要比禮和的低；第三，要採取長線釣魚方法，就是花了
運動費，無論成功與否，都要洋行認帳。〔註69〕

雍劍秋揣摩袁世凱的心思，認為普通的金錢賄賂肯定沒有用。雍劍秋就通
過交通總長朱啟鈐向北京政府無償捐獻了艾哈德兵工廠製造的步槍6000支，
24毫米攻城臼炮十尊，如此慷慨的軍火捐贈使得袁世凱「聖心大悅」。1914年
北京政府授予雍劍秋愛國徽章，其中讚賞地講道「雍濤（即雍劍秋）捐資興學，
並報效公家槍支款項頗巨，實屬急公好義。」〔註70〕可見雍劍秋向北京政府捐
贈武器一事確有其事，但是是否如其子回憶中所講述的數量一致，暫且存疑。
無論如何，禮和洋行就通過雍劍秋的「軍火賄賂」打開了銷路。

2. 武器質量

雖然北洋時期的武器引進吃回扣已成慣例，但是畢竟關乎自身利益，對於
武器質量陸軍部也較為注意。例如，德商瑞生洋行在1913年5月向陸軍部推
銷英國阿姆斯特朗廠的新型機關槍，「該槍係七密里九口徑，自能裝彈發彈及
去其彈帽，無論馬隊、步隊、山地、平原、炮臺、兵艦皆能得心應手，任意施
放。其施放速力，每分鐘能發六百五十彈，即放至一萬彈，其水管內之水絲毫
不熱，且槍管退力極穩，妥與他槍比較，尤為特色，其發彈速而且準，並無滯
澀之弊，嘗試發八千彈，絕無一彈虛發，亦可知其敏速之秒矣。……」瑞生洋
行說得天花亂墜，陸軍部還是要進行試驗才能定奪。第一次驗放的效果並不
好，瑞生洋行說：「惟當日驗放時，因有阻礙，未能得盡所長。」要求再進行

〔註69〕 中國人民政治協商會議全國委員會文史和學習委員會編：《文史資料選輯合訂
本》第十八卷，中國文史出版社，2011年，第401頁。雍鼎臣的回憶錄裏提
到，二次革命前後，德國公使納爾德要雍劍秋送與袁世凱步槍10000支，75
毫米大炮（型號不詳）20尊，幫助袁世凱撲滅二次革命。袁世凱因此授予雍
劍秋二等文虎章和二等嘉禾章。但是查閱《袁世凱全集》只見北京政府授予雍
劍秋四等文虎章（1914年8月1日）和三等嘉禾章（1915年11月14日）。
袁世凱：《予雍濤勳章令》，見劉路生、駱寶善主編《袁世凱全集》第28卷，
河南大學出版社，2013年，第1頁。袁世凱：《予雍濤陳介勳章令》，見劉路
生、駱寶善主編《袁世凱全集》第33卷，河南大學出版社，2013年，第387
頁。
〔註70〕 袁世凱：《予雍濤勳章令》（1914年6月22日），見劉路生、駱寶善主編《袁
世凱全集》第27卷，河南大學出版社，2013年，第205頁。

一次試驗。〔註71〕雖然阿姆斯特朗廠機關槍又實驗了一次，但是陸軍部並沒有訂購改型機關槍。根據後來瑞生洋行致財政部的函中提及「（阿姆斯特朗廠）近今來信，以借款關係，向奧美訂貨數次，該廠未一律相遇，已嘖有煩言，且該廠所收國庫券為數亦頗巨，更覺憤憤不平也。」可知阿姆斯特朗兵工廠確實急於打開中國市場。阿姆斯特朗廠只好以購買的國庫券為由向財政部試壓，財政部又建議陸軍部的將原先購買馬克沁八十架的訂單交給阿姆斯特朗兵工廠。〔註72〕通過英國老牌軍工廠阿姆斯特朗對華兜售機關槍的經歷來看，北洋陸軍部購買新式槍械會嚴格把控質量，有一套成熟的引進程序。

瑞記洋行為斯柯達兵工廠代理的 105 毫米、120 毫米以及 150 毫米「好為則」重炮，因「（斯柯達廠）近以研究所及，尤能於該炮精益求精更有特別改良者，意欲將此次所心得之處，按法從事精製，以臻完美。」所以斯柯達兵工廠要求瑞記洋行致函中國陸軍部，要求延期交貨。洋行負責的軍火貿易並不全是以次充好，瑞記洋行還特意希望陸軍部派員去斯柯達廠負責大炮監造。瑞生洋行說：「該廠為中國計，極願鈞部委派人員能知德國文語更佳，前往該廠監視查合同第五條本有派員監造一節，並可隨時逐件實驗，以資研究，而便練習，且將來回國時盡可如法教導，一切實於軍事上大有裨益，好在往返日期無多，約計四月足矣。所有該員駐奧房飯金，統歸司廠供給。惟往返川資，請由政府自備。」〔註73〕斯柯達兵工廠對於武器製造的真誠態度可見一斑。從另一面也可以看出，北京政府陸軍部顢頇之極，既然是合同規定要派員監造，居然茫然無措，只等兵工廠專函來請。

3. 進口武器價格與數量估算

除去質量問題之外，軍火貿易各方最關心的是具體武器的價格。步槍是民初進口軍火的大項，而且大多購買的步槍還是 1888 年式毛瑟步槍，從毛瑟步槍幾次軍火合同中的價格可以觀察軍火貿易的變化。

陸軍部保留的宣統三年（1911 年）與信義、禮和槍彈價目清單中顯示，

〔註71〕《中國近代兵器工業》編委會：《中國近代兵器工業檔案史料》（2），兵器工業出版社，1993，第 331 頁。
〔註72〕《財政部關於訂購瑞生洋行機槍致陸軍部函》1914 年 4 月 10 日，見《中國近代兵器工業》編委會：《中國近代兵器工業檔案史料》（2），兵器工業出版社，1993，第 331 頁。
〔註73〕《中國近代兵器工業》編委會：《中國近代兵器工業檔案史料》（2），兵器工業出版社，1993，第 486 頁。

1888 年式毛瑟步槍（帶刺刀、皮帶、槍口蓋）每支價值二十八馬克五十分，約合關平銀 9.13 兩。〔註74〕王錫彤在 1912 年 5 月購買的 1888 年式毛瑟步槍（帶刺刀、皮背帶、槍口蓋）每支實計行化銀 10 兩整，約合關平銀 9.52 兩。每千顆子彈實計行化銀 38 兩整，約合關平銀 36.2 兩。〔註75〕1913 年 10 月，軍械司向逸信洋行訂購的 1888 年式毛瑟步槍（帶刺刀、皮背帶、槍口蓋）每支「價公砝銀五兩四錢二分」，約合關平銀 5 兩。〔註76〕到了 1913 年 1888 年式毛瑟步槍，竟成了原先價格的一半。

　　機關槍作為重武器，價格比步槍高昂許多。1912 年陸軍部向逸信洋行訂購丹麥式機關槍一百四十架，每架合價銀 1699.75 兩。〔註77〕同年，瑞記洋行給翁同龢之孫翁振伯的武器報價中，述及每架斯柯達產 7.9 毫米機關槍價值 5200 馬克，約合關平銀 1744.96 兩。〔註78〕

　　大炮更是陸軍軍械購買中最為昂貴的武器，1912 年浙江督軍代陸軍部向禮和洋行購買了 1910 年式 75 毫米克虜伯二十九倍長陸路管退炮 36 尊，炮身及附件詳情如下：

1910 年式 75 毫米克虜伯二十九倍長陸路管退炮價目詳情

大炮零件（單件）	德國馬克	關平銀
炮身	8,100 馬克	約合 2,596.1 兩
瞄準機件	4,950 馬克	約合 1,586.5 兩
炮車架	10,000 馬克	約合 3,205.1 兩
炮前車照（三十倍式）	3,500 馬克	約合 1,121.8 兩
子彈車照（三十倍式）	8,500 馬克	約合 2,724.3 兩

〔註74〕 關平銀 1 兩等於德國 3.12 馬克。見 Liang-lin Hsiao, China's Foreign Trade Statistics, 1864～1949, Harvard University Asia Center，1974 年，P190.轉引自陳存恭：《民初陸軍軍火之輸入》，《中央研究院近代史研究所集刊》第 6 期，1974 年，第 259 頁。

〔註75〕 行化銀是天津所用的記帳虛位銀兩，行化銀 1050 兩＝關平銀 1000 兩。見張九如等編《兒童銀行》，中華書局，1929 年，第 101 頁。

〔註76〕 公砝銀 1000 兩等於行化銀 998 兩，見張九如等編《兒童銀行》，中華書局，1929 年，第 101 頁。

〔註77〕 張俠編：《北洋陸軍史料》，天津人民出版社，1987 年，第 418 頁。此處「丹麥式機關槍」應該是指丹麥德森 7.9 毫米輕機關槍。

〔註78〕 《中國近代兵器工業》編委會：《中國近代兵器工業檔案史料》（2），兵器工業出版社，1993 年，第 472 頁。從價格判斷，斯柯達機關槍應該也是輕機關槍。

定子母彈之引火度數器具	950 馬克	約合 304.5 兩
鐵匠器具並備份零件	13,800 馬克	約合 4,423.1 兩
鋼繩軟梯	80 馬克	約合 25.6 兩

資料來源：《中國近代兵器工業》編委會：《中國近代兵器工業檔案史料》（2），兵器工業出版社，1993，第 475 頁。

可見該型火炮每尊只炮身、瞄準機件、炮車架就要關平銀 7,387 兩。民初北京政府的購買的火炮並不多，很多還是在使用晚清購買的火炮。但是炮彈的進口量卻很大，1914 年，僅陸軍部就向捷成洋行訂購了五萬發各類炮彈，第一批到貨炮彈一萬四千發，實計價銀就要 467,315.43 馬克，約合關平銀 149,780.5 兩。〔註 79〕

1914 年 7 月 28 日，第一次世界大戰爆發。列強輸入中國的軍火斷崖式驟減，「使得民國四年到六年都是（軍火）輸入的低潮」。1915 年到 1917 年，外國購入軍火總計 792,670 兩，軍火出口 277,303 兩，供應值僅餘 515,367 兩，占北洋時期（1912～1928 年）軍火輸入總值的 0.76%。〔註 80〕

一戰前還一直想出售軍火的英國，戰爭爆發後居然開始積極謀求從中國購買軍械。在梁士詒的積極安排下，英國還購買了 10,919 支 1888 年式毛瑟步槍，但這對英國來講還遠遠不夠。〔註 81〕以中國當時的軍事裝備情況看，想讓北京政府拿出更多步槍來出口，恐怕也很困難。

除了正常的武器購入情況外，走私進入中國的武器也不在少數。例如，奉天巡防部隊破獲的公主嶺日人私運軍火案，僅步槍就達七千支之多。〔註 82〕陳存恭估計 1912 年～1914 年，中國總共進口步槍達 35 萬～40 萬支。這一估計可能要少於實際進口數，1912 年華北地區就進口了步槍 88,355 支，而當年華北地區軍火進口總額占全國 37.37%。同年，上海地區進口了步槍 88,958 支，而上海軍火進口金額占全國 33.98%。〔註 83〕兩地在 1912 年共進口步槍 177,313

〔註 79〕《段祺瑞關於向捷成洋行訂購炮彈呈稿》（1914 年 6 月 15 日），見張俠編：《北洋陸軍史料》，天津人民出版社，1987 年，第 418 頁。

〔註 80〕陳存恭：《民初陸軍軍火之輸入》，《中央研究院近代史研究所集刊》第 6 期，1974 年，第 259 頁。

〔註 81〕唐啟華：《洪憲帝制外交》，社會科學文獻出版社，2017 年，第 41 頁。

〔註 82〕民國外交檔案：C-3-2，《日本勾結內蒙由公主嶺私運軍火案》。轉引自陳存恭：《民初陸軍軍火之輸入》，《中央研究院近代史研究所集刊》第 6 期，1974 年，第 259 頁。

〔註 83〕陳存恭：《民初陸軍軍火之輸入》，《中央研究院近代史研究所集刊》第 6 期，1974 年，第 263 頁。

支，兩地進口軍火金額占全國的 71.35%。〔註84〕值得說明的是，華北畢竟海軍軍火進口數量少，而海軍艦艇、艦艇大炮都是大筆支出，所以華北進口步槍的絕對數量應該比其他海關為多。但是疊加了上海的軍火購入情況後，誤差被進一步減少。

假如華北和上海地區步槍進口數量也占全國步槍進口數量的 71.35%，則僅 1912 年就進口了步槍 248,511 支。1913 年軍火進口金額基本和 1912 年持平，1914 年軍火進口金額是 1912 年軍火進口金額的 64.5%。以此保守估計中國 1912～1914 年進口步槍數額可能在 50 萬支以上。

（三）民國初年兵工企業發展情況概述

自從洋務運動以來，中國不斷地興辦新式兵工企業，以求能在武器裝備上自給自足，但是兵工企業的發展步履艱難，一直處於對西方武器的仿製階段，科學研發一直沒有大的突破。清末新軍編練開始，裝備新式武器的軍隊規模越來越大，對新式槍炮的國產化需求數量大為提升。辛亥革命之後，北京政府將各地兵工廠收歸中央所有，兵工企業的發展成為民初民族工業發展的重中之重。本節將以部分兵工廠的產能、管理、創新等方面切入，試圖勾勒出民國初年兵工企業的發展軌跡。

1. 制式統一與技術改進

民國初年對於步槍的改進，要屬元年式步槍。1912 年廣東兵工廠將仿造德國 1907 年 6.8 毫米毛瑟步槍改為元年式步槍。〔註85〕四川省兵工廠亦開始生產元年式步槍。該槍口徑為 6.8 毫米，槍長（除刺刀）1.257 米，槍重（除刺刀）4.04 公斤，子彈尖頭，表尺射程為 2000 米。〔註86〕元年式步槍的原型槍是著名的 98 年式毛瑟步槍（又稱為 Gew.98 毛瑟步槍）。98 年式毛瑟步槍比 1888 年式毛瑟步槍更為可靠耐用。〔註87〕該型槍在出口時將 7.92 毫米口徑改

〔註84〕天津市檔案館編：《北洋軍閥天津檔案史料選編》，天津古籍出版社，1990 年，第 576～587 頁；陳存恭：《民初陸軍軍火之輸入》，《中央研究院近代史研究所集刊》第 6 期，1974 年，第 259 頁。

〔註85〕廣東省國防科技工業辦公室編：《廣東軍工史料（1840～1949）》，第 11 頁。

〔註86〕《中國軍事史》編寫組編：《中國軍事史·兵器》，解放軍出版社，1983 年，第 228 頁。

〔註87〕Gew.98 毛瑟步槍與 88 年式毛瑟步槍相比，最大的不同是，槍管沒有套筒，表尺為轉動弧形式，彈倉是固定水平式。毛瑟公司為該槍增加了第三個後閉鎖凸榫以增加兩個前置閉鎖卡鐵的效果，同時有助於氣密和清潔彈倉。見〔英〕

為 6.8 毫米，以期能使中國士兵應用靈活。廣東兵工廠仿製成功後的元年式步槍比之「漢陽造」，有後坐力小、精確度高的特點，同時因為改型步槍口徑較小，單個士兵可以攜帶更多子彈。

民國成立之後，陸軍部軍械司就開始著手於統一各兵工廠武器制式。當時的漢陽兵工廠以生產口徑 7.9 毫米 1888 年式毛瑟步槍為主，而廣東兵工廠和四川兵工廠則以生產 6.8 毫米口徑的元年式步槍為主。軍械司認為統一口徑還是從現實情況出發：

> 至步馬槍制式口徑，前經移明貴司（指軍務司）徵集意見，業經均表同意，其制式即應取用本司擬造之槍，惟口徑一項，以事實論，我國現在七九口徑槍支最多，子藥亦純能自製，六八口徑雖佳，子藥尚能自製，是亦不能不力為顧慮，茲擬定口徑仍用七九。〔註88〕

這表明軍械司原則上支持各兵工廠生產 7.9 毫米步槍及子彈，這主要是因為 7.9 毫米步槍的子彈易於製造，子彈使用火藥可以完全自產。6.8 毫米步槍的子彈火藥國內兵工廠不能完全自給自足，還需外購，這就帶來了兵工生產操之於人的隱憂。

1915 年，因為元年式子彈補給較難，射出子彈威力小等原因，部分兵工廠將該槍口徑改回 7.92 毫米，命名為民國四年式步槍。兵工廠統率辦事處第一所主任蔣廷梓曾在南苑試驗四年式步槍性能，蔣廷梓認為四年式步槍優點頗多，尤其是連續射擊二百五十發之後槍管只是發熱燙手，這一點比為防止槍管發熱加上套筒的「漢陽造」優勢明顯。但是四年式步槍也有其缺點。例如「騎兵裝彈備槍行動時，受馬力之顛動，子彈夾露於槍外之部分，易傷及兵背部，子彈與銅殼之位置亦易變更」。但是總體來看「全國軍用之步馬槍，將來如歸一律時，以四年式稍為改良者為宜。」〔註89〕蔣廷梓對於四年式步槍的性能很是肯定。但是 1919 年廣東兵工廠和四川兵工廠才將元年式步槍口徑改回 7.9 毫米，可見四年式步槍並沒有獲得廣泛認可。

克里斯·麥克納博主編，唐仲明譯：《槍——視覺歷史》，山東美術出版社，2012 年，第 189 頁。

〔註88〕　《陸軍部軍械司關於槍炮口徑制式致軍務司移復稿》（1912 年 12 月 2 日），見《中國近代兵器工業》編委會：《中國近代兵器工業檔案史料》（二），兵器工業出版社，1993 年，第 174 頁。

〔註89〕　《蔣廷梓關於南苑實驗滬造槍炮情形致兵工督辦呈》（1915 年 5 月），見《中國近代兵器工業》編委會：《中國近代兵器工業檔案史料》（二），兵器工業出版社，1993 年，第 335 頁。

1916 年軍械司鑒於「我國軍械製造向無進步，所用者無非仰給外人，新舊紛雜，精粗互用，甚至一師之中尚分數種，無論平時射擊教育，難期統一進行，而戰時子彈補充尤覺萬分困難」，再次決心統一全國兵工生產步槍標準。軍械司最後選擇 6.8 毫米元年式步槍作為全國兵工廠生產制式步槍，理由是：7.9 毫米步槍「槍量過重」不適宜中國軍隊使用，而日本造 6.5 毫米步槍殺傷力小，不能有效殺傷敵人。〔註 90〕但是軍械司確定 6.8 毫米為制式步槍口徑的做法，因軍閥混戰而難以繼續推行。

對於火炮的製造，軍械司想吸取克虜伯和斯柯達兵工廠所造火炮的優點，確定中國兵工廠自造火炮的制式。1913 年 5 月軍械司暫時確定了幾點需要改良的地方：

（1）管退炮內上下兩直溝及活塞兩準筍皆可省去，活塞管之前段，與搖架蓋之連結作用，應仿愛赫特式山炮，內添一鐵杆，前段與活塞管前段相關連，有旋轉作用，後端與搖架蓋右邊所裝上下板相連結，炮身射角大時其鐵杆，因上下板之作用，能以旋轉，活塞管亦隨之具轉，則節制頭之漏口變小，故射角愈大，而後退愈短，射角自然可以增大。

（2）管退簧用愛赫特廠鋼，管退機關可縮至一米達二以內，如此則炮身與管退之長短，相去無多，外觀頗著。

（3）射角大時，後退可以縮短，則炮架後段不能妨害管退，其後可以改窄，以減輕重量。

陸軍部軍械司對於 75 毫米火炮的優化集中在大炮射角增加和重量減輕，總體來說改動不大。根據此制式「（火炮）射角可增大至三十度，再加高昂度，鋼墊可增至三十八度，最大射距可達五千四百米達」。〔註 91〕

但是在實際製造中未必能如軍械司設計的這樣。1913 年上海製造局製成新式 75 毫米二十九倍管退野炮，其性能是：行列全長 7595 毫米，行列全重 1475 公斤，用六馬挽曳，高低射界-8°+16°，方向射界左右各 3.5°，榴彈重 6

〔註 90〕 《陸軍部軍械司為審查槍炮制式口徑致陸軍總長呈》（1916 年），見《中國近代兵器工業》編委會：《中國近代兵器工業檔案史料》（二），兵器工業出版社，1993 年，第 175 頁。

〔註 91〕 陸軍部軍械司編：《陸軍部軍械司要事紀略》，見《中國近代兵器工業》編委會：《中國近代兵器工業檔案史料》（二），兵器工業出版社，1993 年，第 2 頁。

公斤，初速 510 米／秒，最大射程 6000 米。該型火炮比之 1905 年上海兵工廠仿製的克虜伯 75 毫米十四倍後裝管退山炮，重了三倍多，所以要用六馬挽曳。但是中國陸軍慣用的蒙古馬種計算，六馬挽曳牽引力不過 1000 公斤，想讓 75 毫米野炮機動自如恐是中國炮兵面臨的最大難題。〔註 92〕民國初年各大兵工廠的 75 毫米野炮和此型火炮相差無幾，但產量不如上海製造局。

　　1902 年，丹麥發明麥德森輕機關槍，日俄戰爭時俄軍將輕機關槍裝備騎兵部隊使用。輕機槍的出現使陸軍在作戰中火力大大增強，中國兵工廠也積極引進生產各型輕機關槍。麥德森輕機關槍射擊諸元是：口徑 8 毫米，理論射速為 550 米／秒，射程 2000 米，屬於氣退式。〔註 93〕我國最早仿製麥德森輕機關槍的是廣東兵工廠，1913 年廣東兵工廠已經達到月產 10 挺該型輕機槍的規模。〔註 94〕1915 年漢陽兵工廠也仿造成功麥德森輕機關槍。除了麥德森機槍，上海兵工廠還成功仿製了法國哈乞開斯輕機槍，其口徑為 7.9 毫米，與中國兵工廠製造彈藥口徑相符，所以在 1916 年該廠製造了 20 挺。雖然輕機關槍仿製很成功，但是在民國初年並沒有大規模生產製造裝備部隊。

　　2. 全國主要兵工企業的生產情況

　　從 1912 年 7 月到 1913 年初，陸軍部陸續向上海製造局、漢陽兵工廠、漢陽鋼藥廠、德州兵工廠、廣東兵工廠、四川兵工廠委派了督理或總辦。二次革命發生後廣東和四川兵工廠脫離北京政府領導，北京政府實際控制的大型兵工企業還有 4 家。

　　（1）漢陽兵工廠

　　漢陽兵工廠於 1891 年成立，廠址在湖北漢陽縣。漢陽兵工廠生產業務機關有：槍廠、炮廠、炮架廠、槍彈廠、炮彈廠、銅殼廠、機器廠、翻砂廠、鍋爐廠、大鐵廠、打銅廠。步槍則以生產仿製 1888 年式毛瑟步槍為主，日產量五十支，火炮則以生產仿製格魯森 57 毫米口徑山炮為主，每年可造 100 尊。但是畢竟 57 毫米格魯森山炮已不能滿足北洋陸軍作戰的需要，黎元洪指出漢

〔註 92〕霍安治、馮傑：《中國野戰炮兵史（1900～1937）》，中國長安出版社，2015 年，第 44 頁。

〔註 93〕《中國近代兵器工業》編審委員會：《中國近代兵器工業》，國防工業出版社，1998 年，第 35 頁。因為供彈困難，廣東兵工廠於 1911 年將麥德森輕機關槍口徑改為 7.9 毫米。

〔註 94〕《陸軍部製各省兵工廠所出槍炮子彈數目表》（1913 年 3 月），第二歷史檔案館開放檔案查詢系統：《北京政府檔案・陸軍部》。

陽兵工廠以後要生產仿製克虜伯 75 毫米野炮。〔註95〕

　　漢陽廠全年的經費約一百二十七萬餘元，除由湖北劃撥外，其餘由中央撥給。漢陽兵工廠的大宗用品如鋼鐵銅，都購自美英德日等國。製造步槍所需的木槍托料購自內地，煤炭則向漢冶萍公司購買。漢陽兵工廠不僅生產規模大，並且位置居於「九省通衢」的武漢三鎮，地理位置適中。1913 年北京政府陸軍部決定撥款 200 萬兩白銀對漢陽兵工廠進行擴建。漢陽兵工廠一面向丹麥溫德爾公司訂購價值 59 萬餘元的槍炮製造機器設備，一面勘定在原廠外南面山麓擴建炮彈、鑄鋼、子彈、翻砂四廠。〔註96〕

　　據陸軍部 1913 年 3 月統計全湖北（漢陽）兵工廠生產能力和庫存數目如下：

湖北（漢陽）兵工廠所產出槍炮子彈數目表

名　　稱	機器能力所出數目	廠造無煙藥	所需無煙藥	實存數目
7.9 毫米步槍	日出六十支			步槍 1700 支 馬槍 300 支
7.9 毫米步槍彈	日出三萬顆	廠造	敷用	八十萬顆
75 毫米野炮	月出四尊			
75 毫米炮彈	現開工			

資料來源：《陸軍部製各省兵工廠所出槍炮子彈數目表》（1913 年 3 月），第二歷史檔案館開放檔案查詢系統：《北京政府檔案・陸軍部》。

　　1913 年漢陽兵工廠步槍日生產量增加至六十支。該廠還按照計劃準備開始生產 75 毫米野炮（應該是野戰炮，並非山炮），但是炮彈的生產只標明「現開工」，意味著還沒投入生產。1914 年陸軍部以機器生產力預測漢陽兵工廠，每年可生產 7.9 毫米步槍一萬五千支，子彈一千五百萬顆；75 毫米山炮 100 尊，炮彈七萬顆。這份報告特意注明漢陽兵工廠「現已添購機器，每年實出數目附列表以備查核。」〔註97〕可以說陸軍部對於漢陽兵工廠的生產能力異常樂觀。

　　等到 1915 年段芝貴向陸軍部報告說：

〔註95〕《黎元洪關於漢陽兵工廠規模及生產情況致陸軍部諮》（1912 年 7 月 15 日），見《中國近代兵器工業》編委會：《中國近代兵器工業檔案史料》（二），兵器工業出版社，1993 年，第 59 頁。

〔註96〕《中國近代兵器工業》編審委員會：《中國近代兵器工業》，國防工業出版社，1998 年，第 162 頁。

〔註97〕《各兵工廠出品種類實出數目表》（1914 年），第二歷史檔案館開放檔案查詢系統：《北京政府檔案・陸軍部》。

鄂兵工廠製造七九步槍，原定每日出六十支，每月除星期休假
外，共出一千五百六十支，全年除年節國慶休假等期外，共約出一
萬八千支。惟該廠奉部頒新式槍樣，已抽工一半，先行改造機件，
因之製造力頓減。現僅每月出槍八百支。至槍彈現每月出八十萬顆，
全年共出九百餘萬顆。又該廠造七五管退炮，原擬月出一尊，現因
添購新機尚未到全僅能兩月出一尊。所需炮彈，舊彈機不能制，新
彈機尚未建廠開製。〔註98〕

步槍生產漢陽兵工廠的實際產出數要高於1914年陸軍部的估算。但因陸
軍部頒發新式槍樣，致使漢陽兵工廠於1915年步槍生產減產將近一半。尤其
應該看到的是，漢陽兵工廠的火炮製造並不如1913年陸軍部所統計的每月四
尊那樣樂觀，實際情況是兩個月漢陽兵工廠才能製造一尊75毫米陸路炮。至
於炮彈，1913年報告說「現開工」，而1915年段芝貴卻說「所需炮彈，舊彈
機不能制，新彈機尚未建廠開製。」漢陽兵工廠缺少機器生產75毫米陸路炮
炮彈，已經拖延了兩年之久。

綜上所述，漢陽兵工廠從1912年到1916年間生產的步槍數量估計在六
萬支上下，75毫米火炮可能生產了不到二十尊。漢陽兵工廠步槍製造數量全
國最多，但是其專門製造仿1888年式毛瑟步槍質量問題卻很嚴重，實彈射擊
時炸膛事故多發。甚至在宜昌駐軍使用中發生了「每槍五發，即炸裂十分之
一」。步槍是士兵的生命，步槍質量如此低劣，直接損害了軍隊的戰鬥力。最
後陸軍部將主管生產的職員「按貽誤軍事論，撤差治罪。」〔註99〕

（2）漢陽鋼藥廠

漢陽鋼藥廠於1898年在漢陽赫山開工建設，其中分為煉鋼和製藥兩大部。
該廠剛開始歸湖北省管轄，1915年8月才由督辦兵工廠事宜處管轄，後來該
處裁撤，就由陸軍部管轄。晚清時期漢陽鋼藥廠試煉精鋼失敗，此後就停止了
煉鋼業務。〔註100〕該廠的主要職責是製造火藥和化學藥劑。其製造的火藥種

〔註98〕 《段芝貴關於漢廠生產槍彈能力致統帥辦事處密電》，1915年4月14日。見
　　　　《中國近代兵器工業》編委會：《中國近代兵器工業檔案史料》（二），兵器工
　　　　業出版社，1993年，第62頁。

〔註99〕 《陸軍部關於鄂廠所造步槍炸裂甚多致統率辦事處等處文電稿》（一九一五年
　　　　四月），見《中國近代兵器工業》編委會：《中國近代兵器工業檔案史料》（二），
　　　　兵器工業出版社，1993，第184頁。

〔註100〕 1903年6月漢陽鋼藥廠建立了罐鋼廠，開始連鋼，「由於煉鋼設備及工藝落
　　　　後，煉鋼所需原材料除由漢陽鐵廠供應外，低磷生鐵及各種合金配料均需從

類有：七九阿赤通槍藥、七九硫依脫槍藥、五生七炮藥、七生五山炮藥、七生五陸炮藥、十二生重炮藥、披麻林炸藥，大炸方地那抹脫。化學藥劑有：硝鏹水，磺鏹水、鹽鏹水、還原硝鏹水、還原磺鏹水、醋精水、硫依脫。〔註101〕當時鋼藥廠日產 7.9 毫米步槍彈火藥 90 公斤、淨硝強水 180 公斤，淨磺強水 730 公斤。〔註102〕

現代槍炮需要的是威力較大的無煙火藥，漢陽鋼藥廠專門負責製造此種火藥。在辛亥革命中，湖北鋼藥廠「徑兵燹凡三潰三復，廠房雖幸無恙，住室多遭殘毀，機器附屬品暨庫儲五金材料以及各處器物損失無算。」〔註103〕自沉鳳鳴接任湖北鋼藥廠以來，慘淡經營，漢陽鋼藥廠總算恢復生產。沈鳳鳴 1912 年 2 月說：「（漢陽鋼藥廠）上年日出二百磅，現增至二百六十磅。又已呈准略添廠房，擬增製五百磅，為小擴張之計劃，倘得財力漸充，仍擬增製千磅。」

對於漢陽鋼藥廠在沈鳳鳴的主持下迅速恢復生產，陸軍部很是欣喜：

> 鄂省藥廠從前辦法本欠斟酌，光復以後，損失鉅萬，幾不能供造藥之資。自閣下管理以來，事事振作，力求改良，不經年而成績昭著，出藥增加，實為難能可貴。貴廠郵呈文已蒙總長批核，大加獎美。將來軍械統一，實行收歸部辦之時，鄂廠為主要之廠，更應藉重長才計劃一切，俾收群策之效，不特本部之幸，抑大局之幸也。〔註104〕

譚延闓曾到漢陽鋼藥廠參觀，其記述道：

> 至鋼藥，見其總辦沈鳳鳴，導觀煉鋼廠、製無煙火藥廠、磺硝

英國、瑞典等國進口，鋼的成本很高，質量較差，加之無拉鋼設備，鋼坯不能拉製成槍管材料，至 1905 年 2 月，因經費困難，鋼廠停辦。」見中國近代兵器工業編審委員會：《中國近代兵器工業》，國防工業出版社，1998 年，第 165 頁。

〔註101〕 《中國近代兵器工業》編委會：《中國近代兵器工業檔案史料》（二），兵器工業出版社，1993 年，第 67 頁。

〔註102〕 《中國近代兵器工業》編審委員會：《中國近代兵器工業》，國防工業出版社，1998 年，第 165 頁。

〔註103〕 《中國近代兵器工業》編委會：《中國近代兵器工業檔案史料》（二），兵器工業出版社，1993 年，第 66 頁。

〔註104〕 《沈鳳鳴關於湖北鋼藥廠生產情形與翁之麟來往函件》（1912 年 2 月），見《中國近代兵器工業》編委會：《中國近代兵器工業檔案史料》（二），兵器工業出版社，1993 年，第 74 頁。

強水廠。鋼廠現停工，無煙藥廠則指導甚詳，日可出三百磅，云此專為七密九口徑槍而設，以醋精強水（炭輕養）化綿花藥所成，若改尖頭彈，則另有廠以酒精以脫化藥云。觀化驗室，看藥自炸熱度。又至試槍室，看驗速力、漲力，其法以子彈出口時斷一電線，及著靶，復破一機，則電室所吸長短圓柱先後落，以落之時間較之，即得初速度。槍身旁附有機，嵌以小銅柱，柱受壓而縮，量其縮度即得漲力。所試為尖頭子彈，三出，其速度皆每秒八百餘米，突漲力三千二百餘云。若圓頭子彈，初速在六百上下，漲力在三千內云。又看磺強水廠，云洋工程師以為不可用，今經改良，所出磺強可供本廠用具出售。又取廢強水還原，提出硝強，指坪中尚五萬餘罐，若盡提出即大利云。沈江蘇人，不惟學理明悉，且言皆有據，非前清廠主可比，此革命之効也。〔註105〕

譚延闓不僅對鋼藥廠的生產情況瞭解仔細，並且對沈鳳鳴文化造詣和業務素質大加讚賞。

漢陽鋼藥廠主要就是將所製火藥供給漢陽兵工廠，但兩廠之間因為火藥問題卻頗有齟齬，沈鳳鳴向軍械司司長翁之麟說：

乃本月初間，鄂兵工廠忽傳電話，謂去春弟所製天字號藥不能適用，並正式具文呈稱：漲力大至四千餘倍，脫落火帽甚多，殊出常度之外等語。……向來考驗火藥，係將槍平置架上試放，並用預壓銅柱以為標準，此中外製造家莫不皆然，非弟獨創。乃該廠總辦劉君堅持不允，必須手擎高擊，只用未壓銅柱，弟與委員只得任其所為，照伊不規則之試放，用該廠及德國銅殼互相射擊，驗得初速六百一二十至四十五密達之間，漲力在三千五百倍以下，旋照常規，平放驗得漲力二千七百倍以下，仍未逾乎常度。迨以德國藥置漢殼試之，漲力且逾四千倍以上，而德藥乃該廠自備之藥，至此又謂藥性已變，不能作準。〔註106〕

沈鳳鳴以實際數據自辯，可知漢陽鋼藥廠所產火藥質量並不差。沈鳳鳴還在文中提到漢陽鋼藥廠製造的火藥成本每磅是一兩六錢多，較前清時成本減

〔註105〕　《譚延闓日記》（1913 年 11 月 4 日），臺北「中央研究院」近代史研究所。

〔註106〕　《沈鳳鳴關於漢陽鋼藥廠研製火藥實驗情形致翁之麟函》（1914 年 2 月 12 日），見《中國近代兵器工業》編委會：《中國近代兵器工業檔案史料》（二），兵器工業出版社，1993 年，第 332 頁。

少一兩，藉以諷刺漢陽兵工廠總辦劉慶恩是藉口火藥價格高昂趁機吞併漢陽鋼藥廠。

1914 年陸軍部估計漢陽鋼藥廠的年產量達到無煙火藥共計十五萬磅，但是從其他各廠生產 6.5 毫米步槍子彈火藥需要外購的情況看，漢陽鋼藥廠的生產類型還是太少。1916 年 7 月 13 日，沈鳳鳴在處理幾箱漢口鎮守使交來的炸藥時，因爆炸而不幸身亡身亡。〔註 107〕1917 年該廠正式併入漢陽兵工廠。

（3）上海製造局（上海兵工廠）

上海兵工廠原名上海製造總局，於 1865 年設立，總局在城南高昌廟，分局設在龍華，火藥庫設在浦東及江陰。辛亥革命後，上海製造局由陸軍部管轄。該廠內部有材料、軍械二庫，製炮、煉鋼、炮彈、機器、製槍五廠。

上海製造局作為洋務運動的產物，其歷史悠久，但是同時弊病叢生。

> 該局自去年九月十四日起，至本年陽曆九月初旬止，積欠甚巨，計息借各款約銀二十九萬三千餘兩，已用料價約十八萬三千五百餘兩，已訂粗料各價約二十七萬三千餘兩，欠發薪工雇餉四萬五千餘兩，統計欠項已近八十萬兩。又查以後歲需經費約銀一百三十三萬餘兩，按月約需十一萬餘兩，除用料不計外，薪工雇餉力為撙節，已月需五萬。……江蘇省款奇絀，軍餉向已無著，正待羅掘籌借，又一時無從撥濟。該局關係軍儲，又地近租界，暫停則多數工人失業，恐礙治安，向例每星期發工食，現已數期未發，情勢急迫。〔註108〕

上海製造局本是地方實力派借機發展自身實力的平臺，但上海製造局在民國建立之前的產量是步槍年產三千支，75 毫米山炮年產三十餘尊，可見上海製造局生產軍火性價比併不高。江蘇省藉口財政困難急於將這個「燙手山芋」扔給中央政府，程德全為此事幾番致電陸軍部詢問。

陸軍部雖然在程德全的催促下接管了上海製造局，但是也心有不滿：

> 該廠每年開支經費百三十四萬餘，日出槍不過十二支，十二支之中，口徑又歧為二。全國五廠之中，該廠用款最多，而出槍最少。……

〔註107〕 王兆春：《中國火藥通史》，武漢大學出版社，2015 年，第 397 頁。

〔註108〕《南京都督程德全關於上海製造局積欠甚巨請派員接管整頓致陸軍部電》，
1912 年。見《中國近代兵器工業》編委會：《中國近代兵器工業檔案史料》
（二），兵器工業出版社，1993 年，第 79 頁。

全廠用人過濫，辦事員司視同優差，不明製造學，不知管理法。〔註109〕

上海製造局仿造的兩種步槍分別是 1888 年式毛瑟步槍和日本「三十年」式步槍。陸軍部派陳榥接任上海製造局督理後，立刻要求上海製造局停工整頓，裁汰冗員。

1913 年春，經過陳榥改組，上海製造局恢復生產。5 月 30 日，張堯卿、柳人環、徐企文糾集會黨及退伍軍人攻擊上海製造局。因陳其美事先將此事通報上海製造局，督理陳榥早有準備，將來犯之敵擊退。〔註110〕二次革命中，陳其美宣布上海獨立，並派兵攻打上海製造局。〔註111〕經此一役，上海製造局損失慘重，陸軍部旋即將其解散。

1914 年上海製造局更名為上海兵工廠。是年陸軍部估計上海製造局的生產能力和庫存數目如下：

上海製造局所產出槍炮子彈數目表

名　　稱	機器能力所出數目	廠造無煙藥	所需無煙藥	實存數目
7.9 毫米步槍 6.8 毫米步槍	日出共十二支			6.8 毫米步槍四百餘支
7.9 毫米步槍彈	日出三萬顆	自造	敷用	八十萬顆
6.8 毫米步槍彈	日出一萬兩千顆		外購	二百二十七萬餘顆
75 毫米野炮	年出五十尊			新成六尊
75 毫米炮彈	日出八十顆	自造	敷用	五千顆，存料未裝萬顆

資料來源：《陸軍部製各省兵工廠所出槍炮子彈數目表》（1913 年 3 月），第二歷史檔案館開放檔案查詢系統：《北京政府檔案·陸軍部》。注：該廠可生產 6.8 毫米步槍彈和 6.5 毫米步槍彈，但造此停彼，生產數量則一致。6.8 毫米步槍彈即指元年式 6.8 毫米步槍。

〔註109〕　《各省製造軍械局處置辦法大綱》，見張俠編：《北洋陸軍史料》，天津人民出版社，1987 年，第 383 頁。該文件原件並沒有注明日期，根據各個兵工廠的具體生產情況數據推斷是 1912 年。

〔註110〕　《上海製造局督理陳榥報告擊敗徐企文進攻電》1913 年 5 月 31 日，見中國社會科學院近代史研究所中華民國史研究室主編：《民初政爭與二次革命》，上海人民出版社，1983 年，第 424 頁。

〔註111〕　《高昌廟血戰記（節選）》（1913 年 7 月）。見中國社會科學院近代史研究所中華民國史研究室主編：《民初政爭與二次革命》，上海人民出版社，1983 年，第 714 頁。

1915 年，部分工廠開工運營 02。1916 年上海兵工廠生產能力全面恢復，是年上海兵工廠生產「七九機關槍二十支，七五山炮開花彈頭二萬零十個，七五陸炮開花彈頭九千七百四十個，七五山炮五十四尊，七九元年式單筒步槍一千一百支」〔註112〕

上海製造局是當時中國最大的兵工廠，但是經營歷久卻弊病叢生，積重難返。其生產製造能力可以說「靡費而無補與軍用」。〔註113〕該廠還屢遭兵燹，生產能力進一步下滑。從 1912 年到 1916 年，估計上海兵工廠總共生產 75 毫米山炮一百五十尊上下，步槍不超過一萬支。

（4）德州兵工廠

德州兵工廠於 1901 年開始籌辦，前身為北洋機器製造局，屬於北京政府的嫡系兵工廠。其內部分為庶務、會計、軍醫三處，材料、子藥兩庫，機器、槍子、捲煙、無煙藥、鏹水五廠。德州兵工廠並不生產槍炮，只生產 7.9 毫米步槍彈、6.5 毫米步槍彈、無煙火藥和硝鏹水。

德州兵工廠每天能造 7.9 毫米步槍彈兩萬顆，6.5 毫米步槍彈兩萬顆，共計四萬顆。每年除去節假休息，全年開工三百天，可生產子彈一千二百萬顆。在《各省製造局廠處置辦法大綱》中提及德州兵工廠的儲彈量已經達到三千萬顆，又言及「兩年以後，約可敷北省各軍隊預備彈之用。」可見德州兵工廠是北洋主力軍隊主要的後勤補給點，陸軍部估計其主力部隊的預備儲存彈量大約是六千萬顆上下。

1913 年 7 月，德州兵工廠黑火藥庫發生爆炸事故，造成兩人死亡，六人重傷，十幾人輕傷的嚴重事故。事後陸軍部並沒有查明爆炸原因，德州兵工廠在火藥的儲存管理上還存在嚴重問題。

3. 兵工廠鋼鐵原料來源

民國初年，全國兵工企業開辦最重要的問題就是原料短缺。中國煉鋼工業起步較晚，只能煉造碳素鋼，不能煉造符合現代兵工製造的特種鋼鐵。使得特種鋼鐵的供給成為了阻礙兵工發展的最大難題。

〔註112〕《上海兵工一九一六年至一九二一年額加代造各種軍械數目單》（1922 年），見《中國近代兵器工業》編委會：《中國近代兵器工業檔案史料》（二），兵器工業出版社，1993 年，第 178 頁。

〔註113〕《各省製造局廠處置辦法大綱》，見張俠編：《北洋陸軍史料》，天津人民出版社，1987 年，第 383 頁。

　　1913 年北京政府向奧地利維也納波爾第候兵工廠訂借了英金 30 萬磅，同時訂立三十萬磅購鋼合同。〔註 114〕這筆合同北京政府購買的鋼料有四種：「（甲）製造器具最上之鋼；（乙）製造來復槍管之粗鋼，即未經鍛鍊者；（丙）製造大炮一部分之鋼塊，即略經鍛鍊者；（丁）宜於製造剪彈筒之剪刀料，其色為亮藍色。」〔註 115〕可見這筆鋼料多是供給兵工廠所需的。

　　雖然陸軍部借款購買鋼鐵用於兵工製造，但漢陽兵工廠並不願認領購買。理由很簡單：

> 本廠所購槍管鋼，每支約八磅，價洋例銀七錢五分，每英噸約
> 二百八十支之譜，故每噸價銀約二百一十兩，合德金六百餘馬克之
> 譜，撥每英噸多三十六磅、故現訂鋼價每噸約貴四倍之譜，且合同
> 所載乙種之槍管鋼，猶係未經鍛鍊者，而本廠向購之槍管鋼料，不
> 但鍛鍊而已精製，又本廠向購之炮管鋼，每副三件均已鑽眼□車外
> 皮，其工作已有五分之一，每噸約二千餘馬克，若以鍛鍊炮鋼計之，
> 每噸不過一千六百餘馬克，若價值再貴，本廠實難認購……〔註 116〕

中央政府購買的鋼料居然比之漢陽兵工廠先前自國外購買的鋼料「約貴四倍」，陸軍部要求漢陽兵工廠認購這批「價高質劣」的鋼料，其中齟齬不言自明。

　　漢陽兵工廠素以生產 1888 年式毛瑟步槍聞名，其實生產過程中用到的大多半成品都需要購自國外。1914 年 11 月，一份德國瑞記洋行向漢陽兵工廠催款的文件中顯示，漢陽兵工廠製槍所需刺刀鋼、鋼盂、槍管、槍上零碎機件、紫鋼、鋼盂、槍管等大部分器件均購自國外，這一筆器件購買就價值「十萬兩上下」。〔註 117〕漢陽兵工廠所需的重要金屬和零件都是由國外購進，這就提高了造槍成本。漢陽兵工廠早已對此一現象不滿意，漢冶萍公司（漢陽鐵廠）畢

〔註 114〕《1912 年至 1913 年軍械借款單》，見張俠編：《北洋陸軍史料》，天津人民出版社，1987 年，第 515 頁。

〔註 115〕《財政部關於向奧國借款及購買鋼料所訂合同致陸軍部覆函等》（1913 年 9 月），見《中國近代兵器工業》編委會：《中國近代兵器工業檔案史料》（二），兵器工業出版社，1993 年，第 139 頁。

〔註 116〕《陸軍部關於向奧國借款購買鋼料與財政部來往函稿》（1913 年 9 月～1914 年 1 月），見《中國近代兵器工業》編委會：《中國近代兵器工業檔案史料》（二），兵器工業出版社，1993 年，第 295 頁。

〔註 117〕《漢陽兵工廠欠瑞記洋行軍械款請轉諮付清由》（1914 年 11 月），中央研究院近代史所檔案館藏，館藏號：03-20-074-06-015。

竟離該廠不遠，如果漢冶萍公司（漢陽鐵廠）能煉出合格鋼鐵，漢陽兵工廠就不需大費周折從國外進口特種鋼材。「事實上，1913 年之後，漢冶萍公司幾乎所有的資金都投入到了鐵礦石開採和生鐵冶煉設備的擴充上，花鉅資興建了大冶高爐，擴充大冶鐵礦，煉鋼和軋鋼方面不再有新的發展。」〔註 118〕

漢陽兵工廠總辦劉慶恩特向陸軍部報告要求漢陽鐵廠調撥生鐵以煉精鋼：

……而鐵廠所出之鋼率係尋常貨色，多未合用。是以張文襄有鑒於斯，復有罐鋼廠之設，以期專煉精鋼，以供製槍炮。執意所雇工師不良，試煉未佳，適值經費驟短遂而中輟。槍炮廠需鋼不得已始擇要購諸外洋。每歲漏巵頗巨，此皆過去之意實也。慶恩自去歲承之廠務以來注意選材煉鋼為急，乃秉承副總統諭飭，將鋼廠罐鋼爐座修理事竣，現本學理所得研究煉所出之鋼詳加拉驗，成績頗見佳，善其所取原料即鐵廠之馬丁鋼也。是向之所謂不合用者，一經罐煉，再加精製，則即成為專製槍炮之精純鋼矣。自應由此擴張，精心練製以期自立基礎挽回利權。則原料所需之鋼與鐵其數甚夥，且現已訂購炮彈新機所需鋼鐵亦非少數可數。茲經約略計算，職廠以後煉鋼暨造子母彈、大炸力開花彈之鋼殼與造槍炮零件以及鑄開花彈與各種機件，每年共需軟馬丁鋼三千餘噸，生鐵貳二餘噸。此項鋼鐵，揆之創始之原意，征諸各國成例，當然由鐵廠盡供需求毫無疑義。況該廠之於職廠原負有債務之關係，更屬無容推諉。第從前取用未多，該廠固源源撥給，無虞缺乏，而今後所增頓多，若非明定概數，預為規劃，在該廠未免有顧此失彼之虞，而職廠亦常懷停工待料之懼，則於造兵前途妨礙滋多。……擬請令飭該廠查照以後按年備撥職廠軟馬丁鋼三千餘噸，生鐵二千餘噸，以供專煉精鋼暨一切製造之需。設遇軍事行動之時特別多用不在此例。若將來擴張製造所需增多，該廠亦應加撥其所煉生鐵，遇有硫燐者，實煉精鋼難得之料，應即撥職廠，不得率給他處，致遭輕棄。至所取鋼鐵料價，縱不能特別低廉，亦不能仍前故意抬昂，有違創始初意，務須公平核價，仍照原案劃抵，以清款目。〔註 119〕

〔註 118〕 方一兵：《中日近代鋼鐵技術史比較研究（1868～1933）》，山東教育出版社，2013 年，第 118 頁。

〔註 119〕 《兵工廠飭令漢陽鐵廠撥生鐵案》（1913 年 5 月～11 月）1913-05～1913-11，中央研究院近代史所檔案館藏，館藏號：07-24-15-004-02。文中「……所煉

　　漢陽鐵廠在創辦之初挪用了漢陽兵工廠的經費用來建廠，漢陽兵工廠總辦劉慶恩卻沒有忘了這筆舊欠，雖然漢陽兵工廠「恨鐵不成鋼」，但可以向漢陽鐵廠購買軟馬丁鋼和生鐵，自己煉造精鋼以供槍炮造件之用。這不僅讓漢陽鐵廠逐步清還舊欠，還省了從海外購買鋼鐵的巨額經費，可謂一舉兩得。對於這一計劃，陸軍部和工商部都竭力支持。但是從後來情況看，劉慶恩自煉鋼鐵製造 75 毫米炮炮彈的計劃，遲遲沒有落地實施。

　　煉鋼技術的遲滯，嚴重影響了各個兵工廠的生產能力，北京政府也曾力圖扭轉。1915 年陸軍部與農商部擬議在浦口修建一座大型鋼鐵廠，並在河南修建一座小型鐵廠。農商部顧問瑞典人安特生提出：「（一）製鋼鐵以備兵工廠所需；（二）抵制二十五萬噸鋼鐵進口；（三）期望礦石、生鐵及鋼鐵製造品出口。」〔註120〕但是這一計劃終歸沒有實施。

　　除了鋼鐵等原料外，德州兵工廠還向德國進口諸如鎳鋼盂、白鉛、紫銅、鉛皮、青鉛等金屬。〔註121〕鎳鋼盂是製造子彈彈頭的原材料，從民國初年開始德州兵工廠就一直急需求購鎳鋼盂，這就意味著德州兵工廠製造子彈，除了火藥是自己生產外，大多數原材料都要依賴於國外進口。

　　鋼鐵及其他軍用原料的進口，不僅耗費了大量資金而且並沒有擴充本國的兵工企業生產能力，造成兵工企業生產能力低下，武器質量參差，價格昂貴。

4. 兵工廠產品價格情況

　　民國初年兵工廠最大的特點就是核心零部件都要靠進口，這就導致了各個兵工廠的生產成本上升，並且生產總是受制於人，難以自己調配。1913 年漢陽兵工廠生產的 7.9 毫米毛瑟步槍出廠價格是每支 26 元，每千顆子彈價值 48.611 元。〔註122〕

　　　　生鐵，遇有硫燐者，實煉精鋼難得之料」既是低磷低硫的純生鐵，其特點是具有高的韌性而有很高的衝擊強度，很適合用來製造武器，尤其是大口徑炮身材料。

〔註120〕　《安德生擬辦中國鋼鐵廠及兵工廠書附屬件》（1915 年 9 月 2 日），第二歷史檔案館開放檔案查詢系統：《北京政府檔案・農商部》。

〔註121〕　《德縣兵工廠欠付禪臣洋行款項請飭將欠款暨本利從速給還並見覆由》（1916 年 9 月），臺北「中央研究院」近代史研究所檔案館藏，館藏號：03-20-006-02-007。

〔註122〕　《漢陽兵工廠一九一二年六月至一九一三年五月出品比按利益表》（1913 年），見《中國近代兵器工業》編委會：《中國近代兵器工業檔案史料》（二），兵器工業出版社，1993 年，第 295 頁。

上海兵工廠比之漢陽兵工廠來說，優勢是其所用的鋼鐵可以自己供給，不用求諸外洋。1915 年上海兵工廠武器價格是：陸炮每尊 25,000 多元；山炮每尊 13,000 元；陸炮彈每顆 12 元；山炮彈每顆 14 元；步馬槍每支 26.5 元；步馬槍彈每千顆 42 元。〔註 123〕

可見國內兵工廠步槍出廠價格變動並不大。但是比較外洋進口步槍「每支海關兩十兩」上下的價格，國內兵工廠出產步槍價格都高於進口。上海兵工廠一直是國內火炮製造的翹楚，不僅火炮製造技術成熟，而且原料自給。但是其生產火炮陸路炮價格要比同時期進口的克虜伯原廠「火炮每尊只炮身、瞄準機件、炮車架價值關平銀 7,387 兩」的價格貴將近一倍。

從價格比較，民國初年國內兵工廠的槍炮並沒有價格優勢。自「一戰」爆發之後，西方國家輸入中國的武器裝備驟減，中國民族兵工企業的發展進入「黃金時期」，但是中國兵工企業所需的原料大多購自外國，「一戰」也使各兵工廠的原料來源極為缺乏，這在一定程度上又限制了兵工廠的發展。歸根結底，民族兵工企業的發展還是需要雄厚的重工業基礎，民初工業建設欠缺才是阻礙兵工企業發展的真正原因。

四、護國戰爭

1915 年底，袁世凱在自導自演的「勸進」聲中準備稱帝。袁世凱逆天而動的行徑招致了全國人民的不滿，在北洋集團內部以馮國璋、段祺瑞為首的軍人團體也不和袁世凱「同心同德」。

1915 年 12 月 25 日，逃脫袁世凱監視輾轉回到雲南的蔡鍔，聯合雲南督軍唐繼堯宣布雲南獨立，旗幟鮮明地反對袁世凱稱帝。同日，雲南恢復民國元年都督府制，作為護國軍政首腦機關；省議會推選唐繼堯為都督。唐繼堯留守雲南，蔡鍔率護國軍出征，這場反對袁世凱稱帝的戰爭史稱「護國戰爭」。

〔註 123〕 《上海兵工廠自煉鋼料所製槍炮子彈價單》（1915 年 10 月 17 日），見《中國近代兵器工業》編委會：《中國近代兵器工業檔案史料》（二），兵器工業出版社，1993，第 252 頁。1914 年中央政府頒佈《國幣條例》規定「以庫平純銀六錢四分八釐為價格之單位，定名為圓。」見劉路生、駱寶善主編《袁世凱全集》第 25 卷，河南大學出版社，2013 年，第 243 頁。據此可知上海兵工廠製造每支步槍約合庫平銀 15.5625 兩，陸炮每尊 15,625 兩，山炮每尊 8,125兩。

　　護國軍成立後，雲南在原有陸軍兩師的基礎上添設兩個警衛團，並令測繪學堂學生入講武堂習陸軍。此外，又召集退伍士兵，徵募新兵。以及賦閒之軍官與陸軍學生，將兵額擴充為三萬人，編為三個軍。蔡鍔任第一軍總司令、羅佩金任總參謀長，攻取四川；李烈鈞任第二軍總司令，經滇南攻廣州；唐繼堯任第三軍總司令，坐鎮雲南。

　　進軍四川的第一軍是護國軍主力。蔡鍔將第一軍編為三梯團，每梯團步兵二團、炮兵一隊、工兵一連、機關槍一連、騎兵一排。第一梯團長劉雲峰，出昭通，攻敘州；第二梯團長趙復祥，出畢節，攻瀘州。第三梯團長顧品珍，隨司令部出發。

　　12 月 29 日，袁世凱布置三路大軍準備扼殺「護國運動」於萌芽。三路大軍是：

　　　　（1）曹錕第三師，張敬堯第七師，李長泰第八師，4.5 萬人，由四川正面進攻雲南。隨陳宦駐川的伍祥楨、李炳之、馮玉祥三個混成旅，以及川軍周駿、劉存厚兩個師，共三萬人亦歸張敬堯指揮。

　　　　（2）馬繼曾第六師，范國璋第十二師，唐天喜第七混成旅，約 2.6 萬人，開入湘西監視貴州。

　　　　（3）龍覲光率粵軍第一師八千人，以雲南查辦使名義進駐廣西百色。

　　根據蔡鍔獲取的情報，北洋軍的武器裝備「槍係三八及三十年式，間有五響毛瑟，炮係德國及滬造管退，共約廿餘門。」〔註124〕可見，北洋軍的步槍有日本「三八」式步槍、日本「三十年」式步槍、1888 年式毛瑟步槍，火炮則是德國克虜伯 75 毫米管退山炮及其國產型號。從曹錕後來的電報中可以看出，火炮還有日本「三一」式過山炮和 57 毫米格魯森炮。護國軍的主力步槍可能是日本「三十年」式步槍，火炮可能是清末錫良購自德國的克虜伯 75 毫米管退火炮和格魯森 57 毫米山炮。〔註125〕從兵源和武器裝備的上看，蔡鍔「所能

〔註124〕　《致唐繼堯等電》（1916 年 2 月 29 日），見曾業英編：《蔡松坡集》，上海人民出版社，1984 年，第 931 頁。

〔註125〕　蔡鍔曾經致電唐繼堯要求補充「六五子」，可以推知步槍是日本「三十年」式步槍。另周駿在戰前刺探的情報護國軍先遣部隊的武器情況是：「（護國軍）槍支是蓋板挪筒、單筒五子，有五七大炮一尊……」不知「蓋板挪筒、單筒五子」是何種槍型，但所謂的五七大炮肯定是格魯森 57 毫米過山炮。見《周駿為唐繼堯部分五路寇川暨繼到槍支各情形致統率辦事處電》，《北京政府檔案・陸海軍大元帥統率辦事處》，1916 年 2 月 16 日。

帶到前敵的只是二等以下的兵，二等以下的軍械。」〔註 126〕與北洋軍相比，護國軍無疑處於劣勢。

1916 年 1 月 21 日，護國軍攻克川西重鎮敘州。27 日貴州獨立，通電討袁。31 日。川軍劉存厚叛出北洋軍陣營，響應護國運動，率部進駐納溪。護國軍甫一入川就所向披靡，劍鋒直至瀘州、納溪一帶。

2 月 7 日，董鴻勳、鄧錫侯、田頌堯部由太安場北渡長江，進攻瀘州東面大龍山、羅漢場。此時守備瀘州的是熊祥生旅，而北洋軍先頭部隊也已經陸續到達瀘州。雙方派兵遣將展開佈防，護國軍和北洋軍的戰鬥線北起長江，南到永寧雙河場，縱橫近百里。〔註 127〕

2 月 21 日護國軍軍火消耗嚴重，蔡鍔發電給坐鎮雲南的唐繼堯求援：

> 我軍激戰兼旬，耗彈頗多，炮彈現只存二百發，槍彈除原領者悉數用罄外，縱列彈藥亦耗三分之一。各部隊紛紛告急，請予補充。逆料在川境內，尚有數場惡戰，務乞兵站速配炮彈三千顆，槍彈每支加發三百發，趕運來瀘，不勝禱切。查滇存炮彈為數甚少，並懇向日本定購兩三萬發，借資接濟，如何？乞示覆。〔註 128〕

很多論著都將本電後半句略去，以指責唐繼堯不肯發給物資給蔡鍔護國軍第一軍。通讀全電可見雲南的軍需庫存本就不多，蔡鍔也心裏清楚，所以詢問唐繼堯是否定購日本軍火。

北洋軍在護國軍的猛攻下，「傷亡過多，亦深掘戰壕固守，（護國軍）欲進擊，尤不易也。」〔註 129〕2 月 23 日，蔡鍔與劉存厚商議，決定調集兵力於二十八日，對北洋軍實施總攻擊，希望可以從正面一舉擊潰北洋軍，也可緩解軍需不足之憂患。

當時蔡鍔率領的護國軍不足四千人，而正面之敵曹錕、李長泰、張敬堯部和川軍熊祥生部兵力數萬人，護國軍將士真的是要「以一當十」。兵少彈缺的護國軍，最忌諱與敵相持消耗自身的軍需資源。蔡鍔也看到了這一點，詢問唐繼堯：「就現時局勢觀察，袁逆所稱為最精銳之七、八兩師，悉駐瀘、納。此

〔註 126〕梁啟超：《護國之役回顧談》，見《梁啟超全集》第 14 卷，北京出版社，1999年，第 4056 頁。
〔註 127〕李有明：《護國戰爭在川始末》，見《四川文史資料選輯》第十四輯，第 9 頁。
〔註 128〕曾業英編：《蔡松坡集》，上海人民出版社，1984 年，第 924 頁。
〔註 129〕李根源：《勳三位上將銜陸軍中將護理四川督軍廣西省長羅君事狀》，見《新編曲石文錄》，1988 年，雲南人民出版社，第 256 頁。

間若轉取守勢，牽制其主力，以重兵趨綦、渝，甚屬得機得勢。渝既得手，瀘逆後路既斷，驅除自易。」〔註130〕事後可知，唐繼堯並沒有同意蔡鍔這一大膽的提議。而且根據劉存厚「索餉則號稱四千，臨戰則莫名一兵」的表現可知，劉存厚也不可能替蔡鍔穩守後方，確保在瀘州、納溪之間牽制北洋軍。所以該項提議沒有被各方採納。

相比而言，曹錕則不必為了後勤補給煩惱。2月25日，曹錕致電北京統率處，要求補給炮彈：

> 第三師所用德國克鹿森廠造五生的七山炮十二尊，又日本大阪
> 廠造七生的半山炮六尊，請每炮一尊各配發子母彈二百八十顆。又
> 德國克虜伯廠造七生的半管退陸炮六尊，如有子彈亦請酌量配發。
> 是為至要。

由此可見，曹錕所部使用的都是從清末就裝備的各型火炮。從彈藥數量上看第三師需要炮彈總計5,040顆（除陸路炮），上文可知蔡鍔要求補給炮彈3,000顆，僅曹錕第三師的火炮數量就遠勝護國軍。曹錕此次只是要求酌量補充克虜伯75毫米陸路炮炮彈，或許因為川滇交界的西南崇山峻嶺，陸路跑作用有限，並非攻伐利器。

2月28日，護國軍對北洋軍發起總攻擊。護國軍畢竟彈藥缺乏，重武器不足，「今昨兩日，舉全力猛攻，逆軍戰線已成銳角形，其正面尚依然未動，良以地形艱險，守易攻難。」在蔡鍔護國軍側翼作戰的劉存厚師，也出現彈藥短缺的情況，蔡鍔說：「劉師（劉存厚）子彈告匱，士氣尤極頹喪，告急之書，日必數至。」〔註131〕攻擊沒有戰果，彈藥快要用罄的情況下，蔡鍔不得不令敘州守軍增援，偷襲北洋軍側背，以期打開局面，但也並未成功。此舉致使敘州守備空虛，川軍趁機佔領敘州。

連日激戰，北洋軍用機關槍壓制護國軍，彈藥消耗巨大。3月4日，曹錕又電請陸軍部補充彈藥：「查第三師第六旅所有馬克沁七九機關槍六支，子彈現已用□。擬請飭發此項七九槍彈三十萬顆交軍需總監曹銳，迅速領運到川，以資接濟。」〔註132〕3月6日，曹錕又代齊燮元致電北京要求陸軍部撥給炮

〔註130〕李有明：《護國戰爭在川始末》，見《四川文史資料選輯》第十四輯，第10頁。
〔註131〕李有明：《護國戰爭在川始末》，見《四川文史資料選輯》第十四輯，第11頁。
〔註132〕《北洋軍第三師師長曹錕為請飭發機關槍子彈交軍需總監迅速領運到川致統率辦事處陸軍部》（1916年3月4日），第二歷史檔案館開放檔案查詢系統：《北京政府檔案·陸海軍大元帥統率辦事處》。

彈「……又接第十二旅齊旅長電，請代領七生的半克魯蘇炮子母彈一千顆、開花彈一千顆，請飭交曹總監領運來川。」〔註133〕同日，曹錕再次致電：「頃率統率處電，聞支電請發七九槍彈三十萬粒，已奉諭：『由府加急運送矣』等因。查此項馬克沁七八機關槍彈，應請查發該廠原造之尖頭七九彈。是為至要。」〔註134〕可見北洋軍各部，山炮和機關槍的火力輸出之猛烈，也可想見護國軍要面對怎樣的火力壓制。作為總司令的曹錕顯然是不太合格的，他替齊燮元向陸軍部要75毫米克魯蘇炮炮彈，卻不說明是山炮還是陸路炮。後來陸軍部詢問，才匆匆答覆。〔註135〕

袁世凱不僅在軍需補給上極力支持前線北洋軍，還在3月8日撥給曹錕二十萬元，「以備軍用」，可謂出手闊綽。〔註136〕而護國軍出發時唐繼堯僅發給了十二萬元的軍餉，這還是羅佩金「以數世積累之產，押之殖邊銀行」才借貸出來的。〔註137〕

此時，護國軍節節敗退，將總司令部移駐離納溪七十里之外的大洲驛。蔡鍔在給友人的信中認為此次失利是因護國軍沒有積極進攻，而是一味消極防守：「納溪戰事，本可有為。弟一意主積極，而榕軒（羅佩金）、積之（劉存厚）則深以子彈不給，士氣不揚，疲勞太甚為慮，非暫退不足以全師，議節節防守，俟子彈續到，元氣稍固，再行進取。」〔註138〕羅佩金和劉存厚對蔡鍔督師進攻的反對是有原因的，因為到了此時護國軍被北洋軍持續打擊之下，士氣低迷。蔡鍔甚至不得已在鐵桶內燃放鞭炮，鼓舞士氣，並藉以混淆北洋軍耳目。〔註139〕

〔註133〕《北洋軍第三師師長曹錕為請撥發槍械彈藥致統率辦事處陸軍部電》（1916年3月6日），第二歷史檔案館開放檔案查詢系統：《北京政府檔案·陸海軍大元帥統率辦事處》。

〔註134〕《北洋軍第三師師長曹錕為請發原廠造尖頭七九機關槍子彈致陸軍部電》（1916年3月6日），第二歷史檔案館開放檔案查詢系統：《北京政府檔案·陸軍部》。

〔註135〕《北洋軍第三師師長曹錕為齊燮元十二旅所用係屬山炮覆陸軍部電》（1916年3月10日），第二歷史檔案館開放檔案查詢系統：《北京政府檔案·陸海軍大元帥統率辦事處》。

〔註136〕《曹錕為已匯渝二十萬元以備軍用覆統率辦事處電》（1916年3月8日），第二歷史檔案館開放檔案查詢系統：《北京政府檔案·陸海軍大元帥統率辦事處》。

〔註137〕李根源：《勳三位上將銜陸軍中將護理四川督軍廣西省長羅君事狀》，見《新編曲石文錄》，1988年，雲南人民出版社，第255頁。

〔註138〕李有明：《護國戰爭在川始末》，見《四川文史資料選輯》第十四輯，第12頁。

〔註139〕張之江、吳景南：《護國討袁時期馮玉祥在四川》，轉引自李有明：《護國戰爭在川始末》，見《四川文史資料選輯》第十四輯，第13頁。值得注意的是，

護國軍退守大洲驛後不久，廣西陸榮廷通電反袁。又接到消息稱：李烈鈞部已至百色；黃毓成軍則不日從貴州進入四川增援；貴州總督劉顯世通電表示聽從蔡鍔指揮。西南政治局勢對護國軍變得有利。

經過不斷的戰鬥消耗，北洋軍的彈藥也開始漸趨緊張。3 月 22 日曹錕致電陸軍部居然申請調撥子彈四千萬顆：「箇電敬悉。第一批七九槍彈五百廿五萬，運到川省，業經用罄。第二批五百萬尚未到川，而各方面催領者已絡繹不絕。周鎮守使需彈百萬，陳將軍需彈五十萬。此次瀘防緊急，熊旅祥生一處即撥濟子彈四十萬。川中險遠，運輸不易，所請續發子彈四千萬粒，務請照准速發。」〔註 140〕這可能是民國初年軍隊子彈數量最大的一次調撥，在「二次革命」時，張敬堯一團最激烈的戰鬥也不過用子彈十萬多顆。瀘州、納溪附近戰事的緊張情況可見一斑。不僅如此，曹錕還嫌第三師馬克沁機槍裝彈機太少，影響火力，要求陸軍部再調撥兩架。〔註 141〕曹錕擺出的架勢，完全是要和護國軍大幹一場。

3 月 23 日、24 日，護國軍進攻納溪城，張敬堯第七師傷亡、被俘，總計不下七八百人，但是護國軍並沒有將第七師圍而殲之，蔡鍔對此深感遺憾，他總結沒有圍殲第七師的原因是：「一因子彈告罄，一因逆軍得第八師之所救援。」

護國軍彈藥補給困難的局面始終沒有隨著政治局勢的好轉而好轉。蔡鍔還請求唐繼堯補充彈藥：「我軍現額實不足四千，其中義勇隊近千人，戰鬥力尤弱。劉師（劉存厚）索餉則號稱四千，臨戰則莫名一兵。……所最苦者，彈藥未能如時到手，每難收戰勝之效。」護國軍作戰勇猛，但是在於北洋軍的交戰勝利之後，沒有彈藥不能及時擴大戰果，就使得北洋軍受不到實質性

蔡鍔在給各支隊長的命令中，有「如何支隊已佔領該地，即放煙火，並起床號為記號，各部隊務令號兵特別注意，當發現此記號時，即對於朝陽觀停止射擊。」見曾業英編：《蔡松坡集》，上海人民出版社，1984 年，第 927 頁。此處命令說「即放煙火，並起床號為記號」是為了各部之間的聯繫，而「鐵桶放鞭炮」是為了製造類似槍聲的聲動，兩者目的不一，應該不屬於將「煙火」訛傳為「鞭炮」。再者護國軍彈藥短缺、士氣逐漸低迷（尤其劉存厚師）是事實。

〔註 140〕 《北洋軍第三師師長曹錕為請續發七九槍彈四千萬粒致陸軍部電》（1916 年 3 月 22 日），第二歷史檔案館開放檔案查詢系統：《北京政府檔案·陸軍部》。

〔註 141〕 《北洋軍第三師師長曹錕為請飭撥馬克沁機關槍裝彈機子彈裝致陸軍部電》（1916 年 3 月 26 日），第二歷史檔案館開放檔案查詢系統：《北京政府檔案·陸軍部》。

的打擊。雖然張敬堯第七師傷亡慘重，但北洋軍聚集瀘州，軍事實力仍在。蔡鍔提出：「現在作戰計劃，仍以扼守要點，集結主力，多張疑兵，以分敵勢，俟有機可乘，分頭擊破之。」但是最讓蔡鍔苦惱的是：「所最苦者，彈藥未能如時到手，每難收戰勝之效。老兵傷亡，無已練之兵補充。」〔註142〕護國軍和北洋軍在納溪、瀘州之間來回衝殺，雙方都無法將對手徹底擊敗，一時之間陷入僵局。護國軍在川滇交界拖住北洋軍主力，本身就已達到武力反袁的戰略目的，只要護國軍「以有道伐無道」，全國政治局勢肯定會有利於護國軍。

果不其然，護國軍與北洋軍僵局被袁世凱取消帝制打破，3月30日陳宧致電蔡鍔要求和談。雙方約定停戰一星期。護國軍並沒有因為和談而麻痺自己，蔡鍔命令總參謀長羅佩金繼續積極做好戰備。和談之後兩軍之間並無摩擦。蔡鍔在給梁啟超的信中聲稱：「逆軍第七師與第三師之第六旅，為袁逆之常勝軍，與我搏戰月餘，死傷大半，現惟伏居戰壕，不敢越雷池一步。即其新到之第八師，亦有聞風喪膽之勢。」〔註143〕蔡鍔此語無疑帶有對外宣說、鼓舞人心的目的；而其給唐繼堯的電報中則冷靜客觀地指出：「我軍各路所控之敵，均較我為優勢，非得新援及將器械、人員、彈藥補充完備，決難移轉攻勢。在此一二月內，停止戰鬥，實我所利，而敵所忌。」〔註144〕

袁世凱放棄帝制，陳宧準備四川獨立之後，曹錕也不想繼續與護國軍為敵。4月7日，曹錕致電陸軍總長王士珍，玩起虛與委蛇的一套把戲：

> 北京總長王鈞鑒：陽電敬悉。川軍將領均□和諧，惟地勢限於
> 仰攻，兵力仍需增厚，尚望總長特稽史乘，詳查輿圖，指示機宜，
> 制勝帷幄。禪錕等得所遵循，折衝疆場。〔註145〕

只說讓王士珍參看史書，查閱地圖來指揮軍隊，無疑是曹錕不想繼續與護國軍血拼，而出此下策推卸責任，保全自己。

4月7日。蔡鍔與陳宧達成一月停戰協議。

〔註142〕《致唐繼堯等電》（1916年3月24日）曾業英編：《蔡松坡集》，上海人民出版社，1984年，第989頁。曾業英指出《近代史資料》1963年第四期將此電文日期誤標為2月24日。

〔註143〕曾業英編：《蔡松坡集》，上海人民出版社，1984年，第1008頁。

〔註144〕曾業英編：《蔡松坡集》，上海人民出版社，1984年，第1015頁。

〔註145〕《北洋軍第三師師長曹錕為地勢限於仰攻兵力尚需增厚等情致陸軍部電》（1916年4月7日），第二歷史檔案館開放檔案查詢系統：《北京政府檔案‧陸海軍大元帥統率辦事處》。

　　曹錕雖然不想再與護國軍交戰，但是對於再次爆發大規模衝突時刻小心提防。4 月 9 日，曹錕致電北京催要軍火：「查前方各師旅值激戰之際，來領子彈未便不□，此熊旅更領去子彈四十萬發之原因也。查第二次所領五百萬顆，甫運川，就以分配於六旅、十二旅及新編之補充旅。其數亦不為多，況川江際遠，計由北京領出，非兩月不能運赴前方。一入川境且領派一營以上之支隊方能護運。以□師行□遠，待運念艱，總須寬籌，以資預備。」〔註 146〕

　　在曹錕高掛免戰牌之際，蔡鍔則認為護國軍兵力有限不能再戰：「蓋瀘、納逆軍現有兩師，且較精悍。我軍現只有九營，激戰之餘兵額大減。以言防守，尚足勉強支撐，以言進取，即增加兩、三支隊伍亦無必勝之把握。劉師現雖編成五營，然蒲柳之姿，不經風霜。故就全川兵略言，敘、瀘方面宜主守。」〔註 147〕以護國軍的軍事實力來看，進行和談以免再戰，在軍事上而言是極為有利的選擇。

　　5 月 22 日陳宧宣布四川獨立。北洋軍撤出四川，護國戰爭結束，但是中國近代最混亂的軍閥征戰時代卻由此開啟。

〔註 146〕《北洋軍第三師師長曹錕為川境運輸艱難總須寬籌以資預備致陸軍部電》
　　　　　（1916 年 4 月 9 日），第二歷史檔案館開放檔案查詢系統：《北京政府檔案‧
　　　　　陸海軍大元帥統率辦事處》。
〔註 147〕曾業英編：《蔡松坡集》，上海人民出版社，1984 年，第 1037 頁。

第三章　皖系軍閥武力統一與日械借款

　　袁世凱死後，北洋軍隊因內部缺少威權人物震懾全局而陷入分裂。北洋軍元老馮國璋和段祺瑞無疑是北洋政治資源最雄厚的兩位競爭者。馮國璋手握重兵，坐鎮南京，早在袁世凱取消帝制之後，就「意在利用袁與護國軍對立局勢，由彼造成第三種勢力，進而取得臨時總統。」〔註1〕段祺瑞長期擔任陸軍部總長，實權在握，並且身在中央有「近水樓臺」的便利，可以「挾中央以令不臣」。身為長江巡閱使的張勳對此頗為不滿，積極召開徐州會議旨在「擁護元首」，其真實用意人人皆知。這一時期「武人干政之風乃彌漫於全國之中，勃不可遏」。〔註2〕在這場北洋政治爭鬥中，最後由黎元洪以副總統身份接任中華民國總統，段祺瑞則出任國務總理兼陸軍部總長。段祺瑞面臨的問題比袁世凱時期更為複雜：北洋內部因為政治爭鬥形成分裂，各個派系林立；中央則財政困難，各地方政府停止向中央繳納稅款，使其淪為一個「被地方架空的中央」。〔註3〕

一、護法戰爭

　　段祺瑞出任國務總理之後，安徽省長倪嗣沖、山東督軍張懷芝、福建督軍李厚基、陝西督軍陳樹藩、甘肅督軍張廣建、浙江督軍楊善德、淞滬護軍使盧永祥、陸軍第七師師長張敬堯等都紛紛投靠段祺瑞，成為皖系內部重要成員。

〔註1〕曾毓雋：《憶語隨筆》，見杜春和等編：《北洋軍閥史料選輯》（下），中國社會科學出版社，1981年，第151頁。

〔註2〕游悔原：《中華民國再造史》，民權出版社，1917年，第146頁。

〔註3〕〔日〕岩井茂樹：《中國近代財政史研究》，社會科學文獻出版社，2011年，第375頁。

段祺瑞雖然想依靠「責任內閣制」架空黎元洪，但是黎元洪並不甘心做傀儡總統。以黎元洪為首的總統府和以段祺瑞為首的國務院之間，政爭不斷，一時間形成了「府院之爭」的政治風潮。1917 年 5 月 23 日，因為對德宣戰問題，黎元洪下令罷免段祺瑞國務院總理職務。這一決定使得皖系諸軍閥大為不滿，一時間紛紛獨立以示對抗。隨後黎元洪下令張勳進京「調停時局」，但是張勳進京之後卻解散議會，自導自演了一齣清帝復辟的醜劇。

身在天津的段祺瑞聽聞張勳復辟帝制，馬上聯絡李長泰陸軍第八師、曹錕陸軍第三師、馮玉祥第十六混成旅組成「討逆軍」準備進軍北京討伐張勳「辮子軍」。〔註 4〕7 月 5 日，曹錕第三師佔領盧溝橋，馮玉祥十六旅和李長泰第八師相繼抵達黃村。次日馮國璋通電以副總統身份正式代理大總統職務。北京附近駐軍第一師、第十一、第十二、第十三師相繼響應討逆軍，包圍北京城，在東安門等處辮子軍與討逆軍經過短暫交手後，便作鳥獸散，復辟鬧劇終結。皖系幹將倪嗣沖乘機收編了徐州的張勳部隊。

段祺瑞以「三造共和」的功勳再次出任國務總理，但段祺瑞卻拒絕恢復舊國會，執意召開新國會。這一做法立刻引起孫中山和西南軍閥的不滿，形成了以廣東、廣西、雲南、貴州為中心的護法運動。

段祺瑞對德宣戰之後，日本政府隨即向段祺瑞承諾：「今後以援助段祺瑞為唯一對象，供給借款及兵器，拒絕支持南方。」〔註 5〕段祺瑞試圖想憑藉日本的軍事援助，向護法各省採取軍事行動，武力統一全國。而以馮國璋為首的直系主張南北和談，以段祺瑞為主的皖系卻一心想要武力統一全國。當段祺瑞執意要下令討伐湖南時，馮國璋卻私下要求被稱作「長江三督」的江蘇督軍李純、江西督軍陳光遠、湖北督軍王占元通電反對。〔註 6〕段祺瑞卻一意孤行。

〔註 4〕「討逆軍」這三支部隊都不是段祺瑞的嫡系，只是因為反對張勳復辟帝制才聽段祺瑞號令。段祺瑞對曹汝霖說：「我已決意討伐復辟，但近處可調之軍，只有駐馬廠李長泰的第八師，李與我素不甚接近，但此人忠厚，與各方面不甚往來，我已派人去疏通，諒無問題。倒是馮玉祥自襯十六旅旅長後，仍居廊坊，他帶十六旅很久，頗得人心，十六旅又兵精額足，仍能聽馮指揮。廊坊為入京必由之路，馮若出岔子，缺失可慮。惟此人名利心重，也有法疏通。」見曹汝霖：《曹汝霖一生之回憶》，中國大百科全書出版社，2009 年。第 172 頁。

〔註 5〕郭廷以：《中華民國史事日誌》（第一冊），臺北「中央研究院」近代史研究所，1979 年，第 319 頁。

〔註 6〕曹汝霖：《曹汝霖一生之回憶》，中國大百科全書出版社，2009 年，第 181 頁。

　　1917 年 8 月，段祺瑞以「湘人治湘」為由任命湖南籍將領傅良佐為湖南督軍，原督軍譚延闓改任省長，並任吳光新為長江上游總司令兼查辦使。與此同時，王汝賢第八師、范國璋第二十師入湘。根據傅良佐的要求，段祺瑞又調山西商震旅和直隸閻相文旅等部隊，入湘支持。

　　傅良佐甫一入湘，就要求中央政府保障軍需供應。其實早在 7 月 22 日，段祺瑞就派傅良佐向日本駐華武官齋藤季治郎提出供給武器的要求。〔註 7〕傅良佐認為各地奉段祺瑞命令南下的軍隊費用自然是由湖南省財政支出，但是 7.9 毫米步槍子彈和 7.9 毫米機槍尖頭子彈各一百萬顆，還得陸軍部撥給。〔註 8〕除此之外傅良佐還致電陸軍部次長徐樹錚說：

> 　　用兵所有輸送夫役車船及各軍一切給養，每日需用不下數萬元。
> 湘省收入現撥只十萬上下，萬難接濟。本處前撥鹽款卅萬，當不足
> 十日之用。應請轉商財政部，速催金森實行成立兌換所，以資應付。
> 中央增撥軍隊即將陸續到漢，供給車船等費計亦不貲。湘省僅恃紙
> 幣周轉，武漢不能通行，必於武漢方面存有軍事底款，準備撥用，
> 方免窒礙。最好由部速設總兵站於漢口，專備軍隊運輸。一切費用
> 亟望主張速設，以期利便。〔註 9〕

　　隔日徐樹錚就積極安排在武漢設置兌換所和總兵站。〔註 10〕皖系積極準備各類軍需，足以清楚皖系用武力統一南北之決心。

　　徐樹錚還「運籌帷幄」地對傅良佐講：

〔註 7〕　《傅陸軍次長日本ヨリ速射山炮百二十門其他ノ兵器購入方申出ノ件》（1917
　　　　　年 7 月 24 日），見日本外務省編：《日本外交文書》，1917 年第 2 冊，第 483
　　　　　頁。

〔註 8〕　《湖南督軍傅良佐為晉汴各旅及皖軍來湘所有接濟由湘擔任惟子彈必須預備
　　　　　擬請再撥七九子彈及機槍尖頭子彈致陸軍次長徐樹錚電》（1917 年 10 月 21
　　　　　日），第二歷史檔案館開放檔案查詢系統：《北京政府檔案‧陸軍部》。

〔註 9〕　《湖南督軍傅良佐為湘省收入不敷軍需請商財政部速設兌換所並由部在漢口
　　　　　設總兵站以便兵力及軍需運輸致陸軍次長徐樹錚電》（1917 年 10 月 22 日），
　　　　　第二歷史檔案館開放檔案查詢系統：《北京政府檔案‧陸軍部》。從 10 月開始
　　　　　湖南銀行已經停止兌換銀元票，至 11 月銀元票價格由票 1 元折合光洋 0.9 元
　　　　　以上跌至 0.6 元。見姜宏業編：《中國地方銀行史》，湖南出版社，1991 年，第
　　　　　79 頁。傅良佐要求在武漢設立兌換所是為了軍需供應不受湖南擠兌風波的影
　　　　　響。

〔註 10〕　《陸軍次長徐樹錚為已催財政部設立兌換所並漢口兵站已在籌措致湖南督軍
　　　　　傅良佐電》，（1917 年 10 月 24 日），第二歷史檔案館開放檔案查詢系統：《北
　　　　　京政府檔案‧陸軍部》。

我軍宜以衡山為中路，擊衡州。另一軍由長株鐵路趨醴陵為左路，擊攸縣，走耒陽，奪雁峰，以掎其背，並由耒陽分一旅趨常德，以寶慶為右路，正面搗永州，另派軍駐防寶慶，令朱旅（湘軍第二師朱澤黃旅）取道祁陽，以攻零陵。逆軍四面受敵，成功至易。〔註11〕

但是面對廣西督軍譚浩明和劉建藩、林修梅等湖南地方軍閥的聯合進攻，寶慶、衡山、衡陽、湘潭等地相繼失守。其中王汝賢第八師、范國璋第二十師基本沒打硬戰，惟湘軍第二師朱澤黃旅與護法聯軍激戰於衡陽洪羅廟，「朱旅子彈用盡，不得已退守永豐。」〔註12〕此役護法聯軍還將山西混成旅全部繳械。護法聯軍兵鋒直至湘鄉，危及長沙安全。北洋軍漸感不支，傅良佐直言「目前情狀已屬萬分緊急。」〔註13〕王汝賢、范國璋所率的第八師、第二十師則聲稱「兵疲力盡，萬難作戰」主張南北和談。傅良佐見湖南軍政大局已不可為，於「寒日（十四日）夜間四鐘出省」逃離長沙。〔註14〕傅良佐出奔給一直不想打仗的王汝賢、范國璋以口實，北洋軍退守岳州。傅良佐逃遁回京，標誌著段祺瑞武力統一南北的政策暫時失敗。前湖南督軍譚延闓評論道：「閱報，知段閣將倒，傅、周均走，意者吾民其有多乎。」〔註15〕全國反對段祺瑞的勢力上升。

11月22日，段祺瑞以退為進，辭去國務總理職務，對外宣稱專心辦理參戰事務。段祺瑞的親信徐樹錚在天津召開除江蘇督軍李純、江西督軍陳光遠、湖北督軍王占元三位馮國璋親信之外，其餘北洋實權人物代表都參加的天津會議，藉此向馮國璋發難。馮國璋不得已決定討伐南方，任命曹錕為第一路軍總司令、張懷芝為第二陸軍總司令。

〔註11〕 《徐樹錚關於對南作戰策略密電稿》（1917年11月6日），北京政府陸軍部檔案。轉引自莫建來《皖系軍閥統治史稿》，天津古籍出版社，2004年，第124頁。

〔註12〕 《傅良佐關於督湘軍事失利非為其過致軍法會審陳情書》（1918年2月），第二歷史檔案館開放檔案查詢系統：《北京政府檔案・陸軍部》。

〔註13〕 《湖南督軍傅良佐等為呈報永豐戰況及湘省情勢危急請第七師吳佩孚旅及安武軍迅速援湘致陸軍次長徐樹錚電》（1917年11月11日），第二歷史檔案館開放檔案查詢系統：《北京政府檔案・陸軍部》。

〔註14〕 《漢口王永泉為傅良佐於十四日離開湖南其它各員克日清理由湘啟程回京致陸軍部等電》（1917年11月17日），第二歷史檔案館開放檔案查詢系統：《北京政府檔案・陸軍部》。文中提到傅良佐「寒日夜間四鐘出省」應該指15日凌晨4點。

〔註15〕 《譚延闓日記（1917年）》（11月17日），臺北「中央研究院」近代史研究所，第320頁。

1918 年 1 月護法聯軍陷岳州，湖南前線局勢緊迫。王占元認為岳州失守「大半由於兵力薄弱」。〔註16〕守衛岳州的王金鏡也說：「迨至漾日（23 日）開戰，以不足萬餘之眾，當彼人四萬之師，而敵方陸續增加，輪流戰我，我且輸送不給，枵腹應戰，無一卒之更替，無片刻之休息。」〔註17〕護法聯軍前線總指揮程潛會議攻克岳州時說：「敵軍的基本陣地，雖然構築了臨時工事，但是極其粗糙，並且配置布局極不合理，有些地形不可為據點的而作了據點，則予我軍容易接近的機會；有些地形應為據點的而不作據點，則予我軍以瑕隙可乘的缺口。」〔註18〕可見王金鏡在佈防岳州時並沒有認真構築防禦工事，致使岳州為護法軍佔領。但也從另一個角度看到護法軍的戰力不容小覷。

馮、段兩方又經過一番政治鬥爭，馮國璋再次妥協，於 1918 年 1 月 30 日發布「討伐令」：「令北軍總司令曹錕、張懷芝、張敬堯進兵湘鄂，並特派曹錕為兩湖宣撫使，張敬堯為攻（援）岳前敵總司令。」〔註19〕

當時北洋軍主力的戰鬥序列是：

北軍第一路總司令曹錕	直軍總指揮吳佩孚	第三師師長吳佩孚
		第一混成旅王承斌
		第二混成旅閻祖文
		第三混成旅蕭耀南
		第四混成旅陳德鄰
	援岳前敵總司令張敬堯	陸軍第七師

湘粵桂護法聯軍的戰鬥序列是：

湘粵桂護法聯軍總司令譚浩明	湘軍總司令兼前方總指揮程潛	桂軍	第一總司令韋榮昌 警衛 10 營
			第二總司令陸裕光 警衛 10 營
		湘軍	湖南陸軍第一師
			湖南陸軍第二師

〔註16〕《王占元陳岳州失守經過情形密電》（1918 年 2 月 3 日），見第二歷史檔案館編：《護法運動》，檔案出版社，1993 年，第 804 頁。

〔註17〕《王金鏡陳退出岳州經過情形密電》（1918 年 1 月 29 日）見第二歷史檔案館編：《護法運動》，檔案出版社，1993 年，第 804 頁。

〔註18〕程潛：《護法之戰回憶》，見全國政協文史資料委員會編：《文史資料存稿選編》第 3 輯「東征北伐」，中國文史出版社，2002 年，第 300 頁。

〔註19〕郭廷以：《中華民國史事日誌》（第一冊），臺北「中央研究院」近代史研究所，1979 年，第 358 頁。

		零陵警衛隊 12 營
	粵軍	粵軍總司令馬濟 警衛 10 營

本表引自程潛：《護法之戰回憶》，見全國政協文史資料委員會編：《文史資料存稿選
　　　編》第 3 輯「東征北伐」，中國文史出版社，2002 年，第 302 頁。

　　2 月 25 日徐樹錚則唆使張作霖在秦皇島劫掠了北京政府購自日本的一批
軍械，並大舉揮師入關，威脅北京。馮國璋嫡系軍隊在南方，北京則無禦敵之
兵，只好再次請段祺瑞出任國務總理收拾亂局。段祺瑞為了自己的政治利益，
輕易就將首都置於險地的做法頗為人不恥，徐永昌評論說：「中央威信至張雨
亭搶械乃摧盡無遺矣，然不之信，仍謂可以武力經營天下。」〔註 20〕

　　3 月 1 日，護法聯軍湘軍總司令程潛率部自岳州進攻北洋軍第七師吳新田
旅，攻克羊樓洞。不久，北洋軍吳佩孚率部馳援，與程潛部激戰三日，再次收
復羊樓洞。16 日北洋軍收復岳州，護法聯軍主力退守衡陽。26 日，北洋軍第
三師吳佩孚、第七師張敬堯佔領長沙。次日段祺瑞即發表張敬堯為湖南督軍兼
省長。這一任命使得吳佩孚和皖系之間的矛盾開始顯現。

　　不僅人事矛盾讓直系將領窩火，軍需補給遲遲不發，更讓曹錕怒火中燒。
27 日曹錕致電徐樹錚稱：

> 溯自湘事失敗以後，北洋銳氣，勢已掃地。錕鑒於大局威迫，
> 不惜勞瘁，奮起南征。及至前方，每次請領軍費，軍部則推之財部，
> 財部又推之軍部，及催之再再，則又推之銀行，迨往詢銀行，而又
> 百般支吾。前敵請款之電，日有數起，不發即貽誤進行，欲發則羅
> 掘乏術，至今軍餉斷絕，愁困萬分，如何是了。至於械彈關係之大，
> 盡人皆知。自出發以至現在，試質之軍部，所發械彈幾許？自羊樓
> 市克復之後，槍彈、炮彈將次告盡，迭次電請部發，覆電非云無存，
> 即云力籌。再次電催，又云子彈正飭趕造，容俟勻之，其炮彈只以
> 自籌答之。綜計前後部意不過空言敷衍，並非實力接濟。值此拼命
> 戰爭，事關大局，似此輾轉推延，對於軍事貽誤，殊非淺鮮，我輩
> 櫛風沐雨，無非為國。部員養尊處優，所司何事！錕隱痛在心，氣
> 為之阻。〔註 21〕

〔註 20〕《徐永昌日記》1918 年 6 月 8 日，臺北「中央研究院」近代史研究所。
〔註 21〕《致段祺瑞勘電》（1918 年 3 月 28 日），見中國社會科學院近代史研究所《近
　　　　代史資料》編譯室主編：《徐樹錚電稿》，知識產權出版社，2013 年，第 75～
　　　　76 頁。

　　徐樹錚收到電報就將之轉發段祺瑞，對段說「似此情形，恐有萬萬不宜姑且將就幾天之處」。曹錕這番「前方吃緊，後力緊吃」的抱怨，說明皖系雖然主戰，但是對於軍隊行軍的全局謀劃並不詳細，後勤保障缺失嚴重。

　　北洋軍會師長沙後，曹錕制定下一步作戰計劃：命令吳佩孚所部沿湘江西岸追擊聯軍，進窺衡陽；令王承斌所部經湘潭、衡山追擊聯軍，直取寶慶（即邵陽縣）；張敬堯所部則保守長沙，分向湘東接應第二路的進攻。〔註22〕

　　北洋軍於4月18日陷衡山，23日佔領衡陽。吳佩孚所部因為張敬堯作戰不力，致使其在衡陽被圍。因為彼時聯軍劉建藩部攻佔株洲，使得衡陽守軍補給受限，吳佩孚只剩輜重兵一營和少數騎兵困守衡陽。後王承斌部趕來趕來救援，才紓解了衡陽困境。在王承斌「將第三團第三營配以山炮和重機槍交於吳佩孚」和「右翼總指揮撥給步槍彈20萬發，機槍彈4萬發，山炮彈200發」後，吳佩孚才率兵增援耒陽。〔註23〕耒陽之戰中湘軍重要將領劉建藩落水而亡。

　　4月23日，段祺瑞偕王占元赴漢陽，查看兵工廠。段祺瑞此時檢查兵工廠，督戰意味濃烈。5月1日駐漢口軍事交通員即向段祺瑞詳細報告了奉軍向岳州進發的具體情形。〔註24〕可見段祺瑞對湖南前線的戰事格外上心。

　　北洋軍收復衡陽後，並沒有停止追擊。吳佩孚所屬王承斌旅繼續向祁陽進軍。6月15日北洋軍收復祁陽。祁陽雖然不是湖南最為重要的城市，但是護法聯軍包圍北洋軍一部，雙方開始了包圍和反包圍的博弈，投入的兵力越來越多。北洋軍方面參加的有二十個營左右，護法聯軍有三十五個營之多。很明顯聯軍人數勝於北洋軍，所以在戰役開始將北洋軍陳清源團圍困，幾要切斷其運輸線，將其圍殲。幸而北洋軍後援趕到，才逐漸解除了聯軍的包圍。時任北洋第一混成旅上尉作戰參謀、團副的王之佑回憶其奉王承斌命令率隊繞擊聯軍側背的具體情況：

〔註22〕王之佑：《護法之役北洋軍第一路在湘作戰經過》，見全國政協文史資料委員
　　　　會編：《文史資料存稿選編》第3輯「東征北伐」，中國文史出版社，2002年，
　　　　第314頁。

〔註23〕王之佑：《護法之役北洋軍第一路在湘作戰經過》，見全國政協文史資料委員
　　　　會編：《文史資料存稿選編》第3輯「東征北伐」，中國文史出版社，2002年，
　　　　第315頁。

〔註24〕《駐漢軍事交通員為陳報五月一日漢口江岸軍隊運輸情形致陸軍總長段祺瑞
　　　　呈》，第二歷史檔案館開放檔案查詢系統：《北洋政府檔案·陸軍部》

　　王承斌師（應該為旅，筆者注）晚到七塘，即令部隊休息吃飯。
他率參謀長以下幕僚數人及封連馳赴洪橋，約陳、閻兩團長會見。
在聽取他們報告後，即決定令我接任二團團附（因魏團附接任營長
後又陣亡了），指揮二、三兩營及封連，擔任反包圍任務，限於即日
奪下益成峰（這是後方最高山頂，其下即僅有的一線交通路）。

　　我（王之佑）接受命令後，即為同來的野炮、山炮連選定陣地，
指定封連和彭營的攻擊點，約定開始進攻信號，就隨閻團長進入包
圍圈，勉強他由一二兩營抽調出約兩連兵力，隨我由南向北反攻。
正午開始反攻後，在炮火協助下，封連從北面首先登上了益成峰。
他們居高臨下，配合我同彭營連下五個山頭，打開了北面的包圍，
使陣地形成南北兩條平行線，戰況有了好轉。次日又激戰一天，至
晚遙見南面燈光混亂，桂軍開始撤退了。〔註25〕

　但是當北洋軍保住運輸線，軍需彈藥供給充足之後，立刻用75毫米陸路
炮壓制住了聯軍的火力，聯軍沒有重火力對北洋軍造成毀滅性打擊，這才讓北
洋軍反敗為勝。除了武器方面的劣勢，因為「熊羆嶺上下四十里，只一線可通，
行軍未免困難」。地形也限制了聯軍優勢兵力全線展開。王之佑評價這場戰役
時說：「洪橋戰役是直桂兩軍的關鍵戰役，也是湘南戰鬥中最後的一次激烈鬥
爭。雙方傷亡將近千人，僅陳星海團就死傷官兵約300人，閻治堂團也死傷約
160多人，桂軍將有過之。」〔註26〕

　湖南全境大部已歸附北洋，按照功勳，湖南督軍一職自是吳佩孚莫屬，但
是段祺瑞卻出人意料地任命張敬堯為湖南督軍。直系的曹錕和吳佩孚當然對
此不滿，收復祁陽之後再無大的軍事動作。除政治的因素外，軍事上缺乏人員
和彈藥補充，消耗太多而繳獲太少，戰鬥力減弱可能是直系逡巡不前的主要原
因。〔註27〕雖然在湖南戰場北洋軍取得了勝利，但是要是繼續攻打廣東則顯得

〔註25〕王之佑：《護法之役北洋軍第一路在湘作戰經過》，見全國政協文史資料委員
　　　　會編：《文史資料存稿選編》第3輯「東征北伐」，中國文史出版社，2002年，
　　　　第317頁。

〔註26〕王之佑：《護法之役北洋軍第一路在湘作戰經過》，見全國政協文史資料委員
　　　　會編：《文史資料存稿選編》第3輯「東征北伐」，中國文史出版社，2002年，
　　　　第318頁。

〔註27〕王之佑說：「這次停戰（指耒陽和談），在直軍本身，還有一個主要原因，就
　　　　是戰鬥力已感不足。總計歷次戰鬥，死傷共有一千七八百人，擴軍時又調走
　　　　幹部2000人，這就減少總兵力約五分之一。武器方面，只有消耗，並無繳

後勁不足，最後的結果只能是直系和護法軍兩敗俱傷，皖系漁翁得利。「為人作嫁衣裳」的事情，曹錕和吳佩孚肯定不情不願。

5月25日湘軍代表和直軍代表在耒陽展開和談，6月15日雙方達成湘南停戰協議。護法運動這一階段的戰事告停。從整個戰爭來看，北洋陸軍與護法聯軍的作戰中，是直系為主力，皖系為奧援。但是在政治上直系領袖馮國璋一直主和而皖系領袖段祺瑞一直主戰。當直系曹錕與吳佩孚屯兵不前，無意進攻廣東時，皖系認識到只是對直系許之以高官厚祿，並不能換來直系軍事上對自己的效忠，於是皖系轉而發展自身軍事實力。

二、日械借款與皖系軍備發展

（一）日本軍械借款

陳存恭在《民初陸軍軍火之輸入》一文中，將1918到1919年稱為「日械極盛期」，就是因為日本政府在這一時期為了控制中國政局，大肆向皖系段祺瑞政府售賣武器。〔註28〕而日本與皖系的關係則要從著名的「西原借款」說起。

1916年10月，日本大隈內閣總辭後，寺內內閣開始上臺執政。寺內內閣一改大隈內閣對華強硬的方針，希圖通過略顯溫和的經濟外交控制中國內政。日本政府的做法就是通過借貸的方式控制中國的金融財政，並以此為餌，使北京政府同意對德宣戰。西原龜三就是在這樣的背景下來到中國，實施對華「日元外交」政策。

從1917年1月到1918年9月，通過西原龜三，北京政府共向日本借貸了八筆總共一億四千五百萬日元的借款。但是這八筆借款中，交通銀行兩次借款的債券者是銀行，參戰借款則由督辦參戰處和陸軍部經管，這三筆借款都在財政部沒有記錄。但是參戰借款兩千萬日元，用於皖系編練參戰軍無疑。財政部經管的五筆「西原借款」中軍費的支出竟然也高達38%。〔註29〕在寺內內閣執政時期，日本對華借款（包括「西原借款」在內）高達三億八千六

獲。而參戰借款的大宗武器，又在徐樹錚的把持下，全未得著。」見王之佑：
《護法之役北洋軍第一路在湘作戰經過》，見全國政協文史資料委員會編：
《文史資料存稿選編》第3輯「東征北伐」，中國文史出版社，2002年，第
318頁。

〔註28〕陳存恭：《民初陸軍軍火之輸入》，《中央研究院近代史研究所集刊》第6期，
1974年，第266頁。

〔註29〕孫志鵬：《外債與外交：西原借款研究》，東北師範大學博士學位論文，2013
年，第80～95頁。

百四十五萬日元。其中還有兩筆借款更是「軍械借款」，總價值三千二百多萬元。〔註30〕可見日本政府是扶持皖系軍事擴張的最大幕後推手。

1917年3月14日，在日本政府的影響下，中華民國政府與德國政府斷交。但是段祺瑞卻因「府院之爭」被總統黎元洪免職，日本政府推動中國政府對德宣戰的計劃因段下臺而擱置。

1917年7月20日，段祺瑞再次出任總理。日本寺內內閣隨即根據中國國內局勢的變化調整對華政策。中國南北雙方最急需的當然是武器裝備，誰控制了武器裝備，誰就控制了戰場局勢。日本政府自然清楚其中利害，「（武器供給要）權衡利弊，審視機宜，對中國政府之希望，加以友好的考慮。」這顯然是有利於北洋軍的舉措。對於南方護法聯軍的武器購買訴求，日本內閣則表示「關於南方派切望之借款及軍需品的供給，帝國政府拒絕為之斡旋，且勿予以鼓勵和後援。」〔註31〕日本政府通過限制軍械出口，扶植皖系企圖控制中國的野心昭然若揭。

7月22日，段祺瑞就派陸軍次長傅良佐到日本大使館商討如何購買武器。傅良佐提出初步提出要向日方購買「速射山炮一百二十門，速射野炮六十門，攻城臼炮六十門，三八式步槍兩萬支」。〔註32〕傅良佐此時只是初步和日本駐華武官談判，對於具體武器型號並不在意。7月25日，因為南方護法運動中反段情緒加劇，段祺瑞再次派吳光新會晤日本駐華武官齋藤季治郎向日本政府求購武器。〔註33〕

8月14日，中國正式對德、奧宣戰。皖系段祺瑞政府正式和日本站在同一戰線，於是中日之間加緊了軍火購買的談判。根據日本駐華公使8月18日的報告，段祺瑞政府正式提出軍火購買清單：「三八式步槍（帶刺刀）四萬支，

〔註30〕〔日〕鈴木武熊編：《西原借款資料研究》，第353頁。轉引自章伯鋒：《皖系軍閥與日本》，四川人民出版社，1988年，第128頁。

〔註31〕《對華外交政策二關スレ件・大正六年七月二十日閣議決定》（1917年7月20日），日本外務省編：《日本外交年表並主要文書》（上），原書房，1965年，第437～438頁。轉引自孫志鵬：《外債與外交：西原借款研究》，東北師範大學博士學位論文，2013年，第59頁。

〔註32〕《傅陸軍次長日本ヨリ速射山炮百二十門其他ノ兵器購入方申出ノ件》（1917年7月24日），見日本外務省編：《日本外交文書》，1917年第2冊，第483頁。

〔註33〕《中國南方派ノ舉事二關シ南北ノ情勢其他二キミ段內閣申出ノ兵器急速供給然ルペキ旨稟申ノ件》（1917年7月25日），見日本外務省編：《日本外交文書》，1917年第2冊，第483頁。

帶子彈八百萬顆；三八式三腳架機關槍一百二十挺，帶子彈六百萬顆；四五式炮身撦座式山炮（附零件）一百二十門，帶榴霰彈七萬二千個、榴彈一萬二千個；四五式炮身後座式野炮（附零件）一百二十門，帶榴霰彈七萬二千個；十五釐米榴彈炮八門，帶彈藥四千八百個；十二釐米榴彈炮十二門，帶彈藥七千二百個。」〔註34〕從這份皖系逆購買清單中可以看出，炮兵出身的段祺瑞對大量購買重型火炮和重機槍的意願很強烈。

但是畢竟軍火購買是對地區軍事的直接干涉，為了不招致美國的反對，日本政府要陸軍次長徐樹錚說明購買武器的用途。徐樹錚答覆說：

> 中國軍隊至為複雜，除正式陸軍外，有巡防營、警備隊為數至多，而地方巡警尚不在內，及時整飭需械甚繁。民國二年以後，近畿陸軍各師旅已先後調駐各省。近今江西督軍、從四川查辦使並皆帶隊出發，長江以北及北直一帶地面空虛，自當顧慮，不能不將舊式軍隊及時整飭，酌量換給新械，以備操防及彈壓土匪之用。惟本國各兵工廠供不給求，協助補充又不能不於距我最近之友邦所希冀。此日（事？）前陳副國段總理函允函達貴館武官商榷訂購之所由來也。至鄙國西南各省意思偶有隔閡，實為本國之不幸。現正力為疏通，終不難和平解決。又川中秩序亟待恢復，所以准令查辦使帶隊入川者，將藉以重其威權，俾可速完任務，與此次訂購軍器邈不相涉。質言之，訂購軍械為整頓舊式軍隊之用，毫無壓迫南方人民之意。此則鄙人敢為鄙國政府斷然言之者也。其他福建、山西等省各購軍器若干，亦因歷年剿匪槍支彈藥傷耗既多，補充宜亟。業經本部查核屬實。〔註35〕

徐樹錚的這篇答文，完全避重就輕，對於南北戰事激烈絲毫不提，只說購買軍械是為了「彈壓土匪之用」。既然中國政府已經說明購買軍械是為了「自衛」，而不是用來「壓迫南方人民」，日本作為「友邦」，自然要向中國政府出售武器，以紓北京政府之困。10 月 16 日，日本外務大臣告俄大使庫朋

〔註34〕 《中國ヘノ兵器供給二關ヌル件》（1917 年 8 月 18 日），見日本外務省編：《日本外交文書》，1917 年第 2 冊，第 488 頁。

〔註35〕 《中國政府ガ我方ヨリ購入ヤンスル軍器ノ用途二關シ陸軍次長ヨリ說明ノ書翰械送付ノ件》，見日本外務省編：《日本外交文書》，1917 年第 2 冊，第 490 頁。

斯基，日本將以大宗軍械售與北京政府。〔註36〕俄國在中國當然有許多利益關切，但是一戰爆發後日本援助了俄國大批軍火，對於日本對華軍售自然不會反對。美國則鑒於日本政府對華軍售有干涉中國內政之嫌，向日本政府提出反對。〔註37〕日本政府也未加理會，畢竟彼時歐戰戰場戰事正酣，列強包括美國也無力在外交上和日本針鋒相對。中國國內對於段祺瑞購買軍火也一時之間輿情洶洶，江蘇督軍李純致電段祺瑞質問政府有無與日本商訂軍械借款及鳳凰山鐵礦合同。〔註38〕段祺瑞對於鳳凰山鐵礦一事則不承認有出賣主權，對於自日本購買軍火則以「自由購置，毫不發生拘束」一句輕輕將中日之間利益交換的關係撇清。〔註39〕

　　儘管各方反對意見強烈，但是「真理只在大炮的射程之內」，沒有武力為基礎的抗議是無力的。1917 年 12 月 23 日，中國政府陸軍部最終和日本公司簽訂軍械合同。其購買的主要武器和價格如下：

名　　稱	單價（日元）	數　　量
三八式步槍（帶刺刀）	54.6	40000 支
六式管退山炮帶炮車	7800	120 門+36 門（追加）
三八式管退野炮帶炮車	11700	120 門+36 門（追加）
三八式 150 毫米榴彈炮	15600	8 門
三八式 120 毫米榴彈炮	13000	12 門
三八式三腳架機關槍	2131.3	120 挺+54（追加）

資料來源：《陸軍部向泰平公司購買械彈器具等合同》（1917 年 12 月 30 日），見《中國近代兵器工業》編委會：《中國近代兵器工業檔案史料》（2），兵器工業出版社，1993，第 486～491 頁。

　　從陸軍部和日本泰平公司的訂購合同中來看，日本公使所說的「四五式炮身撚座式山炮」，就是日本四一式火炮。〔註40〕四一式山炮的主要參數是：

〔註36〕郭廷以：《中華民國史事日誌》（第一冊），臺北「中央研究院」近代史研究所，1979 年，第 333 頁。

〔註37〕《中國ノ日本兵器購買ニ對シ在中國米國公使反對策動ニ關スル件》，見日本外務省編：《日本外交文書》，1917 年第 2 冊，第 499 頁。

〔註38〕《李純致段祺瑞電》（1917 年 10 月 28 日），見章伯鋒、李宗一編：《北洋軍閥》（第三卷），武漢出版社，1990 年，第 453 頁。

〔註39〕《段祺瑞覆李純電》（1917 年 11 月 4 日），見章伯鋒、李宗一編：《北洋軍閥》（第三卷），武漢出版社，1990 年，第 455 頁。

〔註40〕北京政府將該型火炮稱之為六年式炮，可知日本所稱四五式炮就是日本四一

放列全重 540 千克，炮管長度 1.3 米（18 倍徑），口徑 75 毫米，高低射角-8°
+25°，射速為 10 發／分，最大射程 6300 米。〔註41〕改型火炮是在三十一年
式火炮基礎上加裝了液壓機械複合制退機，具有重量輕、結構簡單、操作容易
的特性。1937 年日軍第三師團的步兵聯隊主要支持火器還保留有四一式山炮
（即六年式山炮）4 門。〔註42〕可見該型火炮一直被日軍所重視。

日本公使所說的「四五式炮身後座式野炮」就是三八式管退野炮。三八
式管退野炮的主要參數是：放列全重 947 千克，口徑 75 毫米，高低射界-8°
+16.5°，方向射界左右 3.5°，射速為 8 至 10 發／分鐘，最大射程為 7500 米，
運輸需要 6 馬挽曳。〔註43〕三八式管退野炮是日軍一戰前後的主力野炮，性
能優異。「三八式十五珊知榴彈炮」和「三八式十二珊知榴彈炮」就是「三八
式 150 毫米榴彈炮」和「三八式 120 毫米榴彈炮」，作為大口徑榴彈炮，其作
用就是用來轟擊大型防守建築，其威力遠勝於各類 75 毫米山炮，但是運輸起
來極其不方便，使其不能遠離交通線。

合同中所列的「三八式重機槍」即日式明治三十八年式氣冷式重機槍，其
原型為哈奇開斯 1900 式。這一型重機槍並不是很成功的型號，總產量也很小。
其主要參數是：槍長 1448 毫米，槍管長 726 毫米，口徑為 6.5 釐米，槍重 28
千克，槍口初速為 740 米／秒，上彈放射為 30 發保彈板，理論射速為 450 發
／分。〔註44〕「三八式重機槍」最大的劣勢就是，其使用 6.5 毫米子彈，殺傷
力不強。但是比之北洋陸軍使用的馬克沁重機槍，該重機槍性能更加穩定。

從陸軍部與泰平公司的合同中來看段祺瑞政府這次購買日本軍械真是
「予取予求」，段祺瑞想要買什麼，日本政府就賣什麼，絲毫不打折扣，最後
甚至還追加了一筆訂單。

1918 年 5 月 16 日中日兩國秘密簽訂《中日陸軍共同防敵軍事協定》，隨
後又於 19 日秘密簽訂《中日海軍共同防敵軍事協定》，5 月 30 日，中日雙方

式山炮。見《陸軍部向泰平公司購買械彈器具等合同》（1917 年 12 月 30 日），
　　見《中國近代兵器工業》編委會：《中國近代兵器工業檔案史料》（2），兵器工
　　業出版社，1993，第 486 頁。
〔註41〕徐平主編：《侵華日軍通覽（1931～1945）》，解放軍出版社，2012 年，第 238 頁。
〔註42〕唐茜、叢丕編著：《太平洋戰爭中的日本陸軍聯隊全史》，臺海出版社，2016
　　年，第 18 頁。
〔註43〕王虹鋪：《火炮歷史的見證》，南京大學出版社，2014 年，第 87 頁。
〔註44〕徐平主編：《中國工農紅軍通覽（1927～1937）》，解放軍出版社，2017 年，第
　　321 頁。

在北京互換批准書，並公布《中日共同防敵換文》，而對陸、海軍的兩個軍事協定內容隻字未提。皖系將《中日陸軍共同防敵軍事協定》稱之為「新外交」，試圖掩蓋自己出賣國家利益的事實。徐永昌在日記中寫道：「外間所傳之新外交，對於練兵則曰：互相聘用人員，訓練雙方軍隊；如兵工廠則曰：彼此派員管理；如軍械費則曰：互相接濟，直不如說代練兵，代管兵工廠之為簡捷了當耳，此與日韓合併之說同一調門。」〔註45〕徐永昌一語道破日本政府妄圖通過軍事滲透殖民中國的野心。

奉軍在中國邊境

應是北京政府為出兵俄國保護僑民做準備。圖片來源：美國國會圖書館，https://www.loc.gov/item/2011647918。

　　7月31日，北京政府陸軍部再次和日本泰平公司簽訂軍械借款合同，總價值高達兩千二百四十二萬多日元。這次皖系購入主要軍械數量是：三八式步槍（帶刺刀），85000支；三八式三腳架機關槍，198挺；六年式管退山炮，162門；三八式管退野炮，72門。〔註46〕這兩筆軍火大單軍械之精良，數量之多

〔註45〕　《徐永昌日記》（1918年4月16日），臺北「中央研究院」近代史研究所。在日本留學生於4月21日、28日兩次開會反對《中日共同防敵協定》，但均被日本政府打壓。見郭廷以：《中華民國史事日誌》（第一冊），臺北「中央研究院」近代史研究所，1979年，第376～377頁。
〔註46〕　《第二回兵器糶賣契約書寫送付ノ件》（1918年8月3日），見日本外務省編：《日本外交文書》，1918年第2冊上卷，第409～413頁。

可以說是北洋時期絕無僅有。據陳存恭估算，這兩筆軍械交易的交貨率約為71.48%，重要軍械估計交貨數量是：150 毫米榴彈炮 8 門，120 毫米榴彈炮 12 門，三八式野炮 200 門，六年式山炮 156 門，三八式機關槍 313 挺，三八式步槍 97500 支。〔註47〕這些裝備購入之後，絕大多數被用來編練參戰軍。

　　此時，日本接連向中國政府出售大單軍火。除了寺內內閣支持段祺瑞發展軍事實力以外，還因為俄國自十月革命之後，退出歐戰，日本兵工廠先前接受的大筆訂單無法銷售，所以轉而銷售給中國政府。以此為餌，不僅能逐步滲透中國的軍隊和兵工廠，還能培養一支與蘇俄作戰的軍隊。

　　9 月 16 日，雙方於北京簽訂《中日陸軍共同防敵軍事協定》實施細則，規定「凡在軍事行動區域之內，中國地方官吏對於該區域內之日本軍隊，須盡力協助，使不生軍事上之窒礙」。但是雙方對於「軍事行動區域」沒有明確規定。這就為日本在中國，尤其是東北地區的行動大開方便之門。所謂的中日「軍事提攜」更加親近。

　　9 月 28 日，「西原借款」的最後一筆借款「參戰借款」成立。這筆打著為打造「完全協同動作之國防軍隊」的戰爭借款，就是要讓段祺瑞盡快編練一支參戰軍。〔註48〕1919 年 1 月，中國參戰軍終於成立。參戰軍共編成三個師，第一師師長曲同豐，駐北京北苑；第二師師長馬良，駐山東濟南，第三師師長陳文運，駐北京南苑。

〔註47〕陳存恭：《民初陸軍軍火之輸入》，《中央研究院近代史研究所集刊》第 6 期，1974 年，第 273 頁。

〔註48〕王芸生：《六十年來中國與日本》第七卷，三聯書店，1981 年，第 167 頁。韓基爽認為軍械借款並非專為參戰軍而設，此議（軍械借款）早在 1917 年 7 月就提出，此時中國尚未對德、奧宣戰。軍械借款最初意在裝備北京政府所屬軍隊包括直系軍隊，用於推行南北統一政策。見韓基爽：《北洋時期參戰軍（國防軍）、西北邊防軍》，《安徽史學》2012 年第 3 期，第 87 頁。此說值得商榷，作者偷換了「軍械借款」的概念，1917 年 7 月段祺瑞政府向日本駐華武官表達了購買軍械的想法，這也確實是「軍械借款」的源頭，但是中日簽訂合同是在 12 月，也就是中國對德、奧宣戰之後。作者沒有注意到這段時間日本因為沙俄垮臺，「日俄同盟」破裂，日本對外軍事戰略的調整。1918 年 2 月，田中義一對章宗祥說「據稱俄德情形日漸緊急，中日兩國既以協力防敵之必要，應專就戰略著想，不宜涉及政略。」日本參謀本部數次出面是為了讓段祺瑞「聯日抗俄」並不是支持段祺瑞統一南方。加之 1918 年 2 月，徐樹錚與張作霖截留日械，就是為了不讓日械為直系所控制，並不是為了武裝「北京政府軍隊，包括直系軍隊」，此事西原龜三亦清楚，而未加阻攔。分別見王芸生：《六十年來中國與日本》第七卷，三聯書店，1981 年，第 244 頁、第 219 頁。

參戰軍進行軍事訓練場景

圖片來自駱藝、黃柳青編：《軍閥之國——從晚清到民國時期的中國軍閥影像集（1911
～1930）》，人民日報出版社，2015 年。

　　參戰軍是一支清一色的日械軍隊，其武器先進水平在世界範圍內都屬先
進。參戰軍的具體編制和武器配備，以參戰軍第一師為例加以說明：「全師共
轄步兵兩個旅，另外師直屬騎兵、炮兵各一個團，工兵、輜重和機關槍各一營，
每營轄四個連，每連計戰鬥兵一百二十六人。騎兵團共轄四個連。炮兵團轄三
個營，每營轄三個連，每連有火炮四門。第一、二兩營為野炮，第三營為山炮，
口徑都是七公分五，工兵營轄四個連，分任通信、架橋和築城作業。輜重兵營
共轄四個連，運輸工具都是大車。機關槍營共轄四個連，每連有重機槍六挺。
全師使用的武器除山炮是六年式山炮外，全部是日本三八式。」〔註49〕

　　參戰軍成立不久，第一次世界大戰停戰，繼續以「參戰」為名顯得「名不
正、言不順」。所以段祺瑞將參戰軍改稱國防軍，後來又將參戰軍三個師合併
入徐樹錚的西北邊防軍，仍用西北邊防軍的名稱。

（二）編練西北邊防軍

　　西北邊防軍的成軍過程則顯得頗為複雜。1918 年 2 月，徐樹錚為向主張
南北和談的馮國璋施壓，秘密與張作霖聯絡，暗許張作霖一批日本軍械，張
始同意奉軍入關。1918 年 2 月 23 日，張作霖將運抵秦皇島之日械劫奪，並
領兵入關，於天津糧城設立關內奉軍總司令部，張作霖自兼總司令，徐樹錚
為副總司令代行總司令職權。徐樹錚利用劫奪的軍械組成了五個補充旅的後

〔註49〕韓世儒：《參戰軍與直皖戰爭概述》，見杜春和等編：《北洋軍閥史料選輯》（下），
　　　　中國社會科學出版社，1981 年，第 68 頁。

備軍。〔註50〕後因張作霖與徐樹錚不和，徐樹錚辭奉軍副總司令職，出任參戰處參謀長。並將五個補充旅中的四個劃歸督辦參戰處。

1918 年 10 月 20 日，徐樹錚奉命設立西北籌邊處，於是將奉軍四個補充旅改編為西北邊防軍第一混成旅和第二混成旅。〔註51〕1919 年 2 月，徐樹錚又在河南、山東等地招募新軍，編成西北邊防軍第三、第四混成旅。西北邊防軍四個旅，兩萬多人，其武器裝備「均是日本之製品，如步槍、機關槍和炮均是日本造的『三八式』，山炮係日本「大正六年式」，其他如交通通信等裝備也都來自日本。在當時說來，西北邊防軍之裝備是新式的」。〔註52〕可見邊防軍的武器裝備和參戰軍一樣。甚至炮兵連的武器配置也一樣，都是 4 門火炮。張振漢評論道：「當時一般軍隊之炮兵連，每連裝備炮六門。西北邊防軍之炮兵連，每連裝備炮四門。四門炮之裝備，不僅使用不及六門制便利，其威力更不及六門制優越。」〔註53〕可見雖然邊防軍和護國軍有「三八式」野炮之威力和「六年式」山炮之便捷，但是火炮配置並不合理。

至於徐樹錚為什麼要設立西北籌邊處，編練西北邊防軍，有「（徐樹錚）考慮到西北地方遼闊，無人競爭」一說，僅憑這一點不足以說明徐樹錚為什麼對西北倍加青睞。

在 1918 年 5 月 16 日中日兩國秘密簽訂《中日陸軍共同防敵軍事協定》（下稱《中日軍事協定》）中，開篇即講到兩國訂立軍事協定的背景是「中日兩國陸軍，因敵國實力之日見蔓延於俄國境內，其結果將使遠東全局之和平及安寧受侵迫之危險，為適應此項情勢及實行兩國參加此次戰爭之義務起見，取共同防敵之行動。」〔註54〕1918 年 3 月俄國蘇維埃政權與德國締結《布列斯特和約》，使俄國退出第一次世界大戰。但是中日兩國兩個月後簽訂的《中日軍事協定》難道不知道德國與蘇俄停戰，而認為「敵國實力之日見蔓延於俄國境內」嗎？顯然不是。那《中日軍事協定》中所說的「敵國」究竟何指？這與徐樹錚編練西北邊防軍有何關係？

〔註50〕曹心寶：《徐樹錚與皖系興亡研究》，廣西師範大學，2016 年，第 180 頁。

〔註51〕吳景南：《徐樹錚的西北軍》，見全國政協文史資料委員會編：《文史資料存稿選編》第 2 輯，「晚清北洋」（下），中國文史出版社，2002 年，第 411 頁。

〔註52〕張振漢：《西北邊防軍始末》，《文史資料存稿選編》第 2 輯，「晚清北洋」（下），中國文史出版社，2002 年，第 445 頁。

〔註53〕張振漢：《西北邊防軍始末》，《文史資料存稿選編》第 2 輯，「晚清北洋」（下），中國文史出版社，2002 年，第 445 頁。

〔註54〕王芸生：《六十年來中國與日本》（第 7 卷），三聯書店，1981 年，第 383 頁。

　　1917 年 11 月 7 日，「十月革命」爆發。1918 年 2 月 5 日，章宗祥向外交部彙報說：

> 本日據田中參謀次長來館面稱，俄國情勢於聯合國日形不利。
> 德國利用俄國，東亞和平深恐為之擾亂。德俘在西伯利亞一帶不下
> 十餘萬人，一旦解放，即成勁旅。此時維持東亞和平，其責任全在
> 中日兩國。微聞德國已有陰謀，一面從西伯利亞侵入東方，一面在
> 甘肅新疆一帶鼓動回教徒肇事。萬一見諸事實，中國國防吃緊，即
> 日本國防吃緊。渠意兩國利害關係既如此密切，渠系軍人，從軍事
> 上著想，兩國國防實非迅謀共同行動不可。聯合國在歐洲方面，對
> 德戰事不能速勝之原因，均由平時未能先事協謀，臨時聯合未確，
> 事倍功半，中日兩國允宜深鑒及此。現在第一著意慎審，兩國所得
> 情報先行互相交換，以期彼此深悉軍情。……〔註55〕

　　從田中義一的話中可以看出，日本政府是想讓中國充當日本國防之「藩籬」，提醒中國政府要密切關注蘇維埃革命對於中國的不利影響，同時表示日本政府會和中國政府「共同行動不可」。

　　俄國「十月革命」爆發後，「對於 1916 年 6 月締結日俄同盟，劃分了在華勢力範圍的日本來說，沙俄帝國的崩潰無疑是一個極大打擊。而且革命的浪潮一定會波及中國及朝鮮。日本陸軍特別是參謀本部早就有意干涉革命，佔領西伯利亞，並計劃向俄國遠東地區派兵」〔註56〕1918 年 1 月，日本海軍以保護僑民為名派軍艦進入符拉迪沃斯托克港，4 月日本海軍陸戰隊登陸。5 月，在陸軍軍部的提議下，中日簽訂《中日陸軍共同防敵軍事協定》，準備干涉蘇俄革命。

　　從這個歷史背景中出發，《中日軍事協定》所說的「敵國」指的是蘇維埃俄國而非德國。此時的段祺瑞政府本就無有力的作戰部隊，又因為護法戰爭而使部隊牽制在湖南、四川等地。日本政府又在 7 月 31 日與段祺瑞政府簽署軍械借款合同，日本借參戰借款和軍械借款將中國劃入參戰區域。中國成為參戰區域，日本政府即可以借助《中日軍事協定》中「關於共同防敵所需之兵器及軍需品並其原料，兩國應互相供給」之規定，對中國的各種戰略資源明目張膽地進行掠奪。

〔註55〕王芸生：《六十年來中國與日本》（第 7 卷），三聯書店，1981 年，第 383 頁。
〔註56〕〔日〕藤原彰：《日本軍事史》，解放軍出版社，2015 年，第 105 頁。

皖系成立西北邊防軍和參戰軍都是旨在按照日本政府的戰略意圖針對蘇維埃革命。需要強調的是，這是皖系和日本政府的利益交換，但皖系的真正利益還是武力統一南方。而日本出兵西伯利亞之後，其主要利益就是中國東北、蒙古以及俄國西伯利亞地區。這也是皖系與日本在軍事戰略上的利益衝突所在。〔註57〕

三、直皖戰爭

1920 年 1 月，吳佩孚根據與西南諸省達成的協議，正式向北京政府提出從衡陽撤防。〔註58〕1 月 19 日，岑春煊斡旋南北和談，指出要解決南北問題，「必須三角同盟，缺一不可，即謂北洋同志團體與西南及擁有中央之靳、徐也。」〔註59〕此時反皖的各方勢力開始暗中交涉，而吳佩孚衡陽撤防就成為促成三角聯盟的關鍵所在。

5 月 20 日，吳佩孚自衡陽開始撤防。吳佩孚軍經過武漢時，首先接收了漢陽兵工廠，部隊裝備立時充足。〔註60〕在得到河南督軍趙倜的首肯後，吳佩孚所部進駐洛陽。

吳佩孚撤防之後，譚延闓部湘軍隨即跟進，6 月 11 日湘軍攻佔長沙，24 日攻克岳州，張敬堯第七師潰不成軍退入湖北，湖北督軍王占元將第七師改編節制。張繼堯第七師敗北，對於皖系軍閥來說是軍事上巨大的損失。湖南既失，皖系主張武力統一的政策就告失敗，直系和皖系之間的矛盾已經不可調和。直皖雙方抓緊了作戰準備，皖系制定的作戰計劃是：「（皖軍分為東西兩路），西

〔註57〕1919 年 2 月 6 日，朱啟鈐詢問曹汝霖，日本政府是否以停交參戰借款給中國以此要挾中國政府在青島問題上讓步。曹汝霖在回復中避而不答，只說「另一問題，日使恐國防軍再作征南之用，請政府聲明並無政治作用」。《曹汝霖覆朱啟鈐電》（1919 年 2 月 8 日），見中國社會科學院近代史研究所《近代史資料》編譯室主編：《一九一九年南北議和資料》，知識產權出版社，2013 年，第 136 頁。可見日本政府確實擔心段祺瑞會將國防軍用作鎮壓南方的工具，這就顯現了雙方的戰略利益衝突。

〔註58〕《岑春煊轉達吳佩孚致電靳雲鵬履行與西南妥協辦法第三步密電》（1920 年 1 月 6 日），見中國第二歷史檔案館編：《直皖戰爭》，江蘇人民出版社，1980 年，第 1～2 頁。

〔註59〕《岑春煊策劃聯直制皖以分化北洋派內部與唐繼堯往來密電》（1920 年 1 月），見中國第二歷史檔案館編：《直皖戰爭》，江蘇人民出版社，1980 年，第 5 頁。

〔註60〕王毓超：《直皖戰爭前後》，見《文史資料存稿選編·2·晚清北洋》（下），中國文史出版社，2002 年，第 129 頁。

路沿京漢鐵路由琉璃河向南進攻，第一個進攻目標為天津，是作戰的主要方面，集中地為琉璃河車站附近地區，集中時用鐵道輸送。東路沿津浦鐵路線由濟南向天津進攻，第一個進攻目標為天津，是作戰的主攻方面，集中地即濟南駐地附近」〔註61〕

7月9日，在段祺瑞的逼迫下，總統徐世昌下達懲辦曹錕、吳佩孚令，直皖雙方就此開戰。這場戰爭實質上是為了爭奪中央政權而展開，直皖雙方為此都投入了嫡系的部隊進行作戰，其兵力配置是：

皖 系		直 系	
番 號	人 數	番 號	人 數
邊防軍第一師（曲同豐）	11000	陸軍第三師（吳佩孚）	11000
邊防軍第三師（陳文運）	11000	第一、二混成旅（王承斌、閻相文）	16000
陸軍第九師（魏宗翰）	6000	補充旅	6000
陸軍第十三師（李進才）	8000	直隸督軍衛隊（孫岳）	3000
陸軍第十五師（劉詢）	8000	直隸警備隊二十六營	13000
邊防軍訓練處學生隊	3000	第四混成旅（曹鍈）	8000
邊防第二混成旅（宋子揚）	8000		
總計人數	55000	總計人數	56000

資料來源：張一麈：《直皖秘史》，見榮孟源、章伯鋒主編：《近代稗海》（第四輯），四川人民出版社，1985年，第26頁。

從兵力總數來說，直皖相差無幾。對於武器裝備而言，皖系肯定要優於直系，畢竟段祺瑞的軍械訂單都用來裝備了自己的嫡系部隊。直系則在士兵作戰素質上優於皖系，經過湖南兩年戰爭的洗禮，直系軍隊打過不少惡戰。而皖系訓練的國防軍（後改邊防軍）都是1919年之後才開始訓練，尚未參加過大規模戰爭。

直皖兩軍交戰分東西兩路，西路在京漢鐵路沿線，東路在京奉鐵路沿線。皖軍西路段芝貴部轄第十五師劉詢部、邊防軍第一師曲同豐部、第三師陳文運部，部署於涿州、固安、淶水一帶。東路徐樹錚為總指揮，率西北邊防軍第二混成旅，邊防軍第三師兩團以及陸軍第九師，部署於廊坊、落垡一帶。

〔註61〕韓世儒：《參戰軍與直皖戰爭概述》，見杜春和等編：《北洋軍閥史料選輯》（下），中國社會科學出版社，1981年，第70頁。

　　直軍西路總指揮為吳佩孚，後路總指揮為王承斌，東路總指揮為曹鍈，兵力為第三師及第一混成旅王承斌部、第二混成旅閻相文部、第四混成旅曹鍈部等。西路總指揮率第三師，以及第一、第二混成旅在易縣、涿州、淶水、固安一線與皖軍對峙，東路曹鍈所部則駐防楊村。

　　西路方面。7 月 14 日，皖軍東路部隊佔據涿州。晚八點，駐守琉璃河之邊防軍第一師第一團馬隊，及第十三師第一營步兵，向直軍第十二團發起偷襲。這一次偷襲中邊防軍裝備的山炮給予了直系軍隊沉重打擊。「（皖軍第一師）第一團團長王興文是北洋軍中有名的戰術專家，原在保定軍官學校講授戰術，很有心得，作戰時也能身先士卒，所以部隊士氣頗銳。他用騎兵在前衝鋒，炮兵隨後掩護，炮火齊發，於是直軍望風披靡，相繼後退。」吳佩孚看王興文部這樣猛衝，恐直軍崩潰，於是集中優勢火力攻擊正面進攻的皖軍，終於擊退皖軍的騎炮挺擊隊。〔註 62〕王興文部退守琉璃河。皖軍連戰連敗最終退守涿州京漢鐵路線附近。

　　東路方面。7 月 15 日夜，皖軍東路宋子揚旅及邊防軍第三師步兵二團，共約一萬五千人，分三路由張莊、蔡村、皇后店進攻楊村之直軍防線。直軍在楊村集結了曹鍈第四混成旅和直隸警備軍二十營約兩萬人。雙方交戰戰況慘烈，皖軍新兵多、老兵少，遇戰慌亂。「（皖軍士兵）多不願戰，惟被上官逼迫，乃不問方向，任意放槍；炮隊亦分三隊轟擊，每隊約有野戰炮六尊。」但這場戰鬥因為毗鄰日本駐屯軍駐地附近而又多生波折。16 日，日軍因為直軍炮兵陣地離其駐地不遠，恐受波及，提出抗議。直軍只得後退，直軍防線出現缺口，皖軍直追，但是直軍以機關槍隊殿後，陣形不亂，順利退至北倉及李家嘴之間。〔註 63〕17 日，奉軍派遣軍隊支持直軍，直奉兩軍兵合一處向廊坊皖軍發起攻

〔註 62〕工毓超：《直皖戰爭前後》，見《文史資料存稿選編》第 2 輯，「晚清北洋」（下），中國文史出版社，2002 年，第 129 頁。從作戰情況來看，王興文部裝備的火炮可能是日本四一式山炮。

〔註 63〕譚延闓記錄道：「得津電，日人於楊邨助段軍佔領該地。」可見日軍助皖確有其事。見《譚延闓日記（1920 年）》（7 月 20 日），臺北「中央研究院」近代史研究所，第 205 頁。對於此事日本外相對駐華公使小幡酉吉說：「南司令官（指日本駐屯軍司令南次郎少將）向曹督軍（指曹鍈）抗議一事，此在多數兵力進入天津周圍二十華里以內時，實際上屬於條約當然之舉，但操之過急，有偏袒一派之嫌，當前為喚起曹錕之注意，希暫只限於警告範圍。」見《內田外相致小幡駐華公使電》（1920 年 7 月 9 日），見章伯鋒，李宗一：《北洋軍閥（1912～1928）》（第三卷），武漢出版社，1990 年，第 1128 頁。

擊，皖軍受重創「死傷不下千人」。〔註64〕東路總指揮徐樹錚逃回北京。

西路方面，皖軍不敵直軍，被迫退守涿州。其時，邊防軍第一師在京漢鐵路以西，鐵路以東則由十五師劉詢部防守。〔註65〕17日早晨，吳佩孚親率第十二團葛敬臣部向岐溝進攻，並以第十一團陳清遠部威脅岐溝右側背。在直軍的炮火猛烈攻擊下，邊防軍第一師旅長范尚品被炮火擊中陣亡，皖軍立時軍心渙散。〔註66〕在涿州京漢鐵路以東防守的十五師劉詢部，已經「完全與直奉軍相合」。〔註67〕當時皖軍的前敵指揮部在松林店，吳佩孚迂迴包抄松林店，邊防軍第一師師長曲同豐被直軍俘虜。〔註68〕第十五師劉詢部旅長張國溶、齊寶善向吳佩孚投降，邊防軍第三師長陳文運亦為直軍旅長蕭耀南、彭壽莘所敗，退守固安。18日曲同豐即致電段祺瑞，要求懲治徐樹錚，實際上就是投降直系。〔註69〕邊防第一師也被直軍全部繳械。至此直皖戰爭就告結束。

在戰爭中，皖系的軍事裝備明顯要優於直系，為什麼皖系在短短五天時間就宣告失敗？對於直皖戰爭中直勝皖敗原因分析，大多認為是由於劉詢第十五師倒戈，導致第一師側翼出現危機，西路指揮部被直軍攻擊，曲同豐被俘。

〔註64〕 張一麐：《直皖祕史》，見榮孟源、章伯鋒主編：《近代稗海》（第四輯），四川人民出版社，1985年，第63頁。

〔註65〕 王毓超：《直皖戰爭前後》，見《文史資料存稿選編》第2輯，「晚清北洋」（下），中國文史出版社，2002年，第140頁。

〔註66〕 張一麐：《直皖祕史》，見榮孟源、章伯鋒主編：《近代稗海》（第四輯），四川人民出版社，1985年，第63頁。張一麐記載「十七晨，直軍與邊防軍第一師大戰於涿州北。」王毓超則記載「皖軍在高碑店一帶的配備是邊防軍第一師在鐵路以西，王興文團守岐溝。」見王毓超：《直皖戰爭前後》，見《文史資料存稿選編》第2輯，「晚清北洋」（下），中國文史出版社，2002年，第140頁。又據曹興禮：《直皖戰爭中岐溝關肉搏戰》中記載「7月17日佛曉，我團偷襲岐溝關」見中國人民政治協商會議河北省保定市委員會文史資料委員會編：《保定文史資料》第17輯，2001年，第38頁。從各方資料中可知，17日直皖大戰的確切地點就是岐溝。王毓超《直皖戰爭前後》一文中記載王興文死於岐溝之戰，實誤。王興文陣亡於1922年第一次直奉戰爭。見陳予歡編：《中國留學日本陸軍士官學校將帥錄》，廣州出版社，2013年，第140頁。

〔註67〕 《曹錕等宣佈直皖戰況皖軍敗北通電》（1919年7月19日），見中國第二歷史檔案館編：《直皖戰爭》，江蘇人民出版社，1980年，第146頁。

〔註68〕 《楊耀林關於曲同豐被俘情報》（1920年7月19日），見中國第二歷史檔案館編：《直皖戰爭》，江蘇人民出版社，1980年，第143～144頁。

〔註69〕 《曲同豐不滿段祺瑞縱惡養奸並請依法懲辦徐樹錚等密電》（1917年7月19日），見中國第二歷史檔案館編：《直皖戰爭》，江蘇人民出版社，1980年，第7頁。

天氣原因也是一個因素，直皖戰爭期間連日大雨，直軍因前次在湖南作戰所以對陰雨天的作戰環境不以為意，但是皖軍則「都穿雨衣，怕泥濘，戰鬥力大受影響」。〔註70〕大雨也影響了皖軍的火力發揮，據參加直皖戰爭的曹步山說「雨中，皖軍炮彈落下來，卻有不少臭彈，不爆炸。」〔註71〕當然天氣原因還不足以影響戰爭全局。從士兵素質來說，確實直軍久經沙場，尤其陸軍第三師自民國建立以來基本上「無役不予」，雖然皖系軍隊有更先進的作戰武器，但還是無法彌補單兵作戰能力的差距。

〔註70〕王毓超：《直皖戰爭前後》，見《文史資料存稿選編》第 2 輯，「晚清北洋」（下），中國文史出版社，2002 年，第 141 頁。

〔註71〕曹興禮：《直皖戰爭中岐溝關肉搏戰》，見中國人民政治協商會議河北省保定市委員會文史資料委員會編：《保定文史資料》第 17 輯，2001 年，第 38 頁。

第四章 直奉戰爭與北京政局

　　直皖戰爭後，直系開始積極擴充軍事實力。首先，吳佩孚將王承斌、蕭耀南、閻相文等統領的混成旅改編為陸軍師編制，大量招兵買馬。其次，抓緊對於普通士兵的招募與訓練。〔註1〕吳佩孚的擴軍自然離不開武器裝備的購買，但是列強有「對華武器禁運協定」在前，北京政府與傳統軍事大國的軍火貿易幾近斷絕，只得向意大利等國購買。除國際軍火貿易外，直系不得不發展本國兵工企業以為其軍事擴張服務。

1922 年直軍士兵接受檢閱

圖片來自駱藝、黃柳青編：《軍閥之國──從晚清到民國時期的中國軍閥影像集（1911～1930）》，人民日報出版社，2015 年。

〔註1〕來新夏等著：《北洋軍閥史》（下），東方出版社，2016 年，第 642 頁。

一、兵工廠發展與軍火購入

自 1919 年 5 月 5 日，列強以中國南北分裂為由，正式照會北京政府決定對華實行軍火禁運。〔註 2〕這雖然對當時的段祺瑞政府造成影響，但是真正受影響最大的是直系軍閥。禁運政策實施一年之後，禁運的效果開始顯現：1920 年全年進口武器淨值為 242,242 兩，這一數字僅為 1919 年武器進口淨值（2,496,578 兩）的十分之一。〔註 3〕直系無法在外交上與西方達成解除武器禁運的協議，只得發展本國兵工廠以求擴充軍事實力。

（一）漢陽兵工廠

駐軍洛陽的吳佩孚因為亟需軍火補給，對於各地兵工廠格外重視。洛陽之地，臨近鞏縣兵工廠，而漢陽兵工廠有京漢鐵路運輸，武器彈藥供給甚是便捷。〔註 4〕這也為吳佩孚的擴軍提供了便利。

直皖戰爭之後，吳佩孚對漢陽兵工廠格外青睞。據時任漢陽兵工廠總辦楊文愷回憶，吳佩孚的軍務處處長對他說：「大帥對漢陽兵工廠非常重視，將來槍彈的補充，主要靠漢陽兵工廠」。〔註 5〕吳佩孚命令楊文愷負責仿造美商提供的 M1917 勃朗寧重機槍。漢陽兵工廠於 1921（民國十年）年十月十日成功仿製出該槍，因而命名為三十節水冷式重機槍。三十節重機槍改原型 M1917 勃朗寧重機槍 7.62 毫米口徑為 7.9 毫米，其主要參數是：槍長 960 毫米，槍管長 610 毫米，槍身重 15.5 千克，槍架重 23.5 千克，表尺射程為 2000 米，瞄準基線 680 毫米，槍口初速為 824 米／秒，理論射速為 500～600 發。〔註 6〕但是三十節重機槍因為製造工藝不精，射擊時時常發生故障，其腳架

〔註 2〕陳存恭：《列強對中國的軍火禁運（民國八年——十八年）》，臺北「中央研究院」近代史研究所，1983，第 68 頁。

〔註 3〕《清末民初外洋軍火供應及其供應值一覽表》，見陳存恭：《列強對中國的軍火禁運（民國八年——十八年）》，臺北「中央研究院」近代史研究所，1983，附錄 1。

〔註 4〕來新夏等著：《北洋軍閥史》（下），東方出版社，2016 年，第 641 頁。

〔註 5〕楊文愷：《漢陽兵工廠與吳佩孚》，全國政協文史資料委員會編：《文史資料存稿選編》第 16 輯，「軍事機構」（下），中國文史出版社，第 2002 年，第 173 頁。

〔註 6〕徐平：《中國工農紅軍通覽（1927～1937）》，解放軍出版社，2017 年，第 319 頁。楊文愷將此槍記為二十節式，不確。見楊文愷：《漢陽兵工廠與吳佩孚》，全國政協文史資料委員會編：《文史資料存稿選編》第 16 輯，「軍事機構」（下），中國文史出版社，第 2002 年，第 173 頁。

不穩，也影響到機槍的命中精度。〔註 7〕吳佩孚在實驗過該槍後，當即命令楊文愷「每月製造 100 挺，分配給直系各軍」。〔註 8〕但漢陽兵工廠的生產力有限，「（三十節式重機槍）初造時產量只有幾挺，後來才增加到每月 25 挺。」〔註 9〕

　　漢陽兵工廠雖然名義上歸陸軍部管，但實際受到直系的直接控制。自從列強軍火禁運之後，漢陽兵工廠的品牌步槍「漢陽造」，就成為了搶手貨。吳佩孚在每支步槍出廠價 24 元的基礎上加 2 元的「格外費」，留為己用。楊文愷坦言：「（格外費）廠內職工一分錢也分不到，只能分享購買原材料的回扣。如購買鋼材有千分之五的回扣，總辦、會辦、廠長及全體職員得一半，全廠工人得一半，總數也很可觀。」〔註 10〕吳佩孚「雁過拔毛」收取「格外費」，漢陽兵工廠則吃購買原料的回扣。「羊毛出在羊身上」，步槍價格成本高居不下都是層層盤剝所致。1922 年 8 月 31 日，漢陽兵工廠工人罷工要求加工資，軍隊擊斃三名工人，工人炸毀機器。〔註 11〕漢陽兵工廠效益低下，廠方貪污橫行最終釀成悲劇。

　　1922 年曹錕因為漢陽兵工廠的子彈驗收時出現質量問題，要求吳佩孚「飭即派員前往指示改良」。據吳佩孚回報，在雙方交戰時將湖北兵工廠之前用紅銅彈盂製造質地不堅的子彈發到保定，現在已經改用白銅鍍鎳的子彈。雖然有吳佩孚從中緩頰，但是漢陽兵工廠的質量問題一直為人所訴病。

〔註 7〕《中國軍事史》編寫組編：《中國軍事史・第一卷・兵器》，解放軍出版社，1983年，第 243 頁。

〔註 8〕楊文愷：《漢陽兵工廠與吳佩孚》，全國政協文史資料委員會編：《文史資料存稿選編》第 16 輯，「軍事機構」（下），中國文史出版社，第 2002 年，第 173 頁。

〔註 9〕徐平：《中國工農紅軍通覽（1927～1937）》，解放軍出版社，2017 年，第 319頁。1921 年到 1927 年，漢陽兵工廠共生產三十節式重機槍 938 挺。見《中國近代兵器工業》編審委員會：《中國近代兵器工業》，國防工業出版社，1998 年，第 163 頁。

〔註 10〕楊文愷說，吳佩孚收取「格外費」的總金額高達 300 萬元，恐不確。楊文愷：《漢陽兵工廠與吳佩孚》，全國政協文史資料委員會編：《文史資料存稿選編》第 16 輯，「軍事機構」（下），中國文史出版社，第 2002 年，第 173 頁。以一支步槍 2 元的「格外費」算，漢陽鋼鐵廠要生產 150 萬支步槍才能達到此價值。從 1912 年至 1927 年，漢陽兵工廠也才生產 7.9 毫米步槍 57.7982 萬支。見《中國近代兵器工業》編審委員會：《中國近代兵器工業》，國防工業出版社，1998 年，第 163 頁。

〔註 11〕郭廷以：《中華民國史事日誌》，臺北「中央研究院」近代史研究所，1979 年，第 667～668 頁。

1923 年 5 月，楊文愷因為軍火訂購款項一事致電直魯豫三省巡閱參謀長陸錦，希望保定方面可以提供資金擺脫生產困局：

> 敝廠仰承帥座訂造子彈，刻正加工趕造，需款孔巨。前面蒙鈞示，擬暫照每千粒六十三元撥給價款，按此數雖核與實用工料不敷尚多，然當暫照此數計算。查自去年十月起，截止今年本月底止，合共已撥子彈六百四十二萬粒，內有本月下旬將次造成六十萬粒預並在內，按六十三元計之，應共洋四十萬零四千四百六十元。又已造成迫擊炮五十五尊，每尊三百元；迫擊炮彈一千一百四十顆，每顆三元；共洋一萬九千九百二十元。又造撥無煙山炮藥五千五百磅，每磅五元五角，連箱價共洋三萬○八百九十元○五角。又造配長短刺刀二千把及槍零件二十六項，共洋八千七百四十元零三角七分。

> 以上統共計洋四十六萬四千餘元。除前計三次共蒙帥座撥給洋二十三萬元外，所短尚巨。現值端節在邇，敝廠購欠銅鉛料款各行號催還孔迫，若無款應付，誠恐信用有失，則以後購料棘手。〔註12〕

8 月，吳佩孚又責問漢陽兵工廠為何從該年 4 月到 7 月，每月只製造子彈二百萬顆，與計劃生產的彈藥數量差距甚大。漢陽兵工廠回覆說原因有二，一是胚件用完，二是酷暑時節火藥不足，所以夜間工作也被迫停止。〔註13〕

可是「屋漏偏逢連夜雨」，1924 年，劃分國家和地方財政權之際，漢冶萍公司被劃歸湖北地方政府。漢冶萍公司的「鐵捐」一直作為漢陽兵工廠經費來源之一。漢冶萍公司劃歸地方後，「鐵捐」勢必要取消，而從漢冶萍公司購買的各項原料價格「勢必照交全價」。但是直系軍閥對於兵工廠只有壓榨和索取，對兵工企業發展沒有提出有效規劃的遠見卓識。

漢陽鋼藥廠自 1917 年 1 月併入漢陽兵工廠後改稱漢陽兵工分廠後，該廠於 1922 年試製成功苦味酸（黃色炸藥），1923 年增加迫擊炮藥，1924 年試製成功梯恩梯炸藥。1923 年到 1924 年該廠無煙火藥年均產量在 9 萬公斤以上。

〔註12〕《中國近代兵器工業》編委會：《中國近代兵器工業檔案史料》（2），兵器工業出版社，1993 年，第 66 頁。

〔註13〕《湖北督軍蕭耀南關於漢廠出品情形致曹錕函》，見《中國近代兵器工業》編委會：《中國近代兵器工業檔案史料》（2），兵器工業出版社，1993，第 65～66 頁。

比之 1917 年，無煙火藥年產量增加了兩倍多。〔註 14〕這是直系統治時期為數不多可以看到進步的兵工廠。

（二）鞏縣兵工廠

1918 年，鞏縣兵工廠向丹麥文德公司購買機件鋼料。〔註 15〕但是這筆財政部認還的購買原料借款，一直沒有付清。到了 1922 年，丹麥駐華公使照會北京政府外交部替文德公司索要該筆欠款，外交部將索款照會轉給財政部，財政部直說無款可還。〔註 16〕到了 1925 年該筆未償欠款連本帶息已經高達十四萬四千九百零九元九角一分美元，德公司總經理親自到中國向財政部索要欠款。〔註 17〕從中也可以看出鞏縣兵工廠原料購入之困難。

不僅如此，1922 年鞏縣兵工廠預定的美國布來得廠出產的造槍機器，自 1919 年運抵上海後，被擱置了兩年半之久才輾轉運送到鞏縣兵工廠。造槍機到鞏縣時已經「機件頗多鏽損」，但是中央政府無錢支持鞏縣兵工廠生產新槍，鞏縣兵工廠總辦蔣廷梓建議陸軍部先以步槍價格的一半為定金預售槍支給各省，作為生產啟動資金，但陸軍部軍械司並不樂觀：

> 惟念值茲時局未定之際，西南各省目前固不能相商，即現與中
> 央稍形隔膜，以及邊遠省份，似亦未便通行，其餘寥寥不過數省，
> 大概軍政費不充者尚居多數，能否久為照數攤認實行撥濟，尚不敢
> 預定，但捨此亦再無籌措之方……〔註 18〕

1922 年 10 月 9 日，「吳佩孚取河南、湖北兩省國稅廿萬，撥鞏縣漢陽兩兵工廠，趕造軍械，預備與奉天大戰」。〔註 19〕直到 1925 年鞏縣兵工廠才自行

〔註 14〕　《中國近代兵器工業》編審委員會：《中國近代兵器工業》，國防工業出版社，1998 年，第 165 頁。

〔註 15〕　《鞏縣兵工廠向文德公司訂購機件事已電駐使商辦由》（1918 年 4 月），臺北「中央研究院」近代史研究所檔案館藏，館藏號：03-18-008-01-015。

〔註 16〕　《丹使代索文德公司借款因部款奇絀未能照付希婉覆由》（1922 年 12 月），臺北「中央研究院」近代史研究所檔案館藏，館藏號：03-18-061-03-028。

〔註 17〕　《丹商文德洋行索鞏縣兵工廠購機器欠款現其總經理來京請迅速設法令財政部照還由》（1925 年 8 月），臺北「中央研究院」近代史研究所檔案館藏，館藏號：03-18-061-03-030。

〔註 18〕　《蔣廷梓關於擬定預約購槍以籌集款項辦法致陸軍部說帖》（1922 年），見《中國近代兵器工業》編委會：《中國近代兵器工業檔案史料》（2），兵器工業出版社，1993 年，第 112 頁。

〔註 19〕　《吳佩孚提國稅趕造軍械》（1922 年 10 月 9 日），見《大埔周刊》第 39 期，1922 年，第 2 頁。

安裝使用該造槍機。〔註20〕

（三）德縣兵工廠

自 1916 年以后德縣兵工廠常常受到軍閥混戰的干擾，生產一直不穩定。其廠以生產步槍子彈見長，但是在 1924 年直隸陸軍軍事局查出「由濟南運來山東局造七九圓箭槍彈五十萬粒，當經查驗此項槍彈規矩不一，內有坡徑稍高及箭頭不正者，若用舊槍關門太緊，新槍恐有不合」。〔註21〕軍事局要求德縣兵工廠重加修理，但是德縣兵工廠以「（修理）與新造無疑」而拒絕。但是陸軍軍事處堅持己見。德縣兵工廠只好「拔箭傾藥」重新回廠製作。這件事也證明，德縣兵工廠的不僅工藝有瑕疵，而且辦事效率低下。

直系控制下的幾大兵工廠，生產情況都差強人意，而且質量問題頻出。直系軍閥也深知，國內兵工廠的生產能力遠遠滿足不了其擴充軍事實力的野心，所以仍想突破軍火禁運政策向各軍事強國購買武器。

（四）軍火貿易

1919 年 5 月以後，為了履行「列強對中國的軍火禁運協議」，日本、英國、法國、美國先後頒布禁運軍火法令。〔註22〕但並不是所有軍械生產國都遵循該協議，譬如意大利和德國就頂著列強的外交壓力，試圖向中國出售軍火。所以在武器禁運時期，外國軍火流入中國，分為兩種途徑：其一是非禁運國家的半走私軍火；其二是禁運國家的走私軍火。〔註23〕

意大利對華軍火走私甚至引起了軒然大波。1919 年 11 月 2 日，意大利里彭（Nippon）號商輪，裝載 4,011 噸重，包括手槍、步槍、機關槍、火炮、彈藥的軍火運抵秦皇島。其中 2,434 噸運至山海關，1,507 噸運至天津，60 噸運

〔註20〕 《中國近代兵器工業》編審委員會：《中國近代兵器工業》，國防工業出版社，1998 年，第 175 頁。

〔註21〕 《直隸陸軍軍械局關於處理德縣兵工廠所造不合用槍彈情形往來函》（1924 年 4～7 月），見《中國近代兵器工業》編委會：《中國近代兵器工業檔案史料》（2），兵器工業出版社，1993 年，第 187 頁。

〔註22〕 陳存恭將 1919 年 5 月 5 日的「武器禁運照會」和其他具有約束力的文件，概稱為「列強對中國的軍火禁運協議」。見陳存恭：《列強對中國的軍火禁運（民國八年——十八年）》，臺北「中央研究院」近代史研究所，1983，第 77 頁。

〔註23〕 陳存恭：《民初陸軍軍火之輸入》，《中央研究院近代史研究所集刊》第 6 期，1974 年，第 276 頁。

至北京，10 噸運至瀋陽。意大利人抗拒海關的檢查，將運至天津的軍火存入天津租界意大利駐軍倉庫，運到山海關的軍火也被存到意軍倉庫。〔註24〕英、法、日三國駐意使節向意大利提出抗議，但意大利政府以運至中國之軍械尚由意大利人所掌握為由相搪塞。12 月 1 日北京政府外交部也對意大利提出抗議。〔註25〕1920 年 1 月，河南宏威軍司令趙傑就請求中央將河南購買的意大利軍械放行，遭到中央政府拒絕。〔註26〕意大利軍械就此一直存在天津租界成為各方軍閥搶奪的焦點。

　　據保留至今的一份合同記載，1920 年，北京政府陸軍部向意大利商人柯紐良購買了總價值高達現洋五百六十八萬八千元整的軍械。其購買意大利軍械武器數量和單價如下：

名　稱	單價（洋元）	數　量
6.5 毫米口徑步槍（帶刺刀、皮件、乾糧袋、水壺）	35 元	40,000 支
6.5 毫米步槍子彈	每一百萬顆八萬元	30,000,000
6.5 毫米口徑機關槍（零件全）	2000 元	50 挺
75 毫米口徑野炮（前車、彈藥車、零件等全）	27,500 元	24 門
65 毫米口徑過山炮（前車、彈藥車、零件等全）	16,000 元	24 門

資料來源：《陸軍部關於收買意商柯紐良軍械合同》（1920 年），見《中國近代兵器工業》編委會：《中國近代兵器工業檔案史料》（2），兵器工業出版社，1993年，第 491 頁。

　　合同規定：「除過山炮及過山炮開花彈、子母彈，須緩期交貨外，其餘各種軍械均限七日內點交清楚」。〔註27〕

〔註24〕 陳存恭：《列強對中國的軍火禁運（民國八年——十八年）》，臺北「中央研究院」近代史研究所，1983，第 100 頁。1919 年 7 月，有消息稱：「參戰處又向意大利訂購約值二千萬之軍火，現將運至秦皇島，奉督張作霖一面派人前往截留，一面向部索取護照，以便留用。」見《每周大事記》，1919 年 7 月 21日。

〔註25〕 郭廷以：《中華民國史事日誌》（第一冊），臺北「中央研究院」近代史研究所，1979 年，第 473 頁。

〔註26〕 《參陸辦公處為運到天津各項槍彈為意國軍械現尚在交涉中請發護照起運暫難照辦覆宏威軍司令趙傑函附原稟》（1920 年 1 月），第二歷史檔案館開放檔案查詢系統：《北京政府檔案・參陸辦公處》。

〔註27〕 《陸軍部關於收買意商柯紐良軍械合同》（1920 年），見《中國近代兵器工業》編委會：《中國近代兵器工業檔案史料》（2），兵器工業出版社，1993 年，第491 頁。

　　而且合同中所說「該項軍械均係新造，並屬意國陸軍所通用最新式者」。由此可以推測 6.5 毫米步槍就是曼利夏—卡爾卡諾卡賓槍，該型步槍主要的參數是：全槍重 3.4 千克，長度 1,015 毫米，槍管長 540 毫米，口徑為 6.5 毫米，槍機為旋轉後拉式，供彈方式為 6 發內置式彈倉。該型步槍與其他步槍最大的不同是供彈方式是 6 發內置式彈倉。〔註 28〕曼利夏—卡爾卡諾卡賓槍和日本三八式步槍一樣是 6.5 毫米口徑，意大利軍隊在侵略埃塞俄比亞的戰爭中，認識到該型步槍有威力小的缺點。〔註 29〕

　　65 毫米過山炮是意大利於 1913 年開始裝備山炮部隊使用。其主要參數是：口徑 65 毫米，戰鬥全重 5566 千克，身管長度 17 倍口徑，高低射界-10°+20°，方向射界 8°，初速為 345 米／秒，最大射程為 6800 米。〔註 30〕這種過山炮可以拆解為 6 個部分，運輸較為便利。但是其口徑為 65 毫米，國內大多兵工廠的炮彈為 75 毫米，所以其彈藥補給多受限制。

　　關於意大利 75 毫米野炮的型號，據《陸軍部關於收買意商柯紐良軍械合同》中規定「該項軍械均係新造，並屬意國陸軍所通用最新式者」推知可能是意大利 1912 年生產的 75 毫米 27 倍徑火炮（Cannoneda75／27modello06）。該型火炮的主要參數是：口徑 75 毫米，戰鬥全重 1076 千克，身管長度為 2.13

〔註 28〕 王波在《懷念紅三十三軍副軍長羅南輝同志》一文中提到：「……繳獲劉存厚的漢陽造七九步槍，北洋軍閥吳佩孚垮臺後給劉存厚的意大利步槍，六粒子彈一夾，就算頂好的步槍了。其它的步槍來復線都打光了，除七九槍外子彈很少，意大利造步槍很新，槍身比三八式還長，口徑很緊，射程較遠，但不多，只有三百多條……」見中國人民政治協商會議四川省委員會文史資料研究委員會：《四川文史資料選輯》（第 28 輯），四川人民出版社，1983 年，第 182 頁。又「（劉存厚）到達縣後，派部隊去培石運回意國槍三千支，裝備了部隊。」見中國人民政治協商會議四川省達縣市委員會：《劉存厚在達縣》，1986 年，第 17 頁。由此可以確定裝備劉存厚部川軍的確實為曼利夏—卡爾卡諾卡賓槍。

〔註 29〕 克里斯·麥克納博主編，唐仲明譯：《槍——視覺歷史》，山東美術出版社，2012 年，第 176 頁。後來部分曼利-卡爾卡諾步槍也流落到各地方軍閥手中。例如袁祖銘於 1921 年 3 月 16 日刺殺王文華，而以直系為奧援「定黔」：「……袁祖銘通過劉顯治（劉顯世駐京代表），引見北京政府內閣總理靳雲鵬及財政部長潘復，袁的刺王定黔計劃，正合曹錕、靳雲鵬控制西南和爭取貴州附北的目的。王文華在上海被刺後，靳雲鵬即撥款 30 萬，作為袁祖銘的活動經費，並為購買意大利步槍 3000 支，子彈 1000 萬發……」見貴陽市志編纂委員會編：《貴陽市志·軍事志》，貴州人民出版社，1989 年，第 149 頁。

〔註 30〕 伊恩·豪格：《20 世紀火炮》，吉林美術出版社，2004 年，第 14 頁。

米，高低射界-15°+65°，方向射界54°，初速為510米／秒，最大射程為7600米。該型火炮首次引入了分體式炮架。〔註31〕但未能找到確信的材料說明直軍購買的就是該型火炮。

7月10日，曹錕曾致函北京外交團抨擊日本、意大利售予中國軍火，〔註32〕說明該批軍械可能是為皖系購買，但是意大利不承認售出軍火數目如此之大。〔註33〕無論這批軍械是否由皖系定購，終將落入了直系軍閥手中無疑。

對於意大利到處兜售軍火一事，列強和北京政府都大為惱火。1921年1月，顏惠慶會晤英國公使。英國公使問顏惠慶：「哈爾濱有意人私運軍械，未識貴總長有所聞否？」顏惠慶回答說：

> 二三星期前曾閱過報告似此情形實屬蔑視公法已極，若謀鞏固世界太平，焉能准許利用軍艦私運軍火？彼既能以此項辦法施行，中國固未嘗不可於他處仿行也。前據報告秦皇島存有意國運來八千來復槍，並有炮彈數噸。較之意國使署衛隊之數，實無如此大批軍火之需要，由此可以想見該軍火運來之目的矣。當協約國總理會晤時，深盼此事可以提出討論。

英國公使也認為意大利此舉太逾矩，告訴顏惠慶會據實彙報本國政府。

雖然其他派系購買軍火，直系控制的北京政府會嚴詞指斥，但因禁運政策限制了其自身的武器來源，直系軍閥也只得向意大利求購。1921年11月英國駐華武官報告英國政府，一批意大利軍械被曹錕接收。「其數量包括步槍三萬支，子彈三百萬發，75毫米火炮六門，野炮二十四門，兩萬四千發野炮炮彈，五十挺機關槍，三萬顆機關槍子彈。」日本政府就此事質問意大利駐華使館代辦，意國代辦並未否認，只是說：「本國政府並未承認即訂軍火合同列入禁運的範圍，除非接奉不同的訓令，吾人有售予軍火的自由」。〔註34〕可見意大利售予直系軍閥軍火確有其事。

〔註31〕伊恩・豪格：《20世紀火炮》，吉林美術出版社，2004年，第17頁。

〔註32〕F.O.,228/3103, P..288, Peking&TientsinTimes, Mar.3.1920. 轉引自陳存恭：《列強對中國的軍火禁運（民國八年——十八年）》，臺北「中央研究院」近代史研究所，1983，第102頁。

〔註33〕章伯鋒，李宗一：《北洋軍閥（1912～1928）》（第三卷），武漢出版社，1990年，第1111頁。

〔註34〕章伯鋒，李宗一：《北洋軍閥（1912～1928）》（第三卷），武漢出版社，1990年，第1141頁。

　　1922 年 7 月 22 日，曹錕再次指示天津鎮守使趙玉珊向意大利購買價值為五百六十四萬零九百二十元的軍械。曹錕在給吳佩孚的電報中說「訂立草合同一份，日期以本年八月底為限，過期作為無效。」8 月 29 日，趙玉珊回覆曹錕說已經和意大利軍火商簽訂了正式軍購合同，「俟六個月後交現價三分之二，即可提貨，下餘三分之一價款，分六個月交清。」〔註35〕合同中將「本年八月底為限」改為六個月後提貨，可見是北京政府資金不足，不能籌款購入。

　　直系在軍事壓力下對於武器的需求比較急迫，10 月 30 日直魯豫巡閱使署軍務處致電曹錕要求抓緊軍備工作：

> 竊職前以各師、旅現存步、機各槍及子彈數目，並擬步槍每杆暫按一千粒，機槍每架暫按十萬粒籌備，前後分別呈明，並奉批准，暨分由德、漢兩廠訂造六五、七九圓尖子彈共二千萬粒各在案。當茲時局不靖，奉軍方面又復積極進行，至遲明歲春間恐不免再生戰事，事先若不預備，臨時深恐貽誤戎機。查德、漢兩廠所造子彈，屆計明年一二月間方能造齊，按照籌備數目及無特別消耗計算，只得半數，尚須添造七九圓彈一千七百零八萬粒、七九尖彈一千一百一十萬粒、六五子彈六百萬粒，共計三千四百一十八萬粒。漫云款料兩絀措手不及，即使款足料充亦就咄嗟間所能辦到，勢須另行設法，添購外械，或將所購意商之步槍一萬四千支、子彈二千七百六十萬粒，早日交款提貨，以便剔換兩師槍彈，藉資挹注，方能敷衍配用。〔註36〕

　　趙玉珊與意大利的軍購合同很可能是步槍一萬四千支，以 1920 年同樣的價格購買軍械，步槍數量減少，可知這筆軍械直系訂購火炮可能較多。直系軍務處對於彈藥儲備安排是每支步槍 1,000 發子彈，機槍以每挺 100,000 發子彈。從子彈生產的計劃看，直系軍隊還是以裝備 7.9 毫米步槍為主，6.5 毫米口徑的步槍裝備的不多。直系對於軍火的需求量巨大，但是國內兵工廠卻生產有限，直系只得寄希望於頂住列強「武器禁運」的意大利。

〔註35〕《曹錕關於購買意國軍火致趙玉珊等電函》（1922 年 7～8 月），見《中國近代兵器工業》編委會：《中國近代兵器工業檔案史料》（2），兵器工業出版社，1993 年，第 493 頁。

〔註36〕《直魯豫巡閱使署軍務處關於添購軍火致曹錕呈稿》（1922 年 10 月 30 日），見《中國近代兵器工業》編委會：《中國近代兵器工業檔案史料》（2），兵器工業出版社，1993 年，第 493 頁。

　　1924 年，北京政府購買存儲天津價值四百八十萬元意大利軍械，分發直系各軍。〔註37〕陳獨秀根據各方情報評估這筆意械的價值：「據東交民巷方面消息，據東交民巷方面消息，確數為四百八十七萬餘，已付過三百萬元，據上海《大陸報》說，值價五百五十萬元。軍械數目：據京津《泰晤士報》，有來復槍三萬枝，子彈四千萬發，及大炮彈、炮車、炮架、野戰炮等。其已由天津運往北京的。據上海《申報》說，大炮十二尊，炮車炮彈五百五十箱，步槍二千一百廿箱（每箱廿四枝），子彈一萬一千八百廿五箱（每箱一千四百粒），野戰炮十五尊，機關槍六架，炸彈七十箱，水壺乾糧袋二百箱。據《大陸報》說，所有運送檢驗之事，均由意水兵與曹錕、吳佩孚之委員會同為之，共用貨車七十輛，始運送完畢。」〔註38〕雖然各方情報未必準確，但從側面看出各方對軍械購入的情況很是關注。

　　購買天津意械不久後，北京政府又積極購買了輪船日本號上運載的意大利軍械，其訂購軍火數量、單價如下：

名　　稱	單價（洋元）	數　量
6.5 毫米口徑步槍（帶刺刀、皮件、乾糧袋、水壺）	28 元	40,000 支
6.5 毫米步槍子彈	每一百萬顆 6.5 萬元	40,000,000
6.5 毫米口徑機關槍（零件全）	1360 元	32 挺
75 毫米口徑野炮（前車、彈藥車、零件等全）	20,000 元	16 門
65 毫米口徑過山炮（前車、彈藥車、零件等全）	6,667 元	24 門

資料來源：《陸軍部與鄧者羅購買械彈草合同》（1924 年），見《中國近代兵器工業》
　　　　　編委會：《中國近代兵器工業檔案史料》（2），兵器工業出版社，1993 年，
　　　　　第 491 頁。

　　這筆軍械交易價值同樣規定「所屬貨物均係新造，並屬意國陸軍所通用最新式者」。與 1920 年購買意大利軍械訂單比較，1924 年軍械價格降低不少。

　　直系軍閥除了購買意大利「半走私性質」的軍械，還大肆購買各類走私軍械。由於走私軍火的隱秘性，只能通過各國情報中的走私案件記錄，略窺當時中國軍火走私之猖獗。

〔註37〕郭廷以：《中華民國史事日誌》（第一冊），臺北「中央研究院」近代史研究所，
　　　　1979 年，第 783 頁。
〔註38〕陳獨秀：《再論外人私運軍火與中國治安》，見《向導》總 56 期，1924 年，第
　　　　446 頁。

　　1922 年，退役美國上尉卡尼（L.D.Kearney）夥同前沙俄海軍人員通過俄國船隻將「機關槍、刺刀、步槍、子彈、手槍、左輪槍、野炮以及各類軍用物品」運到中國售賣。卡尼因私運軍火觸犯了美國國內法，被罰款 2500 美元，並被投入監獄。〔註 39〕

　　1922 年，一個名為史蒂文（Stevens）的美國人，將一艘美國船隻裝扮成「漁船」私運步槍和機關槍等軍械，經海參崴沿中東路到達長春，最後將軍械設法南運售給吳佩孚。〔註 40〕

　　白俄軍隊潰敗後，許多人逃至中國。有一艘滿載白俄士兵船隻逃至吳淞口。這些白俄敗兵將攜帶的武器賣給了吳佩孚的代表，包括：一門 6 英寸口徑的炮以及 104 發炮彈，兩門 4 英寸口徑炮即 1,000 發炮彈，兩門 75 毫米火炮及 120 發炮彈，兩門 47 毫米口徑火炮及 127 發炮彈，十門 40 毫米口徑炮及 2,700 發炮彈，一門 22 毫米火炮及 527 發炮彈，26 箱各類雜件及照相器材，步槍 2000 支（其中 119 支系舊式俄國槍）。〔註 41〕

　　日本陸軍參謀本部記錄了 1922 年中國進口武器的情況，〔註 42〕其詳情如下：

〔註 39〕 Anthony B.Chan, Arming the Chinese, Vancouver, university of british columbia press, 1979, p53.
〔註 40〕 NCH, 17 february 1923. 轉引自 Anthony B.Chan, Arming the Chinese, Vancouver, university of british columbia press, 1979, p97.
〔註 41〕 F.O.228/3107, 14 February 1923; Macleay to Foreign Office, F.o.371/9197, 17 May 1923.轉引自 Anthony B.Chan, Arming the Chinese, Vancouver, university of british columbia press, 1979, p97.原文將火炮口徑寫為「cm」，應為「mm」。
〔註 42〕 《対支列國兵器輸入狀況》，《陸軍省・密大日記》，典藏號：T12-5-11，亞洲歷史資料中心（JACAR）。

種類　區域／供給國	火炮	炮彈	步槍	步槍彈	機關槍	飛機
中國東北 美國 英國 德國 法國 俄國 丹麥		爆彈：140,000 發 狙擊炮彈：5,000 發 山炮彈：4,000 發 77毫米炮彈：10,000 發 其他武器彈藥：9,000,000 發	「三八」式步槍：10,000 支 南部自動手槍：800 支 俄國武器步槍：400 支 其他步槍(小銃)：60,550 支 手槍：850 支	手榴彈：55,000 枚 步槍彈（小銃）：5,451,000 發 彈藥：兩貨車（二貨車分）	機關槍：34 挺 機關槍彈：1,510,000 發 飛機用機關槍：8 挺	二十五架
華北 美國 英國 意大利	野炮十二門	彈藥（有大約二十噸，貨車七輛） 炮彈 10,000 發 炮彈 1,600 發	其他步槍（小銃）：16,200 支	手榴彈 8,000 枚 步槍彈 8,000,000 枚	機關槍 16 挺 機關槍彈：4,000,000 發	
廣東 意大利 德國	火炮二門	爆彈 200 磅	其他步槍（小銃）：3,000 支			
雲南 美國 意大利 法國	輕炮若干門					16 架（但不確定）

　　從上表可以看出，直系通過「走私」購入的軍火數量並不多，而這其中還包括了本文前面提到的意大利「半走私」軍火。

二、第一次直奉戰爭

　　吳佩孚獲取兩湖巡閱使的職位後，張作霖對內閣總理靳雲鵬多有不滿。1921 年 12 月 17 日，靳雲鵬因為財政困難和奉系的壓力被迫辭職。奉系張作霖即積極運動由梁士詒出任總理。吳佩孚於是借內閣對外借款一事對梁士詒大加攻擊，迫其下野。梁士詒內閣則以張作霖為奧援，竭力抵抗吳佩孚的攻擊。

　　吳佩孚一邊以政治為手段，一邊則積極調集軍隊向洛陽集結。〔註 43〕張作霖也不甘示弱，於三月底「加派進關二十七師及兩個混成旅，議住天津附近小站、靜海、獨流、軍糧城等處」。〔註 44〕

　　4 月 19 日，張作霖發表通電：「簡率師徒，入關屯駐，期以武力為統一之後盾」。〔註 45〕4 月 25 日，吳佩孚公布張作霖「十大罪」並下令所部向奉軍進攻。〔註 46〕直奉衝突此刻已經箭在弦上一觸即發。

奉軍的戰鬥序列是〔註 47〕：

〔註 43〕《湖北特約通信》，見《民國日報》1922 年 1 月 16 日。轉引自來新夏等著：《北洋軍閥史》（下），東方出版中心，2016 年，第 682 頁。

〔註 44〕《京師總稽查處長張德恂關於直奉雙方分向京津調動軍隊等情給王懷慶函》（1922 年 3 月 31 日～4 月 9 日），見第二歷史檔案館：《中華民國史檔案資料彙編・第三輯・軍事》（3），江蘇古籍出版社，1991 年，第 59 頁。

〔註 45〕《張作霖宣佈率師入關以武力為後盾解決時局通電》（1922 年 4 月 19 日），見第二歷史檔案館：《中華民國史檔案資料彙編・第三輯・軍事》（3），江蘇古籍出版社，1991 年，第 61 頁。

〔註 46〕《吳佩孚等宣佈張作霖十大罪狀並對其作戰通電》（1922 年 4 月 25 日），見見第二歷史檔案館：《中華民國史檔案資料彙編・第三輯・軍事》（3），江蘇古籍出版社，1991 年，第 73 頁。

〔註 47〕關於直奉兩軍的戰鬥序列，各書的說法多有出入。結合戰鬥過程看，郝秉讓《奉系軍事》一書中對於兩軍戰鬥序列的最為合理。本表在《奉系軍事》一書的基礎上，參考了王鐵漢《東北軍事事略》、來新夏《北洋軍閥史》以及姜克夫《民國軍事史》三本書對於戰鬥序列的記述。分別見王鐵漢：《東北軍事史略》，中華書局，2016 年，第 137 頁。來新夏等著：《北洋軍閥史》（下），東方出版中心，2016 年，第 709 頁。姜克夫：《民國軍事史》，2009 年，重慶出版社，第 158 頁。

奉系（張作霖）駐天津軍糧城	東路 分布於京津、津浦兩線	第一梯隊（張作相） 防守永清、固安一線	第二十七師（張作相） 第二十八師（汲金純，缺騎兵團） 第五十六旅（張作濤） 第六混成旅（鮑德山） 第五混成旅（齊恩銘，作戰中增援）
		第二梯隊（張學良） 駐紮於津西信安鎮	第三混成旅（張學良） 第八混成旅（郭松齡） 第四混成旅（蔡平本）
		第三梯隊（李景林） 防守馬廠至天津一線	第七混成旅（李景林） 第一混成旅（闞朝璽） 第二十八師騎兵團
		騎兵集團（許蘭洲） 駐大城、青縣	奉天騎兵第一旅（張榮） 黑龍江騎兵第二旅（張奎武） 巡署衛隊騎兵（王永清）
	西路 分佈在京郊和京漢路北段	第四梯隊（張景惠） 佈防盧溝橋、長辛店一帶	奉軍直屬第一師（張景惠）
		第五梯隊（鄒芬） 駐西苑	第十六師（鄒芬）
		第六梯隊（鄭殿生） 北京通州一帶	第二混成旅（鄭殿生） 第九混成旅（牛永福）

直軍的戰鬥序列是：

直系（吳佩孚）前敵指揮所設保定	東路（張國熔） 防守子牙河、大城、任邱等處	第二十六師（張國熔） 第十二混成旅（葛豪） 第十四混成旅（彭壽莘） 第十三混成旅（董政國） 第三師第 1 旅
	西路（王承斌） 防守固安、琉璃河一帶	第二十三師（王承斌） 第二十四師（王福來） 第十五混成旅（孫岳） 第一混成旅（張克瑤） 第三師一部及直隸各混成旅
	後方（馮玉祥） 防守鄭州、洛陽等地	第十一師（馮玉祥） 第二十師（閻治堂） 第八混成旅（靳雲鶚） 第三師第五旅

資料來源：郝秉讓：《奉系軍事》，遼海出版社，2000 年，第 207 頁。

　　奉軍佈防以天津軍糧城為中心點，南線沿津浦線到達靜海，西線沿京漢線到達長辛店。直軍佈防以保定為中心，西路沿保定到涿州，東路沿保定經任邱到靜海。〔註48〕奉系的布防線從軍糧城至長辛店 240 里，後方軍需補給線過長。而直系軍隊東西路之間相距不遠，彼此成犄角之勢。

第一次直奉戰爭中奉軍進軍路線圖

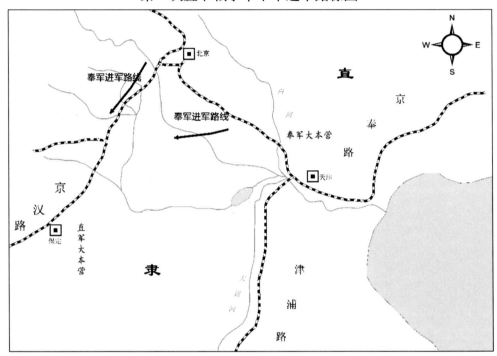

資料來源：《吳佩孚大戰奉軍史》，競智圖書館，2002 年，第 21 頁。〔註49〕

　　東路之戰。4 月 26 日，直奉兩軍於姚馬渡交火。27 日張國熔率直軍一部，猛攻奉軍陣地，奉軍敗退十餘里。傍晚，直軍想三面合圍駐紮於靜海之西南的奉軍，不料奉軍奮勇防禦，直軍進攻受阻，奉軍又以馬隊突入直軍陣地，直軍潰退，敗走大城。

　　28 日，奉軍圍攻大城，直軍二十六師一部趕到支持大城直軍。29 日，張作相率衛隊旅四營及第四混成旅一團，攻擊直軍二十六師，又調第三混成旅，衝擊直軍防線。直軍在奉軍猛衝之下，放棄大城，退向任邱。

〔註48〕《奉直戰史（節錄）》，見章伯鋒、李宗一主編：《北洋軍閥》（第四卷），武漢出版社，1990 年，第 76 頁。

〔註49〕感謝路其首同學在繪製此圖中給予的幫助。

30 日，奉軍李景林部萬餘人加入進攻任邱作戰，奉軍以機關槍為先導，馬隊跟隨，步兵置於隊列最後位置。直軍馬隊在進攻中受挫，待直軍王承斌部趕來支持任邱，直軍炮火猛烈，奉軍大敗，直軍趁勢佔領大城白洋橋一帶，繳獲奉軍 150 毫米重炮三門，機關槍六挺。

5 月 1 日、2 日，直奉雙方於馬廠附近鏖戰，雙方互有勝負。3 日直軍中路傳來捷報，直軍士氣大振，遂一鼓作氣攻克馬廠、青縣。6 日，直軍與李景林部在北倉遭遇，李景林部被重創，李景林險被俘虜。7 日，直軍兩萬人兵臨軍糧城下，奉軍死守軍糧城，吳佩孚親自到前線督戰，直軍愈加急攻軍糧城，奉軍終不能抵抗，被迫向直軍繳械。

中路作戰情況。4 月 24 日，奉軍進攻固安，以機槍為先導部隊，直軍在重機槍的掃射下，傷亡頗重。直軍從兩翼包抄奉軍，奉軍被擊退。直軍用汽車架機槍追擊奉軍，奉軍亦多有傷亡。「是役雖非大戰，而雙方傷亡人數實不下五百人。」〔註50〕

28 日，直軍向奉軍挑釁，奉軍出兵應戰，雙方剛一接戰，直軍佯退數十里。奉軍不識其中有詐，縱兵追趕，誤觸地雷，死百餘人。29 日，奉軍攜大炮兩架，由小道襲擊駐守直軍後方，直軍敗退，奉軍佔領固安。佔領固安後，奉軍鮑德山部由固安進攻永清，駐守琉璃河的直軍第九師（戰鬥序列中未見其部）趕往救援永清，奉軍為直軍所阻，鮑德山部有潰退徵兆。奉軍許蘭洲率部及大炮四門馳援，直奉雙方激戰幾個小時，未分勝負。奉軍炮火猛烈，壓制直軍，又以騎兵兩營向直軍衝殺，直軍敗退，奉軍衝過永定河追擊，但直軍預先埋設地雷，奉軍為地雷所傷者眾，始守軍回固安。

5 月 1 日，吳佩孚親自督戰，攻克固安。奉軍退至永定河，豐臺、落垡奉軍來援，奉軍以隔岸大炮為火力掩護向直軍攻擊。直軍火炮輪流轟炸，共發射數千發炮彈，直軍不敵，奉軍再次佔領固安。張學良又調通州騎兵大隊增援固安，加強防守。

2 日，直軍進攻在固安、霸縣之間的奉軍第二梯隊，張學良不支又掉兩個混成旅支持，鏖戰數個小時雙方相持不下。時在奉軍第三旅中的常玉林回憶說：「（我軍攻擊中口村）和守軍展開激戰，雙方互有傷亡。八旅的溫、宋兩團長負傷。營長以下的傷亡估計約有 500 名以上。我連的排長有兩名負傷，班長

〔註50〕《奉直戰史（節錄）》，見章伯鋒、李宗一主編：《北洋軍閥》（第四卷），武漢出版社，1990 年，第 102 頁。

傷亡 7 名，士兵傷亡約有 30 名。在直軍既占中口村之險，又有堅固的工事、
負隅頑抗的情況下，而我軍傷亡很大，一時難以攻克。代旅長王興文以必勝決
心，命令炮兵團用燃燒彈摧毀中口村。炮兵團奉命，以全團的炮火，集中射擊
中口村。當時中口村硝煙四起，火焰彌漫，不僅所有防備設施全部摧毀，就是
百姓的房屋建築統統瓦礫和灰燼。至於直軍和百姓，也都幾乎全部燒死
了。……」〔註51〕一場混戰，直奉雙方互有勝負，戰況激烈，誰都不敢在此時
鬆懈。

　　當時涿州直軍向吳佩孚請求增援，吳佩孚認為牽制當面之敵比增援更為
有效，於是下令直軍兩個混成旅攻擊永清，另調兩旅為策應。張學良恐永清失
守，直軍會包圍所部，命令敢死隊向直軍衝鋒，以期打亂直軍部署，但直軍以
重機槍掃射奉軍敢死隊，奉軍死傷枕藉。張作相聽聞中路不支，親率所部二十
八師、二十七師救援，與直軍奮戰四五個小時，吳佩孚見狀率第三師一部進入
戰鬥最前線，直軍奮勇搏殺。張作相最終堅持不住逃往天津，直軍趁勢追擊，
攻克楊村、落垡。

　　張作相部第二十八師、第二十七師是奉軍精銳，逢此大敗，士氣不振。而
中路的戰局影響到東路奉軍馬廠之戰，東路由此潰敗。奉軍只剩西路與直軍苦
苦拼殺。

　　西路之戰。西路奉軍主要是張景惠指揮，指揮部設在長辛店。28 日直奉
雙方在長辛店交戰，奉軍有火炮壓制直軍，從中午到下午奉軍火炮發射了一
萬多發。直軍一部偷襲奉軍側背得手，奉軍陣腳慌亂向東北退卻，幸得汲金
純部三千五百人及時增援，奉軍才保住長辛店陣地。直軍此役失敗後，後退
六十里。

　　29 日，奉軍追擊敗退直軍，於直軍在琉璃河附近遭遇，直軍先敗後勝，
直軍佔據良鄉。晚上十時，直軍追擊奉軍到長辛店附近，奉軍在盧溝橋附近
布置炮兵陣地，以重炮轟擊直軍，阻其前進。直軍以村莊民房為掩護，所以
連同附近南崗窪、北崗窪、水流坊、東王莊等十餘座村莊被奉軍炮火擊毀。
〔註52〕

〔註51〕　常玉林：《我所知道的兩次直奉戰爭》，見遼寧省政協文史資料委員會編：《遼
　　　　　寧文史資料》第 1 輯，遼寧人民出版社，1988 年，第 67 頁。
〔註52〕　來新夏等著：《北洋軍閥史》（下），東方出版中心，2016 年，第 713 頁。

30 日，吳佩孚見進攻不暢，退守良鄉以南。在直軍退走後，鄒芬布置炮兵防禦陣地，在長辛店前方，「設榴霰彈炮位七座，每位架六寸口徑之炮三尊，向直軍繼續發射，彈如雨下」。〔註53〕這裡說的六寸應該是六英寸，也就是說鄒芬炮兵陣地所用的是 150 毫米口徑的重炮。這些火炮極有可能是「三八」式 150 毫米野戰炮。

在長辛店北的奉軍第十九師與第二十八師，同時加入戰鬥，兩軍在寶店黃村一帶，均用重機槍進行掃射。「戰事相當激烈，鐵路線上前線董政國旅，紛紛後退。」〔註54〕直軍在奉軍的火力打擊下，防線數次要被突破，直軍作戰英勇，苦戰整日方打退奉軍進攻。吳佩孚親自帶隊來援，奉軍敗退，直軍由良鄉西直追盧溝橋，奉軍旅長梁朝棟中彈身死。張景惠率部到盧溝橋救援梁朝棟部，直軍不敵，向良鄉撤退。鄒芬則令馬隊追擊直軍。「奉天騎兵，馬皆一色，為關外之駿，而所用軍械，又均係無煙槍銳利無比。直軍雖善戰，軍械已用過五年之久，槍口既大，激射力亦較奉軍為弱。」〔註55〕從描述中來看，直軍用的步槍（馬槍）是 7.9 毫米步槍，而奉軍騎兵則使用的是 6.5 毫米馬槍。在這場追逐戰中，6.5 毫米馬槍精準度高的優勢被發揮出來。可能直軍步槍被使用時間較長，槍支保養不佳，威力大的優勢被削弱，所以在戰場上反映出的情況是直軍步槍「激射力亦較奉軍為弱」。這場追擊戰，直軍死傷慘重，一百餘人被俘。直軍憤懣，又派兵攻擊鄒芬部，鄒芬重傷，又分兵攻打十六師位於三家店之軍械庫。但奉軍勢大，直軍撤退。當晚，直軍退回良鄉，奉軍則回守長辛店。

〔註53〕《奉直戰史（節錄）》，見章伯鋒、李宗一主編：《北洋軍閥》（第四卷），武漢出版社，1990 年，第 106 頁。

〔註54〕徐永昌：《求己齋回憶錄》，中華書局，2016 年，第 90 頁。《奉直戰爭（節錄）》中講到「忽董政國中流彈死，軍心大震，勢將不支」。見奉直戰史（節錄）》，見章伯鋒、李宗一主編：《北洋軍閥》（第四卷），武漢出版社，1990 年，第 106 頁。來新夏在《北洋軍閥史》中講到「由於雙方都集中了大量兵力和火力，因此均損失慘重，直軍旅長董政國、奉軍旅長梁朝棟斃命。」見來新夏等著：《北洋軍閥史》（下），東方出版中心，2016 年，第 714 頁。董政國並不是在此役中陣亡，兩書有誤。董玉義在《董政國傳略》中記載：「4 月，董部擊潰長辛店奉系軍一部，並同右翼軍協力將奉系軍打出山海關。」1947 年董政國病逝於天津。見即墨縣政協文史資料研究委員會：《即墨文史資料》第 4 輯，1988 年，第 36 頁。

〔註55〕《奉直戰史（節錄）》，見章伯鋒、李宗一主編：《北洋軍閥》（第四卷），武漢出版社，1990 年，第 106 頁。

5月1日，兩軍再次交戰，因為彼此之間惡戰，彈藥消耗量巨大，奉軍「子彈不濟，節節推向盧溝橋」。但奉軍又從豐臺抽調援軍，直軍不支，退向琉璃河。孫岳偷襲奉軍不得，再次退守琉璃河西。

5月2日，奉軍改攻為守。「是日，直軍炮兵陣地忽然發展，西至房山縣及南崗窪，列野戰炮十餘門，東則蜿蜒甚遠，在距長辛店東南約三千密達之處，有野戰炮六門。又南方在良鄉有大炮二門，至下午二時，突發炮向長辛店轟擊，所發皆榴霰彈、榴彈，瞄準甚準，均炸裂於長辛店附近，彈傷人馬甚夥。奉軍連日浪費軍火，炮彈垂盡，士卒氣沮，只濫發機關槍以維持其陣線。」〔註56〕因為5月2日，吳佩孚與張學良大戰於固安、霸縣之間，為了牽制奉軍支持以命四個混成旅互為策應進攻永清，為阻止西路奉軍救援張學良所部，故不惜彈藥以大炮連續轟擊奉軍。

5月3日凌晨，直軍偷襲奉軍陣地，奉軍「昧於地勢，節節敗退」。天明南苑奉軍馬隊來援，在奉軍步兵騎兵的協同進攻下，擊退直軍。是日十時，奉軍將炮兵陣地置於長辛店附近高地，以步兵在炮兵陣地前臥俯，直軍在炮彈轟擊下無險可守，奉軍趁勢突破直軍陣地，俘獲一百餘名直軍士兵。

5月4日，「直軍主將吳佩孚臨陣，多有戰略，自知兵數、軍械皆不及奉，故甚恤其軍力之彈藥，每戰必先以少數弱軍嘗試，勝則長驅，敗則以主力繼之」。經過三日的猛攻猛打奉軍的彈藥，東路奉軍彈藥消耗嚴重，而中路和西路奉軍已經潰散。東路奉軍孤軍作戰，士氣低迷。吳佩孚則不用強攻，於4日傍晚派遣一營官兵誘奉軍深入，奉軍不知有詐，追趕包圍一營直軍，而吳佩孚又令一混成旅佔領長辛店西鳳凰山，向奉軍兩翼迂迴包抄，奉軍落入圈套，死傷甚多，奉軍四下潰散。徐永昌所部也開始追擊奉軍，「忽馮煥章處遣一參謀來說，已逢吳命，派其李鳴鐘第二十一旅向京漢線左路增援本路。」〔註57〕徐永昌所部就沿京漢線繼續追擊。馮玉祥部追擊鄒芬第六師至門頭溝，第六師向直軍投降，張景惠所部向豐臺撤退，直軍遂克復長辛店。「（此戰）奉軍失糧食器械七十餘列車，重炮數十尊，機關槍三十餘架，於是奉軍之菁華盡矣。」奉軍對於直軍最大的優勢就是火炮優勢，鄒芬投降之後，奉系的火炮優勢頓時消失。所以在短時間之內奉軍無力進攻。

〔註56〕《奉直戰史（節錄）》，見章伯鋒、李宗一主編：《北洋軍閥》（第四卷），武漢出版社，1990年，第108頁。

〔註57〕徐永昌：《求己齋回憶錄》，中華書局，2016年，第93頁。

　　張作霖逃至灤州，召集殘部，想將灤州作為奉軍在關內的「楔子」。5 月 20 日，直軍攻克灤州。奉系失去關內的最後一個據點，奉軍司令部移駐榆關。〔註58〕6 月 17 日，奉軍代表孫烈臣、張學良與直軍代表王承斌、彭壽莘在秦皇島英艦簽定和約，終結戰事。〔註59〕

　　第一次直奉戰爭雖然直系獲得勝利，但是雙方在戰時的傷亡都很嚴重。奉軍雖然敗北，但其元氣未傷。直軍在奉軍的炮火壓制下一直處於被動挨打的狀態，直軍之所以不敢以重炮回以顏色，一方面出於吳佩孚策略的安排，另一方面則是由於直軍的彈藥儲備不足。

　　奉系撤回東北後，張作霖決心徹底改革，整軍經武，以求雪戰敗之恥。〔註60〕在此同時，直系限於「武器禁運協議」，只能向意大利求購軍械。而在國內兵工廠生產建設上，直系軍一直「安於現狀，不思進取」。雖然中央政權由直系軍閥操縱，但第一次直奉戰爭的「敗軍之將」奉系卻很快發展壯大起來。

〔註58〕來新夏等著：《北洋軍閥史》（下），東方出版中心，2016 年，第 719 頁。
〔註59〕郭廷以：《中華民國史事日誌》，臺北「中央研究院」近代史研究所，1979 年，第 651 頁。
〔註60〕王鐵漢：《東北軍事史略》，中華書局，2016 年，第 138 頁。

第五章　奉系軍事力量崛起

　　奉系軍閥並非出自純正的北洋班底。1912 年張作霖被袁世凱任命為陸軍第二十七師師長，這是張作霖賴以發家的資本。1915 年張作霖支持袁世凱稱帝，被袁世凱封為二等子爵、盛武將軍督理奉天軍務兼奉天巡按使。袁世凱死後，張作霖又被任命為東三省巡閱使領奉天督軍，在名義上控制了東北三省。但張作霖為首的奉系在軍事上崛起，卻是在參與直皖政治鬥爭之後。

一、奉系奪械

　　1917 年底，段祺瑞因「武力統一」政策受挫，被迫下野。段祺瑞的親信徐樹錚為了使反對皖系「武力統一」政策的大總統馮國璋妥協，秘密聯絡張作霖演出了一場入關劫奪軍械的大戲，奉系藉此時機開始崛起。

　　對於劫奪軍械一事，徐樹錚早有籌劃。1918 年 1 月 28 日，徐樹錚即致電張作霖：

> 　　雲沛兄（曾毓雋）歸，歷述吾兄籌計情形，激佩無量。以我國地大物博，使任國事之人能得一二熱誠勇毅如我兄者，安能積弱至今之甚乎。芝老（段祺瑞）聞及，諸深贊慰，尤喜性情真摯，能沆瀣相得之尚有人也。日械漾日（23 日）開船者已有電，約二月三日到秦皇島。沁日（27 日）開者何日到，電尚未來。軍部接收員已布置妥善，第可如意指揮，仍盼鄰葛（楊宇霆）早日來京，接洽一切。河間（馮國璋）今日由津赴濟，據聞一二日可回，並聞。〔註1〕

〔註 1〕中國社會科學院近代史研究所《近代史資料》編譯室主編：《徐樹錚電稿》，知識產權出版社，2013 年，第 9 頁。

　　徐樹錚派曾毓雋赴東北與張作霖聯絡劫奪軍械，對於此事，段祺瑞不僅知曉，還對張作霖大加讚賞。〔註2〕徐樹錚與日方串通一氣，因此日本軍械運入日期其早已獲悉。2月23日，張作霖率奉軍入關順利劫奪秦皇島所運日本軍械。徐樹錚很是欣喜地告訴倪嗣沖：「擬截各械完全到手，奉軍已開一旅駐灤州。」〔註3〕

　　關於這批軍火的來源，日本泰平公司要求徐樹錚先付給陝西購買軍械款項的電報可以說明該批日械的售出公司是日本泰平公司無疑。〔註4〕

　　這次奉系劫奪軍械數量，「計約有快槍三萬支，子彈六十五萬發，機關槍50挺，還有一部分大炮與小炮。」〔註5〕奉軍先後一共劫奪的日械達三次之

<hr>

〔註2〕對於段祺瑞是否知曉劫奪日械一事，曾毓雋在《憶語隨筆》中說：「此謀徐事前未向段請示」，並說此批軍械是馮國璋所購。見中國人民政治協商會議全國委員會文史和學習委員會編：《文史資料選輯（合訂本）》（第14卷），中國文史出版社，2011年，第192頁。張國淦在《中華民國內閣篇》一文中轉引曾毓雋的話說：「此次截奪軍械，係段老總與日本訂軍械借款契約。……最多的一批軍械，是配備十二旅。此時總統為馮國璋，總理為王士珍，政府包括直系很大勢力，勢將撥給直系軍隊。我們便想截奪這批軍械，歸到我們手裏。而徐樹錚等沒有這力量，因此想利用奉軍。」見中國社會科學院近代史研究所近代史資料編輯組編：《近代史資料》（總第40號），中華書局，1979年，第200頁。曾毓雋前後說法大相徑庭。但是根據曾毓雋自東北與張作霖聯絡截械回到北京後給張作霖的電報稱：「本晚歸京，當將歷談各情詳陳。……馮某（馮德麟）事經芝老（段祺瑞）允面屬香公（段芝貴）閣置」。見中國社會科學院近代史研究所《近代史資料》編譯室主編：《徐樹錚電稿》，知識產權出版社，2013年，第9頁。由此可知，曾毓雋對段祺瑞講了東北與張作霖會晤一事，並對張作霖提出「釋放馮德麟」的條件給予了回應。可見段祺瑞與聞劫奪日械一事。至於這批軍械的用途，西原龜三的說法更有說服力，西原龜三說道：「馮總統為了掌握這支以日本武器供給的武器建立起來的新式軍隊，竟把為率這支新軍而派往日本考察的靳雲鵬、曲同豐等罷黜。……遂由徐樹錚策劃，企圖奪取日本軍械。」見王芸生：《六十年來中國與日本》（第7卷），三聯書店，1981年，第219頁。可見這筆軍械是皖系購買來準備編練參戰軍的。

〔註3〕中國社會科學院近代史研究所《近代史資料》編譯室主編：《徐樹錚電稿》，知識產權出版社，2013年，第15頁。

〔註4〕中國社會科學院近代史研究所《近代史資料》編譯室主編：《徐樹錚電稿》，知識產權出版社，2013年，第16頁。

〔註5〕《晨鐘報》，1918年3月6日。荊有岩在《奉系軍事集團的形成與發展》一文中講到：「（張景惠）將日本政府根據中日軍械借款協定，運給中國的第一批步槍2700餘支劫走，返回奉天。」見中國人民政治協商會議全國委員會文史資料委員會編：《中華文史資料文庫》第一卷，文史出版社，1996年，第833頁。可見荊有岩認為該筆軍械是中日軍械借款協定中的一部分。

多，具體數量則不得而知。但是從後來西北邊防軍和奉軍編練新軍的情況來看，這批軍械數量不在少數，而如此大規模的軍械購入只有中央政府才有資金（借款）負擔得起。

此外，1917 年 12 月 30 日，陸軍部還與日本泰平公司簽訂有另一筆軍械合同。雖然未明確交貨時間，但交貨地點卻規定是「塘沽碼頭或秦皇島碼頭」。〔註6〕在徐樹錚的積極運作下，該批軍械沒有受之前截械風波的影響，繼續在「塘沽碼頭或秦皇島碼頭」交貨。〔註7〕

基於以上幾點，基本可以判斷該批軍械應是段祺瑞政府第一次軍械借款的一部分，這也印證了荊有岩所說的這筆軍械是「日本政府根據中日軍械借款協定」售予中國的說法。〔註8〕

劫奪軍火後，對於武器如何分配使用，徐樹錚對時任陸軍總長段芝貴說道：「……至軍械一節，竊謂督辦處甫經著手，待用之期尚遠，與其運京閒置，或更撥給王（王汝賢）、范（范國璋）等類無恥軍隊，潰棄資寇，誠不如留奉編練，視機調用之。」〔註9〕日本政府售給中國是出於編練參戰軍的考慮，所以徐樹錚才說「督辦處甫經著手，待用之期尚遠。」編練參戰軍還為時尚早，徐樹錚就自作主張將這批日本軍械給予奉系。

秦皇島、塘沽截械，為奉軍的擴編提供了必要的條件。張作霖運用這些軍械先後編成了七個混成旅：暫編第一混成旅，旅長鄒芬；暫編第二混成旅，旅長闞朝璽；暫編第三混成旅，旅長梁朝棟；暫編第四混成旅，旅長鄭殿升；暫編第五混成旅，旅長蔡平本；暫編第六混成旅，旅長王良臣；暫編第七混成旅，旅長劉香九。〔註10〕這七個混成旅除劉香九旅留駐奉省東邊道，其他各旅都開

〔註6〕《陸軍部向泰平公司購買械彈器具等合同》（1917 年 12 月 30 日），見《中國近代兵器工業》編委會：《中國近代兵器工業檔案史料》（二），兵器工業出版社，1993 年，第 491 頁。

〔註7〕徐樹錚 3 月 11 日，在第三批日械即將運抵交貨時，讓曹汝霖叮囑日本駐華使館武官齋藤季治郎「此械務請仍在塘沽或秦皇島卸船，第當由奉軍派員往扣，以資應用。」見中國社會科學院近代史研究所《近代史資料》編譯室主編：《徐樹錚電稿》，知識產權出版社，2013 年，第 35 頁。

〔註8〕荊有岩：《奉系軍事集團的形成與發展》，見中國人民政治協商會議全國委員會文史資料委員會編：《中華文史資料文庫》第一卷，文史出版社，1996 年，第 833 頁。

〔註9〕中國社會科學院近代史研究所《近代史資料》編譯室主編：《徐樹錚電稿》，知識產權出版社，2013 年，第 16 頁。

〔註10〕郝秉讓：《奉系軍事》，遼海出版社，2000 年，第 19 頁。

進關內，張作霖在軍糧城設立關內奉軍總司令部，以徐樹錚為副總司令，代行其事。

張作霖為「投桃報李」，命令奉軍三個混成旅和二十七、二十八、二十九師抽調的 2 旅 1 團，大約 5 萬人，開赴湖南參加「援湘之役」。做皖系馬前卒，張作霖心中並不十分情願。恰在此時徐樹錚以奉軍名義代領軍費 515 萬元，奉軍實收 180 萬元，此事更讓張作霖與徐樹錚之間心生隔閡。徐樹錚也於 1918 年 9 月 10 日辭去了奉軍副總司令職務，1919 年 2 月，南北議和，奉軍又陸續開回東北及冀東、馬廠等處。

1920 年，直皖戰爭爆發，張作霖出兵援直，皖系敗北潰散。奉軍趁勢收繳皖系軍事裝備，所獲頗豐。西北邊防軍第一師第一團李景林部是皖軍精銳，被奉軍接收改編，鄒作華的野炮營、陳琛的重炮營、蔣斌的無線電隊也相繼為奉軍改編。〔註 11〕除此之外，在北京南苑附近的奉軍張景惠部繳獲了大威梅單翼 360 馬力×2 馬力（雙發動機）運輸機 4 架，小威梅單翼 360 馬力偵查教練機 4 架，克虜伯 150 毫米榴彈炮 6 門。但是對於繳獲皖軍武器裝備，直奉雙方多有齟齬。郭廷以對此評論道：「兵與槍為軍閥的命脈，權利與地盤是他們爭奪的目標。段軍敗後，直軍、奉軍爭相收繳段軍的兵與槍。戰勝段軍以直軍之功為大，奉軍因利乘便，將段軍槍炮捆載而去，直軍至為不平，此為直奉交惡之始。」〔註 12〕

直皖戰爭後雖然直系開始操控北京政權，但是奉系卻在「鷸蚌相爭」中先後獲得了日本供給皖系軍械中的大多數，實力再度提升。

1921 年，張作霖又利用所得武器，將皖系殘兵擴編成四個混成旅：暫編奉軍第六混成旅，旅長鮑德山；奉軍第七混成旅，旅長李景林；奉軍第三混成旅，旅長張學良；奉軍第八混成旅，旅長郭松齡。這幾個旅的軍官大多來自西北軍和國防軍，軍官的軍事素質較高，而且配備的武器也沿用了日械，比如鄒作華的野炮營和陳琛的重炮營分別被編入了第三旅和第八旅。對於鄒作華加入第三旅，張學良在晚年回憶錄中依然對此嘖嘖稱讚。張學良認為奉軍之所以戰力強，是因為奉軍炮兵訓練有素，鄒作華對此居功至偉。〔註 13〕

〔註11〕 荊有岩：《奉系軍事集團的形成與發展》，見中國人民政治協商會議全國委員會文史資料委員會編：《中華文史資料文庫》第一卷，文史出版社，1996 年，第 837 頁。

〔註12〕 郭廷以：《近代中國史綱》，中華書局，2018 年，第 365 頁。

〔註13〕 張學良口述，唐德剛撰寫：《張學良口述歷史》，山西人民出版社，2013 年，第 51 頁。

除了劫奪日械和繳獲皖系軍械之外，奉系獲得的最大的一筆軍火是日軍自西伯利亞撤退時售賣給奉軍多達六萬支步槍。〔註 14〕但這一數據記載只是情報，具體的數量沒有其他材料佐證。

1922 年，因吳佩孚逼迫奉系扶持的國務總理梁士詒下臺，直奉兩軍最後以兵戎相見，爆發第一次直奉戰爭。由於奉軍在軍事戰術和整體人員素質上，尚較直軍落後，從而被直軍從中、西、東三路各個擊破，無奈退守關內。在總結這次軍事失敗的緣由時，王永江認為：

> 此次最誤事者，為騎兵集團。許司令（許蘭洲）本不長於騎兵，亦不諳騎兵之作用，而其所用之常參謀長（常蔭槐），亦係不曉軍務之人，且於總部計劃亦不明了故。總部計劃騎兵必須集團者，其目的在繞出敵軍戰線，或擾其側面，或擾其後路。今許司令乃用為正面作戰，大城白羊橋一役，直將騎兵作成無用之物，與原計劃全相違背，豈不惜哉！〔註15〕

張學良認為第一次直奉戰爭失敗的原因是「軍隊不太行」。〔註16〕在奉軍內部看來，高級將領的指揮失當和兵員素質較差是戰爭失敗的主要原因，奉軍軍事改革呼之欲出。

二、軍事改革與第二次直奉戰爭

（一）部隊整編

1922 年 7 月 24 日，奉軍成立東三省陸軍整理處，孫烈臣任統監，張作相、姜登選任副統監，張學良任參謀長。整理處的主要職責是負責奉軍部隊的整編和人事部署、任免，是奉軍訓練和人事調動的最高機構，也成為推動奉系軍事改革最重要的機構。事實上，孫烈臣與張作相只是掛名，行政事務由姜登選負責，具體訓練事宜則由張學良承擔。郝秉讓認為：「整理處的建立增加了促進奉系軍事近代化的職能，它和東三省保安司令部及其附屬教育機構東三省陸軍講武堂、後勤機構東三省陸軍兵工廠、陸軍糧秣廠、陸軍被服廠等，使

〔註14〕F.O.228/3106, pp.66, 114, 166. 轉引自陳存恭：《民初陸軍軍火之輸入》，《中央研究院近代史研究所集刊》第 6 期，1974 年，第 279 頁。

〔註15〕遼寧省檔案館編：《奉系軍閥密信》，中華書局，1985 年，第 26 頁。

〔註16〕張學良口述，唐德剛撰寫：《張學良口述歷史》，山西人民出版社，2013 年，第 53 頁。

奉系的軍事管理機構空前完善，符合近代化軍事管理的需要。」〔註 17〕

奉系的軍事改革從陸軍人事任免開始推進。張作霖對於第一次直奉戰爭中貽誤軍機的奉軍將領，絲毫不留情，下令槍決了第六混成旅旅長鮑德山，第二十七師一〇六團團長閻玉成，第十混成旅一團團長徐益三等人，並將汲金純、鄭殿升、牛永福、朱硯長、朱益清、張九卿等高級軍官全部免職或作了調動，代之以軍事院校畢業的青年軍官。

1923 年 1 月，對於東三省炮兵改革，時任東三省兵工廠處長楊毓珣直言不諱地對楊宇霆說：

> 查整理處從成立以來，除交通一項，能有積極發展以外，其他軍學處，於全軍教育，關係極重，至今成績何在？毓珣實不敢言，亦不忍言耳。再以炮兵而言，三省現有之炮兵，若圖整理，非先從編併入手不可。查東三省炮兵（除重炮一營外），係以十九個單位，分屬野炮四種，共約一百零六門；山炮五種，共約一百七十門。而各炮之中，炮種又不一致。夫以一種之炮，合而編之，則為有利，分而散之，不獨其利盡失，害且隨之。數種之炮，各從其類，分別編制，則必能各盡其長；若混而屬之於一單位內，適得其反。今我三省之炮兵建制，竟舍利趨害，棄長就短。此真為毓珣大惑不解者也。
>
> ……至於將來新輸入之武器，鈞座處置時，務以從根本著手不可。因現有軍隊，多半素質太壞，不堪造就。若以新武器仍操之於不善使用之手，則無異於舊者之價值相同耳。更以炮兵而言，我三省既為統一之軍政，炮兵實有獨立之必要。在平時，或用集團名義，或用旅之編制，均與教育有無尚之價值。至戰時，視當時戰況而適當配屬於必要之部隊，亦極有力耳。毓珣久欲條陳意見，因鑒於前次工兵教育之前車，故不敢妄加議論。惟思鈞座非其他者可比，故敢冒昧上陳，是否有當，尚求鈞哉。
>
> 再，以上係毓珣經三次之校閱，目睹實況如此，並非空言也。
>
> 〔註 18〕

〔註 17〕郝秉讓：《奉系軍事》，遼海出版社，2000 年，第 36 頁。
〔註 18〕遼寧省檔案館編：《奉系軍閥密信》，中華書局，1985 年，第 52 頁。

對於炮兵軍事改革的方向，楊毓珣剴切陳言，認為奉軍炮兵的發展方向是集團化成為獨立兵種，這種發展思路是符合世界炮兵編制管理趨勢的。〔註19〕但是奉軍畢竟火炮有限，直接組織炮兵旅恐不現實，於是退而求其次，將火炮集中擴編為炮兵團。對於兵源素質，楊毓珣也提出要更加嚴格挑選新兵，淘汰素質不堪造就的士兵。

奉軍又將全部軍隊整編為陸軍二十七個旅，騎兵五個旅，每旅以三個團為標準，師屬的團，均用統一番號。〔註20〕對軍隊整編最典型的是張學良、郭松齡的三、八旅。這兩個旅在整軍中將部隊番號改為二、六旅，擴大兵制，增補兵額；野炮、重炮均由營擴編為團，工、輜皆由連擴為營。〔註21〕1924年春，吉林督軍孫烈臣病故，第二十七師師長張作相出任吉林督軍，張學良接替張作相出任第二十七師師長。

除了整編陸軍之外，奉軍還積極發展海軍和空軍。海軍購買了兩艘商船和一艘破冰船並將其改為軍艦。空軍到了1924年總共購買了各類飛機總共一百二十多架，成立了「飛虎」、「飛龍」、「飛鷹」、「飛豹」四個大隊。〔註22〕其中飛虎隊的成員大多由白俄士兵組成。〔註23〕總體而言，空軍還是陸軍的附庸，並沒有獨立成為一個軍種。

（二）武器購買與兵工發展

此一時期，雖然奉系軍閥也受到「武器禁運協議」的影響，對外購買軍械困難，但是仍然積極設法通過各種渠道購買武器。

有情報指出：「僅1923年奉軍兩次就從日本購買23,000支（三八式步槍）。」〔註24〕這件事的起因是張作霖派張宗昌赴海參崴，與日本人及白俄狄

〔註19〕1918年，美軍軍級炮兵和集團軍炮兵採用旅級編制，軍級炮兵旅通常轄兩個炮團。見郭慧志：《鋒從磨礪出——美國陸軍戰術體制的發展歷程》，航空工業出版社，2014年，第83頁。

〔註20〕王鐵漢：《東北軍事史略》，中華書局，2016年，第138頁。

〔註21〕荊有岩：《奉系軍事集團的形成與發展》，見中國人民政治協商會議全國委員會文史資料委員會編：《中華文史資料文庫》第一卷，文史出版社，1996年，第841頁。

〔註22〕王鐵漢：《東北軍事史略》，中華書局，2016年，第141頁。

〔註23〕湯國楨：《張作霖二三事》，見中國人民政治協商會議天津市委員會文史資料研究委員會編：《天津文史資料選輯》第33輯，天津人民出版社，1985年，第116頁。

〔註24〕郝秉讓：《奉系軍事》，遼海出版社，2000年，第99頁。

特里志斯政府訂立軍事密約，並藉此向日本人購買軍械。〔註25〕北京政府向日本提出抗議，日本政府否認有這批軍火交易。〔註26〕因為當時中國處於「武器禁運協議」的範圍內，日本明目張膽地向中國輸入大宗軍械可能性不大。陳存恭也認為，這一時期日本向奉軍輸入的軍火不多，一是因為日本擔心奉軍坐大，二是因為張作霖也不想太依靠日本。〔註27〕所以向日本大量購買軍械的說法可信度不高。真正賣給奉軍軍火的不是日本，而是白俄「捷克軍團」。佔據海參崴的「捷克兵團」被布爾什維克打擊，退出海參崴後，無奈之下與奉軍談判售出軍火。〔註28〕張作霖最後購買了至少三萬支步槍、炮彈 626 箱，炸彈 209 箱計 5,016 枚，電線等物品 200 箱，飛機一架。〔註29〕可能其中有日本人從中聯絡，所以有了向日本購入軍械的傳聞。

　　此次白俄軍械售出案中涉及的步槍大多是莫辛─納甘步槍。〔註30〕張宗昌部在海參崴也曾購買白俄的武器裝備，「計有水連珠七七步槍六千餘支，機關槍四十八挺，七七山、陸炮十三門，此外還有槍、炮彈藥、炸菊、炸彈、通信器材等等。」〔註31〕水連珠七七步槍就是俄羅斯莫辛─納甘步槍。第一次世界大戰期間，俄國兵工廠的生產能力無法滿足前線部隊對步槍的需要，所以俄國將生產莫辛─納甘步槍的生產訂單交給美國雷明頓公司和英格蘭威斯汀豪斯公司。兩家公司生產了 150 萬支莫辛─納甘步槍，其中有大約有 30 萬支留

〔註25〕郭廷以：《中華民國史事日誌》（第 1 冊），臺北「中央研究院」近代史研究所，1979 年，第 671 頁。

〔註26〕石源華主編：《中華民國外交史辭典》，上海古籍出版社，1996 年，第 518 頁。

〔註27〕陳存恭：《列強對中國的軍火禁運（民國八年──十八年）》，臺北「中央研究院」近代史研究所，1983，第 198 頁。

〔註28〕《甲子內亂始末紀實》中記載，1923 奉系年曾從美國劉明頓公司訂購俄國 1918 年式步槍 31,000 支。見古蔣生：《甲子內亂始末紀實》，榮孟源、章伯鋒主編：《近代稗海》（第 5 輯），四川人民出版社，1985 年，第 206 頁。這可能和「海參崴軍械案」指的是同一件事情。

〔註29〕Wilkinson to Alston, F.O.228/3106, Shenyang, 9 September, 1922. 轉引自 Anthony B.Chan, Arming the Chinese, Vancouver, university of british columbia press, 1979, p77.

〔註30〕《二戰軍士裝備》在介紹莫辛-納甘步槍時說道：「十月革命之後，大量的白俄帶著莫辛-納甘步槍擁入中國，軍閥張作霖獲得的莫辛─納甘步槍足夠裝備幾個步兵師，軍閥張宗昌甚至組建了一個裝備莫辛-納甘步槍的白俄騎兵軍。」見王法編：《二戰軍士裝備》，哈爾濱出版社，2015 年，第 50 頁。

〔註31〕張恒珍、徐大同、張進修：《我們所知道的張宗昌》，見中國人民政治協商會議山東省文史資料研究委員會編：《文史資料選輯》，1965 年，第 18 頁。

作美國軍隊訓練用槍。該槍的正式型號為莫辛─納甘 M1891 雷明頓步槍，該槍的基本數據是：全槍重（不含刺刀）4.4 千克，槍管長度為 80 釐米，口徑為 7.62 毫米。〔註 32〕莫辛─納甘步槍是用俄制標準彈 7.62mm×54r，在中國尚未有兵工廠生產該型彈藥，所以子彈供給問題是其主要瓶頸。

奉系最大的軍火供給來源於德國。根據《凡爾賽和約》，德國本不能製造武器，更不能將武器輸出。但是《凡爾賽和約》同樣規定漢堡為自由港，德國政府無權干涉漢堡港內任何貨物（包括軍火）的輸出，而且因為德國在華失去治外法權，德國駐華公使無法控制德國商人的個人貿易行為，〔註 33〕所以在一戰後，德國對華的軍火貿易逐年攀升，而這些軍火大多數都賣給了奉系軍隊。〔註 34〕據 1922 年京師憲兵司令部向北京政府報告：「探聞奉張現由德國購買射擊飛機炮及毒瓦斯炮各數尊」。〔註 35〕1924～1925 年間，奉系還通過德國商人路德維希・賓（Ludwig Bing）購買了步槍 8.1 萬支，其中有 4.6 萬支步槍係日本製造，其餘則為俄國製造，其中包括子彈四千萬發。〔註 36〕

雖然受到武器禁運的限制，但是奉軍卻通過各種渠道，購買軍械，擴張武裝，與控制北京政府的直系軍閥相比，奉系在武器購買方面反而顯得更為靈活，也沒有外交交涉的負擔。

奉系的武器購買來源雖然比直系多，但畢竟有武器禁運協定限制，購買軍火總不能稱心如意，於是奉系開始在「軍火禁運協定」之外打擦邊球，集中購買兵工生產機器，發展自身的兵工企業。奉天兵工廠 1919 年籌建新廠，1921 年正式建成，定名為「東三省兵工廠」，參照部定兵工廠條例，置總辦一人，由陶冶平擔任。全廠分為無煙藥、槍彈、炮彈三個廠。1922 年 7 月，又建新槍彈廠，專造 6.5 毫米槍彈。兵工廠所需機器均購自文德公司。

〔註 32〕〔英〕克里斯・麥克納博主編，唐仲明譯：《槍──視覺歷史》，山東美術出版社，2012 年，第 187 頁。

〔註 33〕陳存恭：《列強對中國的軍火禁運（民國八年──十八年）》，臺北「中央研究院」近代史研究所，1983，第 143 頁。

〔註 34〕Anthony B.Chan, Arming the Chinese, Vancouver, university of british columbia press, 1979, p84.

〔註 35〕《京師憲兵司令部關於奉天張作霖由德國購買軍火並督飭該省兵工廠趕造軍火致參陸辦公處報告》（1922 年 6 月 12 日），第二歷史檔案館，《北京政府檔案・參陸辦公處》。

〔註 36〕Wikkinson to Macleay, F.O.228/3111, Shenyang, 5 November 1925. 轉引自 Anthony B.Chan, Arming the Chinese, Vancouver, university of british columbia press, 1979, p84.

1921 年丹麥文德公司（Nislsen and Winter）與張作霖再次達成協議，為東三省兵工廠提供車床、抽水機以及製造野炮和小型航空炸彈所需的機器，總價值高達 300 萬美元。1922 年這批機械到達營口，英美曾對此提出抗議。但是丹麥以英美在太原、廣州等處曾有過類似的交易為由，拒絕干涉此項機器出售案。〔註37〕

1923 年，陶冶平去職，韓麟春出任總辦。東三省兵工廠又從日本購買機器，並聘請日方人員來廠擔任設計指導工作。〔註38〕後又與德國一家公司簽訂價值 18 萬美元的合同，為東三省兵工廠增設了供熱廠。〔註39〕大量新機器的購入，使得東三省兵工廠進入發展的快車道。2 月，東三省兵工廠新建發電廠，保障全廠的電力供應。與此同時，還擴充了無煙藥廠，增設一座新炮彈廠和 7.9 毫米步槍彈廠。

東三省兵工廠在 1923 年之前一直仿製日本三八式步槍，但是日本三八式步槍在 150 米以外殺傷力較小，所以東三省兵工廠開始仿製捷克式七九步槍，並命名為民 13 年式七九步槍。為了適應中國北方沙塵多的特點，韓麟春在槍上加了防塵蓋，故又被稱作「韓式七九步槍」。到 1924 年該種槍可以月產 400 支。重機槍生產則是仿製日本三年式重機槍，製成民 13 年式重機槍，月產量最高時達到 100 挺。〔註40〕該廠生產步槍彈分為 6.5 毫米和 7.9 毫米。自 1922

〔註37〕 Anthony B.Chan, Arming the Chinese, Vancouver，university of british columbia press, 1979, p89. 關於「Nislsen and Winter」的譯法，在北京外交部的公函中譯為文德公司，見《鞏縣兵工廠訂購丹國文德公司機件鋼料請商英政府准運由》，臺北「中央研究院」近代史研究所檔案館藏，館藏號：03-18-008-01-012. 沈自敏譯為「尼爾森、溫斯特」恐不確。見〔加〕陳安東著，沈自敏譯：《軍閥與西方國家的軍火貿易》，《近代史資料》總 74 號，1989 年，第 213 頁。

〔註38〕 陳修和：《奉張時期和日偽時期的東北兵工廠》。見中國人民政治協商會議全國委員會文史資料研究委員會編：《文史資料選輯》第七卷第 25 輯，中華書局，1962 年，第 151 頁。但是對於東三省兵工廠購買日本製槍機器一事尚不能找到官方的文件。

〔註39〕 Wikkinson to Macleay, F.O.228/3108, Shenyang, 11 december 1923. 轉引自 Anthony B.Chan, Arming the Chinese, Vancouver, university of british columbia press, 1979, p84.

〔註40〕 沈振榮：《東三省兵工廠》，見中國人民政治協商會議遼寧省委員會文史資料研究委員會編：《遼寧文史資料》第 8 輯，1984 年，第 54 頁。《中國近代兵器工業》一書指出，東三省兵工廠生產民 13 年式重機槍至「九一八」事變前共造 100 挺。見《中國近代兵器工業》編審委員會：《中國近代兵器工業》，國防工業出版社，1998 年，第 178 頁。陳修和在民 13 年式重機槍的「附注」中表

年 7 月引入日本 6.5 毫米子彈生產成套設備，可以日產子彈 100,000 發，1923
年末 7.9 毫米子彈日產量也也達到了 100,000 發。

　　東三省兵工廠生產的大炮種類較多，包括日式 37 毫米平射炮，各種型號
的 75 毫米山野炮，日式 105 毫米加農炮，日式 150 毫米榴彈炮。炮彈廠負責
生產的炮彈有：13 年式及克虜伯式 75 毫米山野炮鋼性銑榴彈，150 毫米榴彈
炮鋼性銑榴彈及穿甲彈，75 毫米山野炮榴霰彈燃燒彈，105 毫米加農炮鋼性銑
榴彈。〔註 41〕

奉軍裝備的 150 毫米大口徑火炮

圖片來自駱藝、黃柳青編：《軍閥之國——從晚清到民國時期的中國軍閥影像集（1911
～1930）》，人民日報出版社，2015 年。

　　除了東三省兵工廠外，張作霖還延聘英國技師沙敦負責奉天迫擊炮廠的
設計和生產工作。從 1922 年開始，該廠開始仿製英國斯托克斯式迫擊炮，包
括 82 毫米口徑和 150 毫米口徑兩種。奉軍各部隊都配有迫擊炮，大約一個步
兵旅或一個步兵師編有一個迫擊炮營，迫擊炮營編有輕、重迫擊炮各一連，所
使用的迫擊炮多係奉天迫擊炮廠生產。〔註 42〕

　　　　明：100 挺為每月最高產量。見陳修和：《奉張時期和日偽時期的東北兵工廠》，
　　　　中國人民政治協商會議全國委員會文史資料研究委員會編：《文史資料選輯》
　　　　第七卷第 25 輯，中華書局，1962 年，第 151 頁。綜上，《中國近代兵器工業》
　　　　一書對於民 13 年式重機槍產量的記述可能有誤。
〔註 41〕沈振榮：《東三省兵工廠》，見中國人民政治協商會議遼寧省委員會文史資料
　　　　研究委員會編：《遼寧文史資料》第 8 輯，1984 年，第 54 頁。
〔註 42〕郝秉讓：《奉系軍事》，遼海出版社，2000 年，第 104 頁。

奉軍裝備的大口徑迫擊炮

圖片來自駱藝、黃柳青編：《軍閥之國——從晚清到民國時期的中國軍閥影像集（1911 ～1930）》，人民日報出版社，2015 年。

第一次直奉戰爭後，奉軍從整編軍隊、購買外械、發展兵工廠三個方面積極推進軍事改革，奉系軍事實力得到極大的提升。奉軍內部的青壯年軍官成為中堅力量，軍事素質不佳的士兵也被逐漸淘汰。同時積極發展兵器工業，重用外籍技術人員，逐漸使奉系軍事裝備生產水平和數量穩步提高。

（三）第二次直奉戰爭

第一次直奉戰爭之後，張作霖除了積極整軍經武之外，還與皖系軍閥勢力和孫中山領導的國民黨建立了「三角同盟」。這一政治軍事性同盟，將中央政府之外以反直為宗旨的軍事勢力結合在一起。

1924 年春，閩軍臧致平、楊化昭所部因為反對直系控制福建而在廈門宣布獨立，隨即直軍招致孫傳芳、周蔭人等部的絞殺。雖然閩軍佔有地勢之利，但是該部子彈炮彈兩缺，士兵只能和直軍進行白刃戰。〔註43〕閩軍於 4 月 15 日被迫退出廈門，轉戰粵、贛邊界一帶，最後退往浙江，投靠了皖系軍閥盧永祥。盧永祥接納閩軍，將其編為浙江邊防軍。此舉打破了南方各省的軍事平衡，引起直系軍閥齊燮元的不滿，隨後齊燮元聯合蘇、皖、贛、閩四省圖浙。江浙戰爭爆發。

1924 年 8 月 27 日吳佩孚下令調集河南、山東、湖北等省軍隊援助齊燮元。〔註44〕直系來勢洶洶，盧永祥則寸步不讓，以「三角同盟」為奧援，對抗

〔註43〕 佚名：《閩浙陣中日記》，見榮孟源、章伯鋒主編：《近代稗海》（第六輯），四川人民出版社，1987 年，第 493 頁。

〔註44〕 《吳佩孚關於調遣豫魯鄂等省軍隊援蘇與陸錦等往來密電》（1924 年 8 月 27 日～30 日），見《中華民國檔案史料彙編·第三輯·軍事》（3），中國第二歷

直系的進攻。9 月 4 日張作霖通電表示將會援助盧永祥。〔註45〕9 月 15 日下令奉軍分六路進軍關內，其戰鬥序列是：

作戰單位	番　號	作戰任務
第三軍（張學良、郭松齡）	第二混成旅（溫瓚玉）	第一、第三軍組成聯軍司令部，擔任山海關正面至九門口以北之線的進攻和防守任務。該聯軍配屬空軍兩個隊。
	第六混成旅（宋九齡）	
	第二十七師（張學良）	
第一軍（姜登選、韓麟春）	第四混成旅（裴春生）	
	第十二混成旅（趙恩臻）	
	第十六混成旅（齊恩銘）	
第四軍（張作相、汲金純）	吉林第一師（張作相）	配屬第一、三軍，駐興城、綏中一帶為預備隊。
	第十旅（李杜）	
	第二十六旅（李桂林）	
	第二十八師 1 旅（汲金純）	
第二軍（李景林、張宗昌）	第一師（李景林）	進攻熱河南路，由朝陽至凌源與綏中互相策應，襲擊平泉，扼守喜峰口。
	第三混成旅（張宗昌）	
第五軍（吳俊升、闞朝璽）	第二十九師（吳俊升）	進攻熱河北路，由西喇木倫河東岸進軍開魯、赤峰之線，出承德，兼向熱河出擊，連接平泉。
	第十七混成旅（張明九）	
	第一混成旅（闞朝璽）	
第六軍（許蘭洲、吳光新）	轄穆春、於芷山、王永清 3 個騎兵旅	協助第二、五軍，進朝陽、赤峰之線，出建平、平泉之線

資料來源：郝秉讓：《奉系軍事》，遼海出版社，2000 年，第 224～225 頁。

　　奉軍此次入關作戰的部署明確，攻守兼備。直軍則派出三路大軍迎敵。「吳佩孚本人出任『討逆軍』總司令。彭壽莘為第一軍總司令兼第一路司令，副司令則為馮玉榮；以第一軍副司令王維誠為第二路司令，葛樹屏為副司令；以第一軍副司令董政國為第三路司令，時全勝為副司令。官兵約四萬人，安排在山海關一線。第二軍以王懷慶為總司令，朱振標為副司令，前敵指揮為劉富有、

　　　　史檔案館，1994 年，第 188 頁。
〔註45〕郭廷以：《中華民國史事日誌》（第 1 冊），臺北「中央研究院」近代史研究所，
　　　　1979 年，第 819 頁。

龔漢治，該軍擔任朝陽方面作戰任務。第三軍以馮玉祥為總司令，第一路司令為張之江，第二路司令為李鳴鐘，與奉軍闞朝璽、穆春部對陣。」〔註46〕直軍的具體戰鬥序列是：

作戰單位	番　　號	作戰任務
第一軍（彭壽莘）	第三師（吳佩孚）	第十五師，指定到山海關佔領陣地
	第九師（董政國）	
	第十四師（靳雲鶚）	第十三混成旅，指定到九門口佔領陣地
	第十五師（彭壽莘）	
	第二十三師（王維城）	第二十三師，指定出界嶺口，經乾溝向綏中前進，由吳佩孚直接指揮
	第二十四師（楊清臣）	
	第一混成旅（潘鴻鈞）	十二混成旅，指定出界嶺口，在乾溝和九門口中間地區前進，由吳佩孚直接指揮。
	第十二混成旅（葛樹屛）	
	第十三混成旅（馮玉榮）	第九師，指定出冷口，經凌源向朝陽前進，由吳佩孚直接指揮。
	第十四混成旅（時全勝）	
	河南第二十六軍（實有1師）	第十四混成旅，指定出冷口，在凌源和乾溝中間地區前進，由吳佩孚直接指揮。
	第一旅（程希聖）	
	第二旅	
第二軍（王懷慶）	第十三師（劉金標）	出喜峰口，經平泉、凌源向朝陽前進。
	陝軍第一師（胡景翼）	（胡景翼師人兩三萬，槍僅一萬餘）
	毅軍（米振標）	
	第二十六旅（劉富有）	
第三軍（馮玉祥）	第十一師及其附屬部隊（馮玉祥）	出古北口，經由灤平、承德、赤峰、開魯向東三省腹地前進

資料來源：李藻麟：《我的北洋軍旅生涯》，團結出版社，2017年，第29頁。

　　直軍的作戰方略是，在山海關一線牽制奉軍主力，然後以勁旅由海軍掩護自海上迂迴，在綏中、葫蘆島一帶登陸前後夾擊奉軍。〔註47〕為了防止直軍登陸綏中、葫蘆島一帶，張作相所率的第四軍作為奉軍預備隊，駐守綏中。

　　9月12日，直軍得到情報說：「奉方計劃三路攻熱：（一）由榆關。（二）取朝陽。（三）犯開魯、新立屯及錦、義等縣。」9月15日奉軍李景林部率

〔註46〕郝秉讓：《奉系軍事》，遼海出版社，2000年，第225～226頁；《中華民國檔案史料彙編·第三輯·軍事》(3)，中國第二歷史檔案館，1994年，第256頁。
〔註47〕李藻麟：《我的北洋軍旅生涯》，團結出版社，2017年，第45頁。

先向朝陽駐守直軍發起進攻。經過幾番激戰，奉軍於 9 月 23 日佔領朝陽。此戰奉軍殲滅直軍五百人，俘虜三百人，奪獲野戰炮六尊，機關槍八挺，步槍兩千支。直軍向凌源方向退卻。〔註48〕劉富有總結朝陽失守的原因時認為兵力懸殊和防線過長，兵力配置不均，加之「各路援軍，觀望徘徊，屢催不到」終導致了朝陽失守。〔註49〕李景林部佔領朝陽前一日穆春所率騎兵旅佔領開魯。王懷慶在奉軍進攻開魯前就向吳佩孚報告說：「查開魯地勢孤處一角，地闊兵單，千里求援，來之不易，度德量力，兵彈兩缺。通遼車站勁旅極夥，距開防所，僅百餘里，一旦猛攻，朝發夕至，即使拼命鏖戰，子彈能支數日，而後方援軍，非十數日決難趕到。全軍存亡，在所不計，貽誤全軍，悔恨何及。」〔註50〕可見朝陽和開魯失守，直軍援軍救援不及和軍需供給不到是主要原因。

奉軍佔領朝陽後，兵分兩路，一路直撲建平，一路進攻凌源。25 日，直系毅軍三千人從建平出發，準備反攻朝陽，李景林部將其阻擊於中途，毅軍傷亡慘重，紛紛向青山逃遁。次日，直軍來援，雙方激戰於大凌河，直軍再被重創，奉軍繳獲直軍山炮十三門，步槍千餘支。〔註51〕同日，直奉兩軍亦在開魯附近展開戰鬥，「激戰甚烈，一晝夜槍聲未停，直軍死傷甚眾。直軍槍械遜於奉軍，人數不多，又因無精銳之大炮。」〔註52〕此戰雖然不大，但是充分暴露出直軍武器裝備的缺點：第一是槍械老舊，性能不佳；第二是炮兵沒有得到發展，炮火對步兵的支持遠遠不夠，所以只能被奉軍火力壓制。

據李景林致楊宇霆函中報稱：

> 迫擊炮及手提機關槍，為山戰利器，連日戰鬥，深資得力。敵軍戰區，盡屬山地，層巒峻嶺，鳥道崎嶇。我軍步步進攻，敵軍步

〔註48〕　上海宏文圖書館編：《甲子直奉戰史（節選）》，見章伯鋒、李宗一主編：《北洋軍閥》（第四卷），武漢出版社，1990 年，第 890 頁。

〔註49〕　除劉富有所說的各種失敗的理由外，劉富有指揮失當，畏葸不前也是導致朝陽失守的原因之一。見《劉富有等關於朝陽失守經過請速派援軍等情與軍事處往來函電》（1924 年 9 月 21 日～30 日），見《中華民國檔案史料彙編・第三輯・軍事》（3），中國第二歷史檔案館，1994 年，第 266 頁。

〔註50〕　《吳佩孚王懷慶等關於第二次直奉戰爭前後雙方積極調動兵力各情往來密電》（1924 年 9 月 11 日～14 日），見《中華民國檔案史料彙編・第三輯・軍事》（3），中國第二歷史檔案館，1994 年，第 256 頁。

〔註51〕　上海宏文圖書館編：《甲子直奉戰史（節選）》，見章伯鋒、李宗一主編：《北洋軍閥》（第四卷），武漢出版社，1990 年，第 890 頁。

〔註52〕　上海宏文圖書館編：《甲子直奉戰史（節選）》，見章伯鋒、李宗一主編：《北洋軍閥》（第四卷），武漢出版社，1990 年，第 890 頁。

步防守。地方團甲、警匪受其煽惑，處處擾我後防。前攻後護，戰
線日廣，艱難情形，非他軍可比。而所領上項槍炮，反較為少，實
屬不敷分配。擬請吾兄轉稟帥座，再將迫擊炮、手提機關槍，發給
若干，利器既充，克敵自易。〔註53〕

可見在山地作戰中，迫擊炮和手提機關槍是奉軍克敵制勝利器。李景林提
到的手提機關槍應該是「伯格曼（Bergmann）MP18衝鋒槍」。〔註54〕該型槍
的主要數據是：槍全長820毫米，口徑7.65毫米，槍全重4.33公斤，槍管長
200毫米，膛線右旋四條，彈匣容量五十發（有的二十五發），初速390米／
秒，表尺射程50到100米。〔註55〕可以看出「伯格曼MP18衝鋒槍」近距離
火力輸出威力之巨大，無怪乎李景林急求其槍。

奉軍士兵展示伯格曼MP18衝鋒槍

圖片來自駱藝、黃柳青編：《軍閥之國——從晚清到民國時期的中國軍閥影像集（1911
～1930）》，人民日報出版社，2015年。

〔註53〕 遼寧省檔案館編：《奉系軍閥密信》，中華書局，1985年，第173頁。

〔註54〕 蕭兆麟在《憶郭松齡被殺的前前後後》一文中提到郭松齡衛隊使用的是「白爾
格滿手提機槍」。見全國政協文史資料委員會編：《從辛亥革命到北伐戰爭》，
安徽人民出版社，2000年，第374頁。「白爾格滿」很有可能就是「Bergmann」
的英譯，可見奉軍裝備的手提機關槍就是「伯格曼MP18衝鋒槍」。

〔註55〕 《中國軍事史》編寫組編：《中國軍事史・第一卷・兵器》，解放軍出版社，1983
年，第248頁。

30 日，奉軍第二軍邢士廉旅與張宗昌部兵合一處，進攻凌源，凌源有直軍四旅之眾，但是都是敗退之兵，一觸即潰，奉軍遂佔領凌源。直軍倉皇出奔，向赤峰、喜峰口潰退。奉軍如此急速推進，軍需消耗嚴重。10 月 2 日楊宇霆致信第二軍司令部說：「現槍炮彈已備妥即運，計可敷用。現第二軍任務重要，應增槍支，本在籌慮之中。已密派員向關東軍司令及兒玉長官方面設法通融，如有效，必盡先補充。」〔註56〕雖然自 1922 年後奉軍的兵工廠發展良好，但作戰之時武器裝備依舊不敷使用，甚至尚需向日本關東軍購買以應急用。

10 月 8 日，奉軍佔領赤峰，先頭部隊直逼長城腳下的冷口附近。

在山海關一線，直奉兩軍對壘，直軍佔據有利地形，居高臨下展開防守。直軍第十五師在山海關五眼城展開佈防。「（直軍）陣地左翼依託高山並在三道關上布置據點，陣地右翼沿五眼城一帶高地向東延伸，直達海岸。」〔註57〕直軍第十五師的優勢在於機槍火力方面，全師配置的重機槍達幾十挺。直軍深知奉軍的優勢在於炮兵，所以積極構築了堅固的防禦工事。

面對直軍的地利優勢，奉軍只得以高粱地為屏障，但雙方交戰時近深秋，高粱將枯死，奉軍急於「早破榆關，以鞏固地步。」〔註58〕

9 月 29 日，雙方交戰升級，攻擊山海關的奉軍是以張學良、郭松齡為首的第一軍和姜登選、韓麟春為首的第三軍，前線指揮作戰的是郭松齡與韓麟春。張學良與姜登選在後方成立「一三聯軍司令部」。〔註59〕奉軍借火炮優勢，向直軍陣地猛烈轟擊，但直軍並不急於還擊，待奉軍炮火減弱，步兵開始衝擊，直軍才離開掩體向奉軍開始射擊。如此往複數次，奉軍雖有所推進，但還是未能攻克山海關、九門口兩處要隘。

距離山海關西北 10 餘公里的九門口，地勢險峻，易守難攻。但是防守九門口的第九師和第十三混成旅內訌，直軍的防守兵力處處互相掣肘。〔註60〕10 月 7 日，奉軍韓麟春率部襲攻九門口得手，九門口守軍潰退至石門寨，第十三混成旅旅長馮玉榮兵敗自殺。九門口失守，對於直軍而言只剩山海關為扼制奉

〔註56〕遼寧省檔案館編：《奉系軍閥密信》，中華書局，1985 年，第 177 頁。
〔註57〕李藻麟：《我的北洋軍旅生涯》，團結出版社，2017 年，第 28 頁。
〔註58〕上海宏文圖書館編：《甲子直奉戰史（節選）》，見章伯鋒、李宗一主編：《北洋軍閥》（第四卷），武漢出版社，1990 年，第 891 頁。
〔註59〕張學良口述，唐德剛撰寫：《張學良口述歷史》，山西人民出版社，2013 年，第 54 頁。
〔註60〕李藻麟：《我的北洋軍旅生涯》，團結出版社，2017 年，第 33 頁。

軍進關的隘口，這使得直軍戰略部署被打破，計劃從海上迂迴登陸葫蘆島的直軍亦被牽制。

10月16日，奉軍在豬熊峪將陝軍第二師擊潰，直軍陣線動搖，直軍收拾殘兵在小不老火車站設置臨時防線。〔註61〕希圖遏制奉軍由沙河寨南進威脅秦皇島。隨後直軍援軍趕到，直奉雙方形成對峙局面。曹鍈18日向曹錕報告戰場形勢說：

> 謹將作戰情況列左：一、我軍第三師之六旅，在長興店小不老莊、駢莊、下峪瓦山、柳江一帶，向前攻擊。第廿六師曹永祥之混成團及工兵營在下平山、三羊寨、邱子峪一帶，向前進攻，兼掩護六旅之左翼。曹世英之一旅，亦繼六旅前進，第十四師分為兩路，一由安民寨向長橋嶺、水寨峪進攻沙河寨。一由安民寨取道趨九門口。曹景桐之步三連及騎炮兩連，彭總司令調赴長興店。現各軍正在激戰中。吳使親往督戰。此次戰局，倘將石門寨，沙河寨，九門口指日恢復，逆軍勢力一挫，以戰略論，即為戰勝決局。但子彈在石門損失甚多，迫擊炮彈多未裝好，務請迅令工廠趕造及保定裝好，以備接濟。〔註62〕

從曹鍈的報告中，可以看出直軍援軍正在極力組織反攻，但是就算如曹鍈所言將石門寨、沙河寨、九門口收復，這也只是恢復到戰前的局勢，並不能達到所謂「戰勝決局」。而且直軍的後勤保障很是低效，迫擊炮彈居然都沒組裝好就運上戰場，這對於一線士兵而言可謂「聊勝於無」。

山海關之戰是整個山海關戰場乃至第二次直奉戰爭的關鍵，直軍因為地勢占優以「數十挺馬克沁式機關槍密集掃射，致使衝鋒的奉軍大批傷亡」。〔註63〕為了攻克山海關，奉軍首先以重金獎賞有功之人，繼而以督戰隊在步兵後執行嚴格的戰場督戰。〔註64〕步兵拼命衝殺，不敢退卻，配屬奉軍第一軍的飛機大隊派出飛機三十餘架，向山海關內投擲炸彈，擾亂直軍防守。直軍對於

〔註61〕 李藻麟：《我的北洋軍旅生涯》，團結出版社，2017年，第35頁。

〔註62〕 《吳佩孚親赴前線秦皇島督戰並商借日本守備隊無線電通訊有關電》（1924年10月13日～22日），見《中華民國檔案史料彙編·第三輯·軍事》（3），中國第二歷史檔案館，1994年，第293頁。

〔註63〕 來新夏等著：《北洋軍閥史》，東方出版中心，2016年，第813頁。

〔註64〕 上海宏文圖書館編：《甲子直奉戰史（節選）》，見章伯鋒、李宗一主編：《北洋軍閥》（第四卷），武漢出版社，1990年，第897頁。

奉軍飛機的干擾，用意大利制防空炮予以回擊。此次戰鬥中「（奉軍）第一、三聯軍全線迄未稍停，火線上部隊由預備隊輪流替換，補充隊隨時補充。傷兵運送擁塞於途，綏中、前衛一帶布滿野戰醫院」。〔註65〕時在奉軍「二六旅」任職的荊有岩回憶道當時戰鬥之激烈：

> 10月6日夜，奉軍第一、三聯軍全線出擊，戰鬥至為激烈。時筆者（荊有岩）隨六旅司令部進駐距海五里的李家寨。夜間槍身密集，迫擊炮與海潮齊吼，真是震撼山嶽，響徹雲霄。天明稍息，繼之以炮戰，隆隆之聲震耳欲聾，難作細語。奉軍炮火優於直軍，遙望直軍陣地煙塵彌漫，遮天蔽日。7日夜，奉軍佔領小河子、石門口、無名口、黃土嶺、九門、賀家樓、俄國兵營、姚家山之線，迫使直軍在九門口以南者放棄長城外兩道陣地，退居關上。但直軍退到關上以後，憑藉長城，高溝深壘，陣地相固，繼續激戰數日，奉軍未能越雷池一步。〔註66〕

直軍在第二次直奉戰爭中使用的重機槍

圖片來自駱藝、黃柳青編：《軍閥之國——從晚清到民國時期的中國軍閥影像集（1911～1930）》，人民日報出版社，2015年。

〔註65〕荊有岩：《第二次直奉戰九門口戰鬥的回憶》，見中國人民政治協商會議全國委員會文史資料委員會編：《中華文史資料文庫》第一卷，文史出版社，1996年，第911頁。

〔註66〕荊有岩：《第二次直奉戰九門口戰鬥的回憶》，見中國人民政治協商會議全國委員會文史資料委員會編：《中華文史資料文庫》第一卷，文史出版社，1996年，第911頁。

　　10 月 19 日，奉軍攻克山海關 8 公里處的三道關，意圖從二郎廟包抄山海關。直軍先以第十三、十四、十五師與奉軍激戰，直軍因傷亡慘重，又以第十師第七團及第二十四、二十六師替換前線部隊。雙方為爭奪二郎廟，直軍死傷三千多人，奉軍亦傷亡八九百人。直奉兩軍在長城一線來回廝殺，終難以將對方完全殲滅，形成了對峙局面。

　　由於 10 月 23 日馮玉祥在北京發動政變，吳佩孚欲回京鎮壓，命張福來代行總司令職務，負責山海關與奉軍作戰。10 月 24 日，張宗昌部在冷口擊敗直軍董政國第九師，28 日佔領灤州，李景林部隨之進入冷口。山海關直軍後路被切斷。

　　郭松齡在山海關正面攻擊被數次擊退，為避免正面衝鋒造成無謂犧牲，於是親率第六旅三個步兵團、一個山炮營經過數天艱難跋涉繞到石門寨後背，出其不意攻擊直軍。奉軍於 10 月 29 日佔領九門口內重鎮石門寨。

　　荊有岩回憶佔領石門寨之後的情況：

> 石門寨西南山上有一簇人馬正在布置陣地，宋九齡命山炮射擊，
> 即行竄散。自石門寨至山海關內重鎮海陽鎮，沿路直軍一槍未發，
> 槍械、子彈遺棄遍地。在距海陽西北 10 數里的獲子營，直軍遺下有
> 法國造 6 個子步槍 1 萬多支，棉大衣 30 多堆，饅頭 30 多大簍。足
> 見直軍戰敗，非糧械不充也。〔註67〕

　　荊有岩從繳獲步槍數量多就認定「直軍戰敗，非糧械不充也」，但是沒有認識到在如此激烈的山地攻防戰中，步槍發揮的作用畢竟有限，直奉兩軍的真正差距是重武器的多寡。例如在奉軍山炮營佔領石門寨後，打退了企圖反攻的直軍，這才使得直軍無法組織潰兵，兵敗如山。

　　30 日，直軍山海關防線三羊寨等被奉軍突破，郭松齡部又出石門寨，佔領秦皇島，徹底切斷山海關鐵路交通線。直軍第十五師被迫決定撤出山海關陣地。〔註68〕時任直軍第一軍總部參謀長的李藻麟回憶說：「（十五師）自開戰以來，經過將近兩個月的鏖戰，士兵官佐傷亡人數總計為一千零十九人，僅占全師兵員十分之一；槍炮武器裝備未受任何損失，且在戰場上又屢屢挫敵人強勁

〔註67〕 荊有岩：《第二次直奉戰九門口戰鬥的回憶》，見中國人民政治協商會議全國
　　　　委員會文史資料委員會編：《中華文史資料文庫》第一卷，文史出版社，1996
　　　　年，第 913 頁。文中所說的「法國造 6 個子步槍」應該指的是意大利造曼利
　　　　夏—卡爾卡諾步槍。
〔註68〕 李藻麟：《我的北洋軍旅生涯》，團結出版社，2017 年，第 43 頁。

攻勢，使陣地固若金湯。」〔註69〕十五師雖然撤出山海關，但仍是一支直軍勁旅，但十五師選擇了向奉軍投降，至此第二次直奉戰爭宣告結束。

山海關之戰，雙方都以重炮和重機槍殺傷對方兵力，直奉雙方均死傷慘重。《甲子直奉戰史》記述道：「（山海關之戰後）二、六兩旅，每旅各八千人，戰後查點，每旅只剩六七百人，死傷可謂眾矣。」〔註70〕雖然該項傷亡人數統計並不準確，但奉軍傷亡慘重是事實。張學良回憶查看戰場情形時說道：「後來我到山海關看，張作相捂著我的眼睛，說你別看。哎呀，軍人到了那個程度上……」〔註71〕為了攻取山海關，張學良、郭松齡麾下的精銳二、六兩旅付出了相當沉重的代價。

李藻麟在總結第二次直奉戰爭的失敗時，認為直軍失敗有九點原因，大體可以總結為以下幾項：一，山海關配置兵力較少，沒有很好地配合直軍從海上迂迴包抄的戰略。二，直軍沒有設置地區司令，沒有發揮大兵團作戰的優勢。三，吳佩孚注重個人對軍隊的控制，沒有系統科學的軍隊管理體制，參謀工作也訛誤百出。四，馮玉祥倒戈，擾亂直軍的總體部署。

李藻麟作為直軍的高級將領，對於戰敗都是出於「君子求諸己」的分析，但是忽視了對手的優勢。比如在熱河方向的輔戰場，奉軍的後勤補給和武器裝備明顯要優於直軍。山海關被突破也是在張宗昌佔領灤州對山海關形成包圍之勢之後，直軍軍心不穩所造成的。經過兩年的整軍經武，奉軍的炮兵和空軍得到了一定的發展，荊有岩也認為「奉軍炮火優於直軍」。〔註72〕在山海關之戰中，奉軍重炮、迫擊炮和空軍都配合了奉軍的正面進攻。

奉軍的後勤保障也較直軍更為優秀。山海關一線，進攻激烈槍彈急需時，楊宇霆告訴張學良「必不使兄獨任其難」。〔註73〕當直軍的迫擊炮彈還沒安裝好就運上前線時，奉軍發現撥給十六旅的野炮出現問題，立刻派技術工人到前

〔註69〕李藻麟：《我的北洋軍旅生涯》，團結出版社，2017年，第43頁。

〔註70〕上海宏文圖書館編：《甲子直奉戰史（節選）》，見章伯鋒、李宗一主編：《北洋軍閥》（第四卷），武漢出版社，1990年，第897頁。

〔註71〕張學良口述，唐德剛撰寫：《張學良口述歷史》，山西人民出版社，2013年，第58頁。

〔註72〕荊有岩：《第二次直奉戰九門口戰鬥的回憶》，見中國人民政治協商會議全國委員會文史資料委員會編：《中華文史資料文庫》第一卷，文史出版社，1996年，第911頁。

〔註73〕遼寧省檔案館編：《奉系軍閥密信》，中華書局，1985年，第185頁。

線予以維修。〔註74〕甚至在作戰中繳獲的三八式野炮奉軍都要維修好即刻用來作戰。〔註75〕楊宇霆不無得意地對段祺瑞說：「……後方諸事，亦頗順手。去歲所購槍械、飛機等物，皆陸續到齊。」〔註76〕

關於北洋時期的具體戰爭的特徵，有學者有不同的看法。例如彭濤、楊天宏所著的《「另類戰爭」：北洋時期直皖軍閥的武力統一》（下稱《「另類戰爭」》）一文認為，北洋時期的戰爭相當另類：「戰爭基本是在雙方有生力量並未遭受重大損失的情況下就「決出勝負」；飛機、大炮等現代武器在戰場上的作用受限；更有甚者，號稱現代戰爭，但真槍實彈的「武鬥」並不激烈，戰爭持續時間及空間均十分有限，參戰各方似更樂於『文鬥』，但『文鬥』內容卻高度同質化，難以讓人明白究竟為何而戰。」〔註77〕以上對於北洋時期戰爭特徵的理解筆者不能苟同。

評價戰爭北洋時期勝負的標準應該是什麼？應該從戰爭性質、戰爭規模、戰爭士兵、戰爭目的，四個層面來剖析。從戰爭性質來看，北洋時期無論護國、護法戰爭其性質都是內戰。以戰爭的規模來看，以魯登道夫「總體戰」理論來劃分，北洋時期的戰爭是有限戰爭，戰爭單單是軍隊的事情，並不國家間全員動員的戰爭。至於戰爭士兵，北洋軍的士兵是「有限忠誠」的士兵，往往是甫一戰敗，便作鳥獸散，並不會人人爭先赴死。對於戰爭的目的，正如克勞塞維茨所說：「戰爭是迫使敵人服從我們意志的一種暴力行為。」〔註78〕也就是說戰爭的目的重點是「服從意志」而不是肉體消滅。綜上可知，北洋時期的戰爭並不需要完全消滅士兵肉體，才能達到戰勝的目的，所以評價戰爭勝負不能以傷亡人數為準繩，而應以戰爭結果為評價標準。質言之，就是戰爭對於政治的形塑才是真正的評價標準。

《「另類戰爭」》一文認為，軍閥間「你中有我，我中有你」的關係使其不能在戰爭中「無所顧忌」。這只是對戰爭的臆想，從兩次直奉戰爭來看，雖然張作霖和曹錕是兒女親家，雙方的廝殺完全不留情面。在第一次直奉戰爭中，直軍包圍張學良、郭松齡部，該部拼死抵抗才突破包圍。《「另類戰爭」》一文

〔註74〕遼寧省檔案館編：《奉系軍閥密信》，中華書局，1985 年，第 164 頁。

〔註75〕遼寧省檔案館編：《奉系軍閥密信》，中華書局，1985 年，第 163 頁。

〔註76〕遼寧省檔案館編：《奉系軍閥密信》，中華書局，1985 年，第 183 頁。

〔註77〕彭濤、楊天宏：《「另類戰爭」：北洋時期直皖軍閥的武力統一》，《四川師範大學學報》2018 年 5 月，第 148 頁。

〔註78〕〔德〕克勞塞維茨：《戰爭論》（第一卷），解放軍出版社，2004 年，第 4 頁。

在第二次直奉戰爭中直奉的交戰，只避重就輕地講述了，雙方正式交戰前的試探性交火。〔註79〕完全忽視了山海關前線雙方死傷枕藉，死亡士兵之多使張學良都不忍直視的場景，這種戰爭慘烈並不是一句「軍德」表演所能代替的。關於「文鬥」甚與「武鬥」的說法，山海關一戰是最好的反證。

關於先進武器的使用方面也有很多地方值得商榷。飛機的軍事化起步是在一戰期間，主要負責偵查、運輸、校正火炮等輔助任務。雖然偶有空戰發生，但是對於地面目標的打擊有限，在兩次直奉戰爭期間，雙方均有使用飛機作戰，但是畢竟飛機性能有限，造成的實質性傷害也有限，這一點是當時飛機性能所決定的，不能用超越其時代的要求衡量飛機的戰鬥效果。對於火炮的使用，《「另類戰爭」》一文只用直軍炮兵瞄準失誤，來反證北洋時期火炮「形同虛設」則多有不當。許多資料都證明，無論是直皖戰爭和兩次直奉戰爭火炮都發揮了極大的效力。第一次直奉戰爭中，吳佩孚使用火炮牽制奉軍一部，使其不能救援被直軍包圍的張學良部，火炮部隊很好地配合了吳佩孚的戰略意圖。在第二次直奉戰爭中，奉軍使用野戰炮在山海關一線給予了直軍沉重的打擊。例如當時身在山海關的李藻麟險些被奉軍炮火擊中，在石寨門直軍的高級將領也被奉軍炮火打得東躲西藏，可見奉軍炮兵在經過鄒作華等人的訓練後水平直線上升。縱觀北洋軍事史，武昌起義、張勳圍攻南京、兩次直奉戰爭中火炮一直是戰爭的主角，並不存在「形同虛設」的問題。

可見北洋時期的戰爭並不「另類」。

第二次直奉戰爭後，「賄選總統」曹錕下臺，直系從此失去對北京政府的掌控。段祺瑞在馮玉祥和張作霖的支持下，出任中華民國臨時執政。但是段祺瑞的出山是各方妥協的結果，而非軍事實力的支撐。馮玉祥國民軍與奉系在北京還有一番爭鬥，而此時通過蘇聯政治性軍援而武裝起來的國民革命軍開始在廣東崛起。

〔註79〕彭濤、楊天宏：《「另類戰爭」：北洋時期直皖軍閥的武力統一》，《四川師範大學學報》2018 年 5 月，第 151 頁。

第六章　蘇俄軍援與國民革命軍北伐

　　第二次直奉戰爭前，孫中山領導的國民黨和張作霖、段祺瑞就結成了「反直三角同盟」。當時支持孫中山的軍隊包括楊希閔、朱培德等部滇軍，譚延闓率領的湘軍，劉震寰、劉玉山等部桂軍，還包括李福林、許崇智等部粵軍。〔註1〕但是這些軍隊裝備水平有限，戰鬥力不強，不可能完成孫中山北伐統一全國的戰略。在求助列強不成的情況下，孫中山最終轉向蘇俄，在蘇俄的援助下國民黨迅速成為中國最強大的軍事政治力量。

一、廣東各軍武器裝備發展

　　1916 年，桂系軍閥陸榮廷、莫榮新等趁廣東政局板蕩佔據廣東。次年，孫中山發起護法運動，在廣州成立護法軍政府。由於桂系軍閥對軍政府處處掣肘，架空孫中山權力，1918 年 5 月，孫中山辭職出走上海。當時陳炯明、許崇智率領的粵軍，被桂系軍閥控制的軍政府以征閩為由，擠出廣東。1920 年 8 月，陳炯明、許崇智率部反攻廣州，桂系旋即失敗，退出廣東。陳炯明就任廣東省長，迎孫中山返粵，粵軍成為孫中山的基本軍事力量。

　　1921 年 4 月，部分南下國會議員在廣州召開非常國會，孫中山被選舉為非常大總統。時任廣東省長的陳炯明，對孫中山執意北伐的做法很是不滿，於 1922 年 6 月 16 日發動武裝政變，驅逐孫中山。1923 年 1 月，楊希閔、劉震寰等部滇桂聯軍攻入廣州，陳炯明兵敗，率殘部退據東江，廣州重新成為革命大本營。

〔註 1〕丁文江：《廣東軍事紀》，見榮孟源、章伯峰主編：《近代稗海》（第六輯），1987　年，四川人民出版社，440～456 頁。

（一）孫中山「聯俄」政策的確立與蘇聯軍援

1923 年 1 月 26 日，孫中山和蘇俄政府駐中國全權特使越飛在上海發表《孫文越飛聯合宣言》，標誌孫中山聯俄政策正式確立。孫中山的聯俄政策並非一朝促成，在 1922 年 11 月，孫中山就軍事援助廣東並聯合張作霖保證蘇俄國防安全的問題對越飛表示：

> 我絲毫不懷疑，貴國政府如果與我一起行動並通過我採用外交方式，而不是與吳佩孚一起行動並通過吳佩孚使用軍事援助和武裝力量手段，是能夠從張作霖那裏取得在理智範圍內為保證蘇維埃俄國的安全所需的一切的。〔註2〕

孫中山「聯俄」的政策中非常看重蘇聯對國民黨在外交和軍事上的幫助，並且堅持「反直三角同盟」的策略，要求蘇俄支持自己的統一中國的戰略。該年 12 月，孫中山還與越飛討論了在西北訓練軍隊的可能性。他表示：「我們希望得到武器、彈藥、技術、專家等方面的援助……貴國政府能否通過庫倫支持我？如果能，能支持到什麼程度？在那些方面？」〔註3〕越飛將此信轉給蘇聯政府及共產國際領導人，並認為孫中山希望通過政治的、外交的途徑影響中國的政策，而不是單純地使用軍事手段。〔註4〕但這只是越飛對孫中山的揣測，從以後的具體過程看，孫中山此時對於統一中國仍然抱有以武力為先的想法。

在 1923 年 1 月 22 日與越飛的晤談中，孫中山表達了其先征討陳炯明，再北伐統一全國的想法。越飛問孫中山為什麼不以和平方式進駐北京？孫中山說，「假如他不用軍事力量戰勝自己的敵人就進駐北京，那麼即使他被選為總統，也絲毫不能使他免於一死，因為在這種情況下，他在北京會被暗中謀殺。」苦於資金缺乏，沒有充足軍隊的孫中山希望蘇聯提供 200 萬墨西哥元（相當於同等數額的金盧布）的資助。除了從廣東出兵北伐外，孫中山還提出

〔註2〕 《孫逸仙給越飛的信》（1922 年 11 月 2 日），見《聯共（布）、共產國際與中國國民革命運動（1920～1925）》（第一卷），北京圖書館出版社，1997 年，第 145 頁。

〔註3〕 《孫逸仙給越飛的信》（1922 年 12 月 20 日），見中共中央黨史研究室第一研究部編：《聯共（布）、共產國際與中國國民革命運動（1920～1925）》（第一卷），北京圖書館出版社，1997 年，第 166 頁。

〔註4〕 《越飛給俄共（布）、蘇聯政府和共產國際領導人的信》（1923 年 1 月 13 日），見中共中央黨史研究室第一研究部編：《聯共（布）、共產國際與中國國民革命運動（1920～1925）》（第一卷），北京圖書館出版社，1997 年，第 198 頁。

了第二套方案，即在蘇聯軍事教官的幫助下於中國北方訓練一支 10 萬人規模的中國軍隊。越飛在給蘇聯領導人的報告中詢問：

> 我們是否準備在一兩年內給孫逸仙的 10 萬軍隊供應武器（也提供一定數量的教官）？當然，這畢竟不應是歐洲現代化武器裝備的軍團。如果不這樣做，那麼我們在什麼時期內可以給孫逸仙提供武器幫助？

接著越飛又闡述了蘇聯援助對於中國國民革命的重要性，並認為孫中山是一位真正的革命家。基於此，越飛反問道：「難道所有這一切不值得我們花那 200 萬盧布嗎？」〔註 5〕

從孫中山「聯俄」政策的確立過程中，可以看出北伐一直是重中之重。《孫文越飛聯合宣言》發表後不久，俄共（布）中央做出決定，給予孫中山 200 萬墨西哥元的資助，並派遣政治和軍事顧問小組。但同時向越飛指出「政治局非常擔心孫逸仙過於注重純軍事行動會損害組織準備工作」。〔註 6〕

5 月 1 日，蘇聯決定向孫中山提供 8000 支日本步槍，15 挺機關槍，4 門奧利薩卡炮，在中國西北建立一支軍隊。〔註 7〕1923 年 7 月孫中山派蔣介石率領的「孫逸仙博士代表團」訪問蘇聯。蔣介石曾就西北建軍的問題與蘇聯方面磋商，但雙方在蒙古問題上的分歧，使得西北建軍的問題被擱置。〔註 8〕但這並不意味著蘇聯放棄了對孫中山的軍事援助，在此情況下蘇聯依舊派出了巴甫洛夫出任軍事顧問。巴甫洛夫剛一到任就認識到廣東軍隊武器彈藥十分缺乏，經費拮据，因此，許多將領各行其是，孫中山的命令得不到執行。兵工廠太小，不敷使用。空軍力量薄弱。〔註 9〕

〔註 5〕《越飛給俄共（布）、蘇聯政府和共產國際領導人的信》（1923 年 1 月 26 日），見中共中央黨史研究室第一研究部編：《聯共（布）、共產國際與中國國民革命運動（1920～1925）》（第一卷），北京圖書館出版社，1997 年，第 198 頁。

〔註 6〕《俄共（布）中央政治局會議第 53 號記錄（摘錄）》（1923 年 3 月 8 日），見中共中央黨史研究室第一研究部編：《聯共（布）、共產國際與中國國民革命運動（1920～1925）》（第一卷）（第一卷），北京圖書館出版社，1997 年，第 198 頁。

〔註 7〕《馬林》第 170～171 頁，轉引自李玉貞：《孫中山與共產國際》，臺北「中央研究院」近代史研究所，1985 年，第 381 頁。

〔註 8〕茅家琦：《桑榆讀史筆記：認識論、人生論與中國近代史》，南京大學出版社，2012 年，第 305 頁。

〔註 9〕李玉貞：《孫中山與共產國際》，臺北「中央研究院」近代史研究所，1985 年，第 417 頁。

1924 年 1 月，「國民黨一大」結束之後，建設一支全新革命軍隊的任務被提上議程。1 月 24 日，孫中山任命蔣介石為陸軍軍官學校籌備委員長，並選定黃埔作為校址。

當時受「對華武器禁運協定」的影響，武器的購入成為中國各種軍事力量發展的關鍵。皖系軍閥靠購買意大利軍火擴充軍備，奉系軍閥則通過購買白俄與德國的武器推進自身的軍事改革。國民黨雖然地處廣東，有沿海之便利，但是卻受限於英國執行「武器禁運協定」，外購的軍火並不多，是以無法訓練一支真正自己掌握的軍隊。

1924 年 5 月在黃埔軍校開學之際，僅有 230 支未配發子彈的步槍，後石井兵工廠廠長馬超俊暗中接濟了軍校 500 支步槍。〔註 10〕正在黃埔軍校為槍械緊張一籌莫展時，得知了廣東商團秘密購買軍械的行為，孫中山即刻令蔣介石：「截緝挪威商船私運軍械事，今晚著鄧彥華率同江固艦來長洲之後，更約黃埔英國兵船來黃埔協助，如遇有事共同一致行動可也。」〔註 11〕隔日該批軍火被蔣介石查扣，「清點為長短槍共 9841 支，子彈 337 萬發，其中機槍 50 支」。〔註 12〕以此事為導火索，廣州商團發動叛亂。就在平定商團叛亂時，蘇聯第一批軍援運至黃埔，計有 8000 支帶刺刀的俄式長槍，每槍配有 500 發子彈，小手槍 10 支，還有一些其他武器。〔註 13〕有了這批武器的援助，孫中山決定蕩平商團叛亂。經過激戰，商團軍繳械乞和，其武器由黃埔軍校接收。黃埔軍校最初成立的兩個教導團使用的武器，就是蘇聯的軍援和繳獲商團叛軍的武器。有了武器，加上嚴格而正規的軍事、政治訓練，這支黃埔軍異軍突起，成為後來的國民革命第一軍。

〔註 10〕 陳存恭：《列強對中國的軍火禁運（民國八年──十八年）》，臺北「中央研究院」近代史研究所，1983，第 218 頁。

〔註 11〕 《孫中山函蔣中正為截緝挪威商船私運軍械事已約英國兵船來黃埔協助可共同一致行動》（1924 年 8 月 9 日），臺北「國史館」，數位典藏號：005-010504-00033-005。

〔註 12〕 馮啟添：《我所瞭解的平定廣州商團叛亂的經過》，見廣州市政協學習和文史資料委員會編：《廣州文史》，廣州出版社，2013 年，第 7 頁。

〔註 13〕 《黃埔季刊》第 1 卷第 3 期，轉引自李玉貞：《孫中山與共產國際》，臺北「中央研究院」近代史研究所，1985 年，第 417 頁。

1924 年一隊炮兵正在接受孫中山檢閱

可以看出當時廣東軍隊裝備的火炮並不先進。《軍閥之國》一書認為這張照片有可能是黃埔軍平定商團叛亂後接受孫中山檢閱。〔註14〕圖片來自駱藝、黃柳青編：《軍閥之國——從晚清到民國時期的中國軍閥影像集（1911～1930）》，人民日報出版社，2015年。

在 1924 年 12 月加倫（布留赫爾）代替巴甫洛夫出任軍事顧問，繼續推動對廣東的軍事援助：

> 為了建立蔣介石的那個師和粵軍的堅強核心，需要向蔣介石提供 2,000 支配子彈的日式步槍，因為已經收到的武器，除蔣介石外，還分發給其他部隊；100 挺配子彈的塞式機槍，4000 枚手榴彈，它在國民革命軍中起了（重要）作用；6 門羅森伯格炮，大型的炮由於道路條件可能不適合；最後，請及時給予資金援助，資金援助的遲滯會影響事情的進程。〔註15〕

加倫所說的日本步槍應是第一次世界大戰日本供給沙俄軍隊的日本「三八式」步槍。羅森伯格炮則是指「羅森博格 37mm 平射炮」，該炮口徑 37 毫米，炮身長 870 毫米，重量僅 180 千克，射程約 1600 米。這種炮主要用於為步兵提供火力支持，殺傷有生力量，摧毀機槍等火力據點，攻擊戰場輕裝甲目標。〔註16〕

（二）蘇聯軍援與第一次東征

1924 年 12 月 7 日退至粵東的陳炯明在汕頭就任「救粵軍總司令」，轄有

〔註14〕駱藝、黃柳青：《軍閥之國（1911～1930）——從晚清到民國時期的中國軍閥影像集》（下），人民日報出版社，2015 年，第 15 頁。

〔註15〕《布柳赫爾致 Л.М.加拉罕的電報》（1924 年 12 月 7 日），見〔俄〕阿納斯塔西婭・卡爾圖諾娃編，張麗譯：《來到東方：加倫與中國革命史料新編》，廣東人民出版社，2017 年，第 36 頁。

〔註16〕王虹鉌：《火炮歷史的見證——館藏火炮鑒賞》，南京大學出版社，2014 年，第 95 頁。

林虎、葉舉等部三萬七千餘人，〔註17〕對於廣州的軍事威脅大大增加。戰前粵
軍的武器裝備情況是：

> 火炮幾乎全是 75 毫米口徑的馱載山炮，其中大部分是老制式
> 的（1884 年上海兵工廠模仿克虜伯式火炮製造，不帶壓氣機），上
> 海工廠造的日式火炮數量不多（黃埔軍校有 1910 年造最新制式
> 的）。這些火炮只能從裸露的陣地上發炮，因為沒有相應的瞄準裝
> 置。由於當地條件的限制（缺乏適宜的道路、岡巒起伏，氣候特殊），
> 火炮要靠人（苦力）用一種專門的手推車來運。……但其中像樣的，
> 能用於作戰的僅有 4 門。粵軍共有：步槍 28,000 支，機槍 122 挺，
> 轉輪手槍 1,637 支，總兵力達到了 40,000 人。有 80% 的武器都是老
> 掉牙的廢物，已經嚴重破損不能使用（特別是機槍）。……〔註18〕

當時粵軍使用的火炮大多是前清製造的架退炮，黃埔軍校日式火炮則是
北洋軍隊行將淘汰的日本「三一式」火炮。由於武器禁運和資金的問題，粵軍
的武器裝備更新迭代異常緩慢，重火力武器也沒有得到發展，所以整體而言武
器裝備的性能也較差。相對而言，楊希閔、范石生率領的滇軍武器裝備較為精
良，火炮也較先進。〔註19〕參加東征的各軍數量及裝備情況，據加倫統計如下
〔註20〕：

〔註17〕丁文江：《廣東軍事紀》，見榮孟源、章伯峰主編：《近代稗海》（第六輯），1987
年，四川人民出版社，440～456。

〔註18〕〔俄〕阿納斯塔西婭・卡爾圖諾娃編，張麗譯：《來到東方：加倫與中國革命
史料新編》，廣東人民出版社，2017 年，第 115 頁。

〔註19〕〔俄〕阿納斯塔西婭・卡爾圖諾娃編，張麗譯：《來到東方：加倫與中國革命
史料新編》，廣東人民出版社，2017 年，第 113 頁。

〔註20〕〔俄〕阿納斯塔西婭・卡爾圖諾娃編，張麗譯：《來到東方：加倫與中國革命
史料新編》，廣東人民出版社，2017 年，第 114～115 頁。

系別	軍隊番號	大致人數	步槍數量	人均子彈數量	機槍數量	每挺機槍的子彈數量	大炮數量及型號	每門大炮的炮彈數量	部署	備註
	第二師、第三旅、第四旅、第五旅、第六團、第七團(張民達)	2,160	2,160	200	7	240	75毫米炮(1門)	40	廣州白雲山	(1) 1個步兵連80人 (2) 步槍各式各樣(600支日式步槍) (3) 4門炮 (4) 2個備生連、每連40人,攜帶建橋器材 (5) 戰鬥力良好 (6) 全程參加東征
粵軍	第七獨立旅、第十三、第十四預備團(許濟)	1,500	1,500	120～150	6	200			石灘	(1) 武器各異 (2) 隊列訓練良好、戰鬥力很弱 (3) 全程參加東征
	第十三軍第十六獨立旅(王若周)、第三十一團、第三十二團	500	500	100	3				東莞以西	(1) 由土匪構成 (2) 步槍各異 (3) 只在東征開始時參加奪取東莞的戰役
	第八獨立旅第十六獨立團(余鷹揚)	700	700	100	1	200			廣州白雲山	(1) 全程參加東征,其中絕大部分與第二師共同作戰
	黃埔軍兩個團及學員營(蔣介石)	3,500	3,500	800	聖埃蒂安重機槍10挺;手提機槍40挺	15,000;2,000	75毫米山炮(2門)			(1) 日式同一口徑步槍 (2) 隊列訓練很好、戰鬥力很強 (3) 手提機槍用於裝備衛士隊 (4) 彈藥儲備充裕
	鐵甲車隊、3節鐵甲車廂	39	35	120;2挺馬克沁重車	3	915			廣東鐵路火車站	(1) 全體指戰員素質良好 (2) 裝備著毛瑟槍和步槍

	部隊	兵力	機槍；1座軍火庫		火炮	位置	備註
滇軍	第一軍第二師（廖行超）	3,000	150~200	有，但數量不詳		廣州及其以西鐵路沿線	（1）武器各異 （2）訓練良好。該師雖有豐富的作戰經驗，雖然被編入對陳炯明作戰的部隊，但在整個東征期間都沒有離開過石灘
	第二軍 3個師 第一、第二、第三旅	7,000	150~200	有，但數量不詳	5~6門	廣州以及西石灘以西的鐵路沿線	第二軍是最具戰鬥力的部隊之一，訓練很好、紀律嚴明。擁有豐富的戰鬥經驗，戰鬥訓練和隊列訓練良好。東征之初，指揮人員都是精心挑選的。向博羅移動，但很快就率命撤退，開往廣西反對唐繼堯
	第三軍第五師等第六師部分部隊（胡思舜）	4,000	100~150	有，但數量不詳		增城以東	（1）武器各異 （2）訓練良好。第三軍中最優秀的隊伍抵達博羅
桂軍	桂軍（劉震寰）	5,000~6,000	100~150	8~10	3	司令部廣州	武器五花八門，大部分槍型號各異
	第一師（翁照垣）第二師（嚴兆豐）第三師（黎鼎鑒）	2,000~3,000	100~150			石灘以北	我們將稱其為石灘或北部桂軍
	第四師（林樹巍）第五師 第七師	2,000~3,000	100~150			虎門地區的右戰線	我們稱其為虎門或南路桂軍

　　黃埔軍有 3,500 人參加了東征，並在「淡水戰役」與「棉湖戰役」中大敗陳炯明的軍隊，為第一次東征勝利奠定了基礎。據當時的報紙報導，黃埔軍「所用槍械繫去年由俄艦運來」，其中大炮更是制敵利器：「此種大炮，共有二十八尊，所配彈藥尤夥，口徑為九生半，且屬快炮一類。而粵軍所有者為七生半，口徑相差兩生的，故威力較遜，每次戰爭均為火炮所迫，不得不退」。〔註21〕黃埔軍軍械精良給時人留下了深刻的印象，《國民革命軍戰史初稿》一書也認為黃埔軍東征勝利的主要原因是「武器精良，餉彈充足」：

　　　　往者南方各軍徒手擴充不求實際，以致軍械窳敗，人員缺額者居多。黃埔軍校軍械多屬新式而且異常充足，全軍所用一式，無駁雜不齊之弊。在軍隊之性質上固為應有之條件，但在南方則已卓絕一時矣。至於人員在當時之編制已超過各軍之上，除足額之官，尚有見習官若干人。且自副排長以上多出身學校，尤為軍校特色。故戰鬥之時間指揮督率效力最大，而官兵傷亡之率，亦往往超過十分之一以上。至粵中其他軍隊則不然，統兵者只圖軍隊人數之擴充，餉彈之缺乏在所不計，以是官兵除得些微給養之費、足資伙食外，額定薪餉不給發。上下相習成風，已非一日，其實所苦者士卒而已。官長則日以侵吞薪餉，搜刮民財為事，往往有成立巨富者。至彈藥之補充，尤為困難。故每臨戰鬥士卒或因無餉心變，或因無彈氣餒，此種情形在陳逆軍中尤甚。總理對於黨軍首議改良士兵生活，校軍餉如期發給，且較定額為優，而彈藥充備更已事先綢繆，不患臨時弗繼，此則校軍之在物質上可以取勝者。〔註22〕

　　蘇聯援助的武器甫一使用，就幫助黃埔軍戰勝頑敵，可見除嚴格的軍事訓練和政治思想之外，武器裝備無疑也是戰爭勝利的關鍵因素。整體而言，東征部隊的裝備水平不是很高。而且彈藥儲備量偏低。以同時期北洋直系軍隊一支步槍備彈 1,000 發的標準來看，東征部隊的備彈量過低。再者重火力

〔註21〕宋其蕤、馮粵松編著：《廣州軍事史（下）》（近現代卷），廣東經濟出版社，2012 年，第 210 頁。但據加倫的報告稱，黃埔軍能使用的火炮只有 2 門 1898 年奧里薩卡炮和 4 門 1914 年造日式馱載山炮，而在實際作戰中只使用了兩門日式山炮。見〔俄〕阿納斯塔西婭·卡爾圖諾娃編，張麗譯：《來到東方：加倫與中國革命史料新編》，廣東人民出版社，2017 年，第 130、135 頁。

〔註22〕陳訓正編：《國民革命軍戰史初稿》（第一輯·卷一），文海出版社，1973 年，第 296 頁。

偏少，比之同時期山海關之戰的奉軍炮兵和直軍機槍營，東征各部簡直不能望其項背。與其說是蘇聯武器太先進，不如說是陳炯明等部武器裝備水平太差。

二、蘇聯軍援的擴大

應國民黨的要求，1925 年 5 月 5 日蘇聯政府決定進一步擴大對國民黨的軍事援助：

> 1. 必須在廣州建立新的可靠的軍隊，責成伏龍芝同志為此派遣一個二百人以內的教官團赴廣州；2. 責成伏龍芝和索科利尼科夫同志最後確定補充款項（約五十萬盧布）以撥為建軍所需資金；3. 為此撥出 20,000 支步槍和 100 挺配套子彈的機槍，一定數量的迫擊炮和手榴彈……」〔註23〕

1925 年 5 月，在廣州沒有價格上漲之際，蘇聯就運來一批煤油紓解廣州的困難。同時運抵的還有步槍 5,000 支，火炮 60 門。〔註24〕

1925 年 7 月 1 日，廣州國民政府成立。此後一年左右的時間裏，國民政府陸續將所屬部隊統一改編為國民革命軍：黃埔黨軍改編為國民革命軍第一軍，蔣介石任軍長；建國湘軍改編為國民革命軍第二軍，譚延闓任軍長；建國第一軍改編為國民革命軍第三軍，朱培德任軍長；建國粵軍第一師改編為國民革命軍第四軍，李濟深任軍長；建國第三軍改編為國民革命軍第五軍，李福林任軍長；建國攻鄂軍改編為國民革命軍第六軍，程潛任軍長；定桂討賊聯軍改編為國民革命軍第七軍，李宗仁任軍長；唐生智部改編為國民革命軍第八軍，唐生智任軍長。改編後的國民革命軍按編制每軍有士兵 8,748 人，軍官 768 人。〔註25〕

與此同時，蘇聯軍援陸續到來。據日本政府及英國駐日武官的情報，1925 年後半年至少有三批蘇聯軍械運抵廣東：7 月 25 日，四千支「三八式」步槍；10 月 25 日，兩萬支步槍，一百零五挺機關槍，各類火炮九十門，子彈六十萬發，炮彈一百四十箱；12 月 12 日，「三八式」步槍四千支，機關槍八百挺，

〔註23〕《俄共（布）中央委員會政治局會議記錄第 62 號節錄》（1925 年 5 月 7 日），李玉貞譯：《聯共、共產國際與中國》，東大圖書公司，1997 年，第 501 頁。

〔註24〕姚金果等：《共產國際、聯共（布）與中國大革命》，福建人民出版社，2002 年，第 487 頁。

〔註25〕姜克夫：《民國軍事史》，重慶出版社，2009 年，第 174 頁。

少數子彈，飛機機件五十箱。〔註26〕除此之外，10月份北京政府還在汕頭截留了兩艘商船，船上有蘇聯援助計有步槍2,000餘支，手槍、機槍、左輪手槍等4,000支，還有大量彈藥。〔註27〕

　　有人認為蘇聯軍援質量參差不齊，「其中有日本『三八式』步槍、美國1917年代雷明敦步槍（Remington Rifle）。俄國工業在民國十五年已經有相當的工業基礎了，他們要裝備齊一，必須淘汰舊械，便將帝俄時期購自外國的軍火以及日、美、英軍自西伯利亞撤退時遺留的軍火，提供中國。」〔註28〕蘇聯的軍事工業在十月革命後得到了長足發展，在蘇聯參觀的蔣介石感歎：「俄國武器之研究及進步，可與歐美各國相等，不比我國之腐敗也。」〔註29〕這種情況下，蘇軍必然要刷新軍備，淘汰舊式軍械。如何評價蘇聯軍援價值？

　　首先，蘇聯軍援的武器是一戰中俄軍使用的武器，但「三八式」步槍和雷明頓產1917年制莫辛—納甘步槍，在當時世界陸軍軍械中，也可稱之為先進的步槍。

　　其次，重武器的援助對於國民革命軍戰力的提升更是明顯。例如加倫對於黃埔學生組成的奧里薩卡（Opucaka，日本「三一」式山炮）炮兵連讚賞有加：「炮兵連完成了交辦任務，在6月12日的戰鬥中將滇軍第一師師長擊斃並摧毀其師部，從而使該師不能在廣州城下戰鬥最危急的時刻投入戰鬥。」〔註30〕這種火炮自然沒法與沙俄在一戰中廣泛裝備部隊的M1902式76毫米野炮（76-мм полевая пушка образца 1902 года）相比較，但是縱觀第一次東征時廣東各軍

〔註26〕 F.O.371/11673, pp.83～84, W.O. to F.O., Arms inported into China, from May 1925 to April 1926. 轉引自陳存恭：《列強對中國的軍火禁運（民國八年～十八年）》，臺北「中央研究院」近代史研究所，1983年，第132頁。八百挺機關槍可能是手提機槍和輕機槍為主。

〔註27〕 姚金果等：《共產國際、聯共（布）與中國大革命》，福建人民出版社，2002年，第491頁。

〔註28〕 陳存恭：《民初陸軍軍火之輸入》，《中央研究院近代史研究所集刊》第6期，1974年，第263頁。

〔註29〕 蔣介石1923年9月23日日記，原件藏美國斯坦福大學胡佛研究所檔案館，本文所引日記為中國社會科學院研究生院近代史所檔案館藏抄件，下同。

〔註30〕 〔俄〕阿納斯塔西婭·卡爾圖諾娃編，張麗譯：《來到東方：加倫與中國革命史料新編》，廣東人民出版社，2017年，第340頁。關於奧里薩卡（Opucaka）炮，譯者只是音譯沒有考證火炮的類型。據李玉貞引用《來到東方》一書的原文為「Арисака」。見李玉貞：《國民黨與共產國際》（1919～1927），人民出版社，2012年，第255頁。這是日語「有阪」的俄文譯法，也就是說「奧里薩卡炮」譯作中文應該是「有阪炮」，即日本「三一式」火炮。

的重武器，有「三一式」火炮這樣便利的山炮作為火力支持，國民革命軍作戰水平大幅提升，這也為北伐奠定了物質基礎。蘇聯軍事顧問切列潘諾夫說道：「在兩年半之內（1923 年 6 月起），在華南建立了進一步發展革命的根據地，其中蘇聯的援助（滿載軍火的船以及我們的血汗）起了很大的作用。」〔註31〕1925 年 10 月 14 日，革命軍圍攻惠州，陳誠在城外大中堂野炮陣地觀測目標

可以看見該炮兵陣地的主力火炮就是日本「三一式」山炮。

其三，在蘇聯的積極軍援下，國民革命軍實力增強，相較於中國其他軍隊具備了比較優勢。蔣介石麾下的國民革命軍第一軍從無到有，可以說完全依恃蘇聯軍援。即使與同樣接受蘇聯軍援的馮玉祥國民軍相比，切列潘諾夫也認為：「國民革命軍的武器，特別是火炮比馮玉祥部隊的少，機槍數量大致相當。而且在北方還有我們同志們幫助建立的騎兵。馮玉祥的部隊已有七、八年的歷史，而國民軍卻剛剛建立不久。儘管有這些差別，廣州軍總的說來並不比馮玉祥部隊弱。像黃埔軍校的第一、二兩師這樣的現代化師在中國是絕無僅有的。」〔註32〕

〔註31〕〔俄〕亞・伊・切列潘諾夫：《中國國民革命軍的北伐──一個駐華軍事顧問的劄記》，中國社會科學出版社，1981 年，第 301 頁。

〔註32〕〔俄〕亞・伊・切列潘諾夫：《中國國民革命軍的北伐──一個駐華軍事顧問的劄記》，中國社會科學出版社，1981 年，第 304 頁。

　　國民革命軍在經過一系列軍隊整改和武器換新之後，具備了出師北伐的能力。

三、國民革命軍的北伐

　　1926 年 7 月 1 日，國民政府頒布北伐宣言，準備出兵北伐。據切列潘諾夫說統計，當時中國各派的軍事力量對比是：

派　係	步兵師	騎兵師	旅	營	炮兵連	士兵人數（千）	機槍	炮	飛機
奉系	20	3	20	226	62	190	510	390	50
直系（吳佩孚）	19		25			210	220	280	4
直系（孫傳芳）	19		9			157	380	384	
國民軍（馮玉祥）	8	3	9	279	34	130	240	204	10
國民革命軍	17			80	13	90	375	66	6
聯省自治派			5			35			
動向不明或中立派	39		26			220			

資料來源：〔俄〕亞·伊·切列潘諾夫：《中國國民革命軍的北伐——一個駐華軍事顧問的札記》，中國社會科學出版社，1981 年，第 406 頁。

　　這項統計除了對國民革命軍和國民軍的統計可能精確，但對於其他軍事勢力的統計或許並不準確，但是大體反映出各方之間的軍事實力差距態勢是可信的。毫無疑問，當時軍閥勢力最強的是奉系和新直系孫傳芳部，而北伐軍的正面之敵是控制兩湖的直系軍閥吳佩孚部。於是北伐軍決定，首先集中力量攻取兩湖，消滅直系軍閥吳佩孚，佔領長江中游；然後把主力轉向江西，消滅孫傳芳，佔領長江下游；最後討伐奉系軍閥張作霖及其他軍閥。[註33]

（一）北伐出師

　　7 月 9 日，國民革命軍（以下稱「北伐軍」）正式開始北伐。北伐軍的由廣東向湖南的行軍路線是：第一、二、三、四軍沿韶關—安仁—醴陵一線推進，第一、第二兩師沿韶關—郴州—衡州—株洲—長沙一線推進。[註34]

〔註33〕　張光宇：《第一次國共合作時期的國民革命軍》，武漢大學出版社，1989 年，第 120 頁。

〔註34〕　〔俄〕亞·伊·切列潘諾夫：《中國國民革命軍的北伐——一個駐華軍事顧問的劄記》，中國社會科學出版社，1981 年，第 441 頁。

　　北伐軍兵出韶關，向湖南進發，並未遭遇大的抵抗，7月9日、10日第四軍在醴陵、株洲等地，「繳獲步槍五千支、炮十八門、機槍六十四挺，重機槍五挺」。〔註35〕7月11日國民革命軍佔領長沙，這一過程並不兇險但是北伐軍卻繳獲頗豐，有了新的武器裝備來武裝自己。據時任第十二師師長張發奎回憶：

　　　　（佔領長沙後第四軍）第十二師的裝備素質比以前好，因為我們從鄧本殷手中繳獲了一批武器。我們現在只用0.65和0.79公分口徑的步槍。我師有兩挺俄制的新型重機槍，每挺都由兩個輪子架起來。我們也有國產的水冷和氣冷機關槍。但我們仍然只有一門山炮。我把炮兵營改組為機槍炮兵營。……我們仍然利用子彈殼與炮彈殼，但我們現在交他們到石井兵工廠加以鎔鑄，重新製造槍炮子彈。

　　　　俄國人在後勤方面援助我們到什麼程度我不清楚。我所知道的是：以前當團長的必須操心所有的事，包括軍需、傷兵等等；現在的團長就不再擔憂了。軍需總署在國民革命軍司令部設立起來了，由俞飛鵬主管。軍部與師部也設立了兵站，負責向後方運送傷兵，向前線運輸軍火、軍服、糧食等等。口糧是每人每日配給22兩米。如果有結餘，可以售給老百姓，將收入去購置副食品。當軍部兵站不能發放食米或數量不夠時，便發放現金。各部隊在當地年長村民或地方當局幫助下使用現金買米。這樣做很容易，因為湖南盛產稻米。〔註36〕

以北伐的「鐵軍」的武器裝備看，重武器裝備依舊很少。根據張發奎的描述，俄制重機槍可能是沙俄的仿製馬克沁M1905重機槍。國產水冷式機關槍，應是廣東（石井）兵工廠自1919年開始仿製的奧國石瓦茲機關槍，又稱「奧式68水機關槍」。氣冷式機關槍應是仿製「三八式」重機槍。對於彈藥的補給，北伐軍依舊不裕，每次作戰完畢都要收集子彈殼和炮彈殼使其回爐重練，以便再造子彈。以12師為例，以前軍需補給都是靠繳獲。〔註37〕現在北伐軍

〔註35〕〔俄〕亞・伊・切列潘諾夫：《中國國民革命軍的北伐——一個駐華軍事顧問的劄記》，中國社會科學出版社，1981年，第442頁。

〔註36〕張發奎口述：《張發奎口述自傳——國民黨陸軍總司令回憶錄》，當代中國出版社，2012年，第60頁。

〔註37〕張發奎口述：《張發奎口述自傳——國民黨陸軍總司令回憶錄》，當代中國出版社，2012年，第51頁。

的軍需供應在蘇聯的幫助下也運行的井井有條展開，而且在具體問題的處理上更靈活，有力保障了一線士兵的作戰。相對於舊式南方軍隊剋扣士兵兵餉，北伐軍在北伐初期擺脫這一弊病，這對於激勵軍心的作用不可忽視。

8 月 25 日，第四軍已掃除汀泗橋外圍之敵，軍部駐紮石坑渡。「當時汀泗橋附近之敵為第一百團、軍官團、大刀隊及王獻臣部七、八千人。」〔註38〕直系軍隊在此處集結阻擊北伐軍，北伐軍深知如果敵軍援軍一到，汀泗橋更是難攻，獨立團團長葉挺極力主張盡快出擊。

26 日，北伐軍第四軍全部六團與直軍奮戰一天，至深夜還與汀泗橋之敵在相持之中。第三十六團團長黃琪翔認為，北伐軍武器比汀泗橋守軍差，正面強攻恐於北伐軍不利。於是向第十師師長陳銘樞建議，由第三十六團發動夜襲，佔領敵人中央陣地為北伐軍據點，第二日拂曉全線出擊。陳銘樞同意了黃琪翔的建議，並派范漢傑第二十九團立即予以協助。〔註39〕在當地嚮導的幫助下，黃琪翔率二十六團夜間泅渡汀泗橋東，直軍發現黃團蹤跡，瘋狂掃射，但為了不暴露行跡，黃團沒有開槍還擊。第二十九團見狀，則從旁佯攻，直軍不明虛實。黃團在槍林彈雨中，銜枚疾進，衝入直軍陣地以白刃搏殺，雙方來回爭奪汀泗橋直軍主陣地。

27 日拂曉 5 時，第四軍全線出擊，6 時 30 分佔領中央高地和炮兵陣地。直軍一部因東南無險可守，向後撤退被截擊。葉挺獨立團泅渡過河，掩護第四軍正面攻擊之部隊。最終汀泗橋守軍不支，向咸寧方向潰散。在攻克汀泗橋後，葉挺獨立團向退往咸寧的直軍追擊，趁直軍陣腳未穩，佔領咸寧。

汀泗橋一役第四軍繳獲「步槍約三千支，大炮六門，迫擊炮五門，水機關五挺，旱機關四挺，子彈百餘箱。」〔註40〕此役北伐軍雖然取得了勝利，但同

〔註38〕國民革命軍總司令部參謀處：《北伐陣中日記》（1926 年 8 月 27 日），見章伯鋒、顧亞主編：《近代稗海》（第十四輯），四川人民出版社，1988 年，第 96 頁。
《粵軍縱橫》一書中說當時汀泗橋守衛部隊為：「汀泗橋一帶，敵宋大霈、董政國、葉開鑫、李俌章、馬濟、婁雲鶴、陳嘉謨等餘部均集於此，陣地上約有兩萬人，主力為第二十五師第一百團，第一師第一旅，王夢弼第六、李樂浜第七旅殘部，孫建業第十七旅殘部、軍官團及大刀隊等，以宋大霈任總指揮，憑藉天險和堅固工事死守，等待援兵一到，便大舉反攻。」可備一說。見石粦編：《粵軍縱橫——李潔之將軍回憶錄》（上），明報出版社，2009 年，第 181 頁。
〔註39〕石粦編：《粵軍縱橫——李潔之將軍回憶錄》（上），明報出版社，2009 年，第 181 頁。
〔註40〕國民革命軍總司令部參謀處：《北伐陣中日記》（1926 年 8 月 29 日），見章伯鋒、顧亞主編：《近代稗海》（第十四輯），四川人民出版社，1988 年，第 99 頁。

時也暴露出其武器裝備不足，特別是沒有攻擊要塞的重炮，使得北伐軍付出了慘重的代價。

咸寧既下，賀勝橋就成為了北伐軍的下一個目標。8 月 29 日，北伐軍決定「第四軍主攻賀勝橋；第七軍夏威部攻鄂城、胡宗鐸部出袁家鋪攻敵王本立軍，另派一師迂迴從東邊接近武昌；第一軍劉峙第二師及第八軍第八團在咸寧為總預備隊；第八軍大部則由金口渡江襲取漢陽。」〔註41〕

此時吳佩孚親到賀勝橋督戰試圖挽回敗局。但是賀勝橋形勢並不比汀泗橋那般易守難攻。30 日拂曉五時，第四軍發起攻擊。葉挺率獨立團長驅直入，突破直軍防線。第三十五團隨後又佔領直軍第一線陣地。獨立團深入敵軍內部奮死拼殺，被敵軍包圍。在炮火支持下，獨立團越戰越勇，衝出重圍，徹底瓦解直軍防線。〔註42〕直軍兵敗如山，吳佩孚竟殺潰兵止退，但終是大勢已去，最終國民革命軍第四軍佔領賀勝橋。

北伐軍乘勝向武昌進軍。直軍將領劉玉春、陳嘉謨所部武昌守軍依山據險修築工事，在「城內楚望臺、蛇山、黃鶴樓以及各城樓、城垛等要衝均布置有重炮和機關槍，火力強大。」〔註43〕

攻擊武昌前，「（張發奎部）十二師繳獲了大量精良裝備，包括 0.79 公分口徑的步槍，十幾門漢陽造與瀋陽造重機槍。可是，我們的山炮僅具有有限火力，士兵處於不利境況，因為他們見不到敵軍。」〔註44〕「（9 月 1 日）陳銘樞即令第二十九團準備工具攻城。我軍因缺乏重武器，第二十九團突擊隊受阻於敵人強大的火力，攻城失利。」一時之間，北伐軍如何攻克武昌，實現北伐第一階段的目標成為焦點，北伐軍總司令蔣介石也在日記中寫道：「武昌陳逆嘉謨嬰城死守待援，聞之焦灼。」〔註45〕

9 月 3 日，北伐軍再次組織部隊攻城。由於「守城部隊對工事構築、武器

〔註41〕石嶙編：《粵軍縱橫——李潔之將軍回憶錄》（上），明報出版社，2009 年，第186 頁。

〔註42〕石嶙編：《粵軍縱橫——李潔之將軍回憶錄》（上），明報出版社，2009 年，第189 頁。

〔註43〕石嶙編：《粵軍縱橫——李潔之將軍回憶錄》（上），明報出版社，2009 年，第192 頁。

〔註44〕張發奎口述：《張發奎口述自傳——國民黨陸軍總司令回憶錄》，當代中國出版社，2012 年，第 62 頁。

〔註45〕蔣介石 1926 年 9 月 2 日日記。

運用、火網編成以及各防禦手段之配合，均甚優越。」〔註46〕加之北伐軍「缺乏有效的攻城器械，既攀爬不上城頭，又炸不開城門，且我炮兵當時忙於與敵炮兵對抗、未能集中火力摧毀城牆，戰至上午七時，無功而返。」〔註47〕正面攻城的計劃並沒有奏效。身臨前敵的軍事顧問加侖在軍官會議上分析認為沒有炮兵火力是攻城失利的主要原因之一。〔註48〕鑑於攻城重火力不足，北伐軍放棄正面突擊強攻的計劃。〔註49〕直到 9 月 6 日，第八軍攻克漢陽，7 日攻克漢口，切斷武昌劉玉春部的糧食供應線。武昌守軍一部因糧盡援絕於 10 月 10 日開門投降。

　　長達四十天的武昌圍城，說明北伐軍受限於武器裝備，遲滯了自身的戰略推進。參與攻城的蔣鼎文總結武昌圍城久攻不下的原因有：「一、城池堅固；二、我工兵組織不完備；三、我炮兵只有野炮、陸炮和山炮，而無攻城重炮（如武昌城垣之堅固，至少十五生的口徑重炮，並準備□發以上炮彈，方能奏效。）以致曠日持久，延長各方面戰事。」〔註50〕

（二）底定華東

　　就在武昌圍城之時，國民革命軍決定進攻江西。9 月 3 日蔣介石向朱培德右翼軍及程潛第六軍下達於 9 月 6 日向江西孫傳芳部發起攻擊的命令；同時任命第一軍軍長何應欽為攻閩軍總司令，第四軍軍長李濟深為攻贛總司令，令他們率領所部由廣東進攻閩、贛，策應江西戰場。〔註51〕

　　據切列潘諾夫說，福建周蔭人所部閩軍實力並不弱：「即使不算第三師（指李鳳翔福建第三師），敵人的優勢也是非常顯著的；敵軍二萬二千人，配有十

〔註46〕蔣緯國主編：《國民革命戰史》（第二卷），黎明文化事業股份有限公司，1980年，第 164 頁。

〔註47〕石燁編：《粵軍縱橫──李潔之將軍回憶錄》（上），明報出版社，2009 年，第192 頁。

〔註48〕〔俄〕亞‧伊‧切列潘諾夫：《中國國民革命軍的北伐──一個駐華軍事顧問的劄記》，中國社會科學出版社，1981 年，第 453 頁。

〔註49〕張發奎口述：《張發奎口述自傳──國民黨陸軍總司令回憶錄》，當代中國出版社，2012 年，第 64 頁。

〔註50〕蔣光鼐：《武昌圍城之役經過概要》，《軍事雜誌（南京）》1928 年第 3 期，第17 頁。

〔註51〕來新夏等著：《北洋軍閥史》（下），東方出版中心，2016 年，第 996 頁。蔣介石日記記錄是 9 月 2 日下達於 9 月 5 日攻擊江西命令，見蔣介石 1926 年 9 月3 日日記。

八門炮和二十五挺機槍，國民革命軍九千人，配有七門炮和三十四挺重機槍。」
〔註52〕但北伐軍進退得宜，指揮有方，沒有經歷惡戰便於10月14日擊敗侵
犯廣東之閩軍主力。隨後何應欽率部進入福建，策應江西戰場。

9月18日，北伐軍攻佔江西高安。19日，程潛偵知南昌守備空虛，孤軍
冒進，雖然一時佔據南昌，但孫傳芳軍派重兵反撲，雙方反覆搏殺，致使第六
軍損失慘重退出南昌。程潛的冒進也打亂了北伐軍的作戰計劃，蔣介石認為：
「程欲急下南昌以爭功，顧問亦有偏心。如程照原令攻九江，則第七軍不致遲
延，而第六軍亦不致失敗，至此其直衝南昌，而致武寧於不顧，使該路之敵回
攻修水，以致後方動搖，通城吃緊。可歎。」〔註53〕於是調整作戰部署，命第
一軍第二師接替第二軍至清江監視樟樹之敵，而以第二軍轉攻吉安，協同贛南
各部解決蔣鎮臣所部敵軍，再沿贛江右岸直趨樟樹，逼進南昌。

9月30日，孫傳芳部4個混成旅向第一軍進攻，第三軍加入戰鬥，最終
孫傳芳4個旅和一個師被殲滅。對於北伐軍取勝的原因，加倫分析認為：

> 孫傳芳的軍隊作戰很出色，在軍容、軍風和訓練方面都優於我
> 們。而且他們供應充分，機槍和大炮也很多。例如，我們往往一個
> 軍中只有1到2門炮，而孫傳芳的一個師就不下4門炮，加之孫傳
> 芳軍中有幾個旅，其人數相當於我們的師，旅也有這個數量的炮。
> 在戰鬥中，他們火力猛，命中率高，使我們遭受很大損失，儘管敵
> 人在武器裝備上和軍隊數量上佔有優勢，但我們這些南方小鬼們在
> 戰鬥中的表現還真不含糊，迄今為止，只有第十七師有點招架不住
> 敵人的猛烈炮火。我們贏得勝利靠的只能是頑強、步兵或夜襲。在
> 最近幾次戰鬥中第三軍傷亡約有2000人。〔註54〕

10月1日，蔣介石命令俞飛鵬將6.5毫米及7.9毫米步槍彈運至高安，
〔註55〕為進攻南昌做好軍需補給準備。6日，蔣介石下令在贛各軍會攻南昌，

〔註52〕〔俄〕亞・伊・切列潘諾夫：《中國國民革命軍的北伐——一個駐華軍事顧問
的劄記》，中國社會科學出版社，1981年，第453頁。

〔註53〕蔣介石1927年9月28日日記。

〔註54〕〔俄〕阿納斯塔西婭・卡爾圖諾娃編，張麗譯：《來到東方：加倫與中國革命
史料新編》，廣東人民出版社，2017年，第381頁。

〔註55〕《蔣中正電俞飛鵬速將一元票及七九與六五彈運至高安並派員接手整理贛南
財政》（1926年10月1日），臺北「國史館」藏，典藏號：002-080200-00396-
017。

但是各部協調不一，圍攻南昌不順，蔣介石決定南昌撤圍，將主攻方向轉為孫傳芳主力所在的南潯一線，計劃畢其功於一役，打破江西戰場的僵局。南潯一線連接南昌與九江，是孫傳芳軍的主要補給線。11月2日北伐軍分三路進攻南潯，左路軍（第四、七軍及獨立二師）於當日佔領德安、馬回嶺。5日中路軍佔領吳城。右路軍左縱隊在紐行與孫傳芳軍對峙。白崇禧統兵來援，在滁槎圍殲正面之敵。因孫傳芳軍蔣鎮臣部則在南昌城外向右路軍右縱隊繳械，南昌守軍見情況危急，旋即繳械，北伐軍兵不血刃佔領南昌。至此孫傳芳勢力大部退出江西，回防江蘇。蔣介石在在日記中總結這場戰役說：

> 早起得報白參謀長在漢口附近繳獲敵械萬餘杆，俘虜二萬名。所有鄭俊彥部之旅長李彥俊、王良田與楊賡和各高級官長完全被虜。前日在吳城盧香亭部之劉士林、崔金桂一被殺、一自刎，所部亦無漏網，而贛軍岳思寅、唐福山、蔣鎮臣各師長亦皆被虜。孫賊五省之兵力除孟昭月旅外，再無殘餘矣。我軍作戰部隊以二萬之餘眾，以殲滅逆敵六萬餘人，心雖悲愴痛苦，而東南之大患除矣。下午二時入南昌城。即往醫院看視傷兵，悲喜交集。〔註56〕

江西之戰，北伐軍傷亡大約在15,000人，其中粵軍損失的比例最大，中下級軍官損失75%，團長損失一半。〔註57〕時值初冬，天氣漸冷，粵軍還穿著廣東的夏季軍裝，光腳穿著草鞋。〔註58〕軍需補給已發生明顯困難，11月13日總司令部總需處長朱芾致電蔣介石報告北伐軍長沙、武昌軍械儲存情況：

> 職於庚日赴所武昌、長沙軍械處。現存迫擊炮四十尊。水機關四枝，漢廠七九槍七百四十枝，手（槍）一百二十九枝，彈四六億零零發。□〔註59〕五大炮二尊，七九機槍彈壹零五五零零發，水雷拾個。〔註60〕

〔註56〕蔣介石1926年11月9日日記。

〔註57〕〔俄〕阿納斯塔西婭・卡爾圖諾娃編，張麗譯：《來到東方：加倫與中國革命史料新編》，廣東人民出版社，2017年，第426頁。

〔註58〕〔俄〕阿納斯塔西婭・卡爾圖諾娃編，張麗譯：《來到東方：加倫與中國革命史料新編》，廣東人民出版社，2017年，第394頁。

〔註59〕原電報未譯，疑為「七」，但其電碼號「（0604）」與前文「七（0934）」電碼號不同。

〔註60〕《朱芾電蔣中正八日赴武昌及如何分存長沙軍械處漢廠所存槍砲彈》（1926年11月13日），臺北「國史館」，典藏號：002-080200-00008-021。

　　可見此時北伐軍後勤補給已經不繼。不過自漢陽被北伐軍佔領後，漢陽兵工廠已入北伐軍手中，可以為北伐軍提供一定數量的彈藥支持。所以此一時期北伐軍沒有繼續征討孫傳芳，而是休養生息以備再戰。

　　1926 年 12 月 30 日，蔣介石寫道：

> 下午會客後與加倫談時局及統計全軍兵數為二百團，戰鬥兵為十六萬四千，而槍枝數則為二十二萬七千杆，第一軍則有三萬槍數也。全軍人數為二十六萬也。……本日情報，張作霖捕其參謀長楊宇霆，英國允加二五關稅，奉日關係或固之破裂也。魯軍集中於津浦，徐州蚌埠間約十二萬，其槍數則不足。奉軍集中於磁州約三萬人，赴包頭約二萬人。〔註61〕

　　在蔣介石看來，當時無論是兵力還是外交，北伐軍已然略有優勢。

　　1927 年 1 月，蔣介石下令北伐軍分別由贛東、閩北入浙，兩軍會攻杭州。2 月 18 日，北伐軍第一師佔領杭州。據白崇禧報告僅克復杭州一役，北伐軍就繳獲，「槍六千支，機關槍百餘挺，大炮十餘門。」〔註62〕可以看出北伐軍自進軍浙江之後，繳獲頗豐，一定程度上補充了自身武器裝備之不足。

北伐軍一個重機槍連正在休息

圖中清晰可見該連裝備有四挺馬克沁重機槍。圖片來自駱藝、黃柳青編：《軍閥之國——從晚清到民國時期的中國軍閥影像集（1911～1930）》，人民日報出版社，2015 年。

〔註61〕蔣介石 1925 年 12 月 30 日日記。

〔註62〕黃嘉謨編：《白崇禧將軍北伐史料》，臺北「中央研究院」近代史所，1994 年，第 25 頁。

3 月 14 日，北伐軍與張宗昌率領的直魯聯軍在蘇南展開激烈的戰鬥，戰前程潛曾致電蔣介石要求撥給子彈及重機槍：

> 據軍械處電稱：本軍出發各兵平均僅攜彈百廿發。總部對職部子彈至今未發，現各師催領甚急等語。查職部自粵出蘇以來，領彈極少，向所得敵彈在徐家埠奉命分撥第七、第三及第廿一師，前後約五六萬，以致毫無存儲。現我軍已入蘇，與魯逆接近僅卅里，進攻在即。據聞漢廠子彈完全提解南昌總部，轉解他軍以致無由領取。萬懇飭南昌軍械處速撥漢廠七九子彈百五十萬發，或電漢廠照數撥給，迅解前方。又前奉批發之機關槍十二支，至今只領得五挺，亦懇電飭朱參謀長速發。事機迫切，無任禱盼。〔註63〕

3 月 20 日，北伐軍參謀部兩次電催鄧演達撥給江右軍（程潛、賀耀祖）七九子彈二百萬發。〔註64〕

22 日張宗昌在電報中描述了雙方搏殺的過程：

> 我軍自十四日開始，戰鬥以來，敵軍自當塗、溧水、宜興等處分道向我軍猛撲，約有十餘萬眾，勢極狷獗，我軍士氣百倍，晝夜均戰，戰鬥異常激烈，繼以溧水、溧陽兩線，敵軍聚大部援隊，我軍眾寡懸殊，決計逐漸佯退，誘敵深入，一面加入預備軍，準備敵軍主力，聚而殲之。本日拂曉，由板橋鎮，牛首山一帶繼續進攻，我於旅長世命率精銳三團以上，向板橋方面側擊，復由徐總指揮源泉督所部向正面猛力進攻，敵軍始猶頑強抵抗，我軍奮勇衝鋒，敵卒不支。至午後二時，敵已全線搖動，形勢極為凌亂，即將全部潰退。我褚總司令現率三旅以上，各手提機關槍隊，親往督戰。……
> 〔註65〕

可見兩軍戰鬥之慘烈，褚玉璞親率督戰隊至前線督戰。阻擊張宗昌部的北伐軍主要的戰略任務是，不要使直魯聯軍與孫傳芳軍合兵一處。如此激烈的鏖

〔註63〕《程潛電蔣中正現所部入蕪湖進攻魯軍在即各師彈藥不足請飭南昌軍械處撥發及前批發機槍不足數請電朱紹良速撥》（1927 年 3 月 7 日），臺北「國史館」，典藏號：002-090101-00002-075。

〔註64〕國民革命軍總司令部參謀處：《北伐陣中日記》（1927 年 3 月 20 日），見章伯鋒、顧亞主編：《近代稗海》（第十四輯），四川人民出版社，1988 年，第 219 頁。

〔註65〕《張宗昌關於在蘇南溧水溧陽與北伐軍作戰通電》（1927 年 3 月 22 日），見中國第二歷史檔案館編：《中華民國檔案史料彙編‧第三輯‧軍事》（3），1994 年，第 790 頁。

戰也達到了戰略目的。但是從這場與直魯聯軍的第一次交手中明顯可以看出，北伐軍對於彈藥的需求猛增。在 3 月 22 日，程潛部給北伐軍參謀部的報告中也稱：「是役斃敵甚多，我軍傷亡營長以下數百名，消耗子彈約百萬顆，炮彈消耗殆盡。」〔註66〕

1927 年 3 月上海戰場中遺留的武器

圖片來自 HISTORICAL PHOTOGRAPHS OF CHINA

　　3 月 21 日北伐軍佔領上海，4 月 3 日，北伐軍順利攻克南京城。但是軍事推進的同時，蔣介石與武漢國民政府的政治分歧也日益白熱化。武漢國民政府也曾以切斷軍需供給的手段，逼迫蔣介石服從中央號令。3 月 20 日，武漢方面以「未奉令」為由遲遲不發朱培德部所需的重機槍及子彈。〔註67〕21 日朱培德再次致電蔣介石催要軍械。〔註68〕同日程潛部也迭次催要槍彈，蔣介石只好命令俞飛鵬從九江撥給程潛部子彈一百萬顆〔註69〕。4 月 9 日吳敬恒、蔡

〔註66〕國民革命軍總司令部參謀處：《北伐陣中日記》（1927 年 3 月 22 日），見章伯鋒、顧亞主編：《近代稗海》（第十四輯），四川人民出版社，1988 年，第 225 頁。

〔註67〕《朱培德電蔣中正部隊已開拔需用武器甚急請飭軍械處發給使用》（1927 年 3 月 20 日），臺北「國史館」藏，典藏號：002-080200-00021-019。

〔註68〕《朱培德電蔣中正請再令武昌軍械處撥發械彈》（1927 年 3 月 21 日），臺北「國史館」藏，典藏號：002-080200-00021-025。

〔註69〕《程潛電蔣中正各縱隊催彈甚急請電俞飛鵬由九江撥發百萬子彈》（1927 年 3 月 21 日），臺北「國史館」藏，典藏號：002-080200-00021-038。

元培、陳果夫等在上海通電，也對於武漢方面將限運武器軍械作為政治鬥爭一事頗表憤慨：

> 槍械子彈，為北伐之命脈，乃武漢聯席會議三電粵兵工廠，令其停工，拆移機器於漢陽。此其壟斷軍械、阻礙北伐之陰謀，已顯然畢露。乃猶不止此，當國民革會軍力攻蘇浙時，連電請濟子彈，漢方均置若罔聞，是實欲置國民革命軍於死地，乃快厥心。〔註70〕

　　雖然限制武器供給的做法確實給蔣造成一定程度的困擾，但是並沒有起到阻止蔣介石「清共」的效果。4 月 12 日，蔣介石在上海實施「清共」。蔣介石「清共」的決定意味著其放棄了蘇聯的軍事援助，同時武昌方面也停止了蔣介石的軍需供給，上海兵工廠產量又有限，擺在蔣介石面前的問題是如何保障北伐軍後續的軍需。

（三）進軍華北

　　孫傳芳深知依靠自身的力量無法與北伐軍抗衡，於是在 4 月 19 日通電依附張作霖。〔註71〕孫傳芳與奉系軍閥聯手使得北伐軍面臨的困愈發嚴峻。

　　當時列強的「武器禁運協定」依舊有效，如果蔣介石想要購買武器只能是求助於沒有加入武器禁運協定的德國、丹麥等國或者是向私人軍火商購買。1927 年 6 月 6 日，蔣介石令「黃郛與松井商議購辦軍械事。能於最短二月內交貨即可如期移兵西進，否則甚危。蓋消滅孫逆需時，而對魯又不能不防。故抽主力以攻武漢甚難，需械尤急也。」〔註72〕

　　6 月 22 日蔣介石在日記中寫道：「應辦之件：致電慕尹應敵之方，電任潮近情，監視運輸，派員赴湘，電川黔應敵之方，調查子彈確數，新制槍彈，設法對孫……詢宋（宋子文）電整頓路政，調查戶口，購槍。」〔註73〕為了使軍械分配調度更為合理，蔣介石下令北伐軍總司令部設立軍械庫，管理各軍收繳的槍械。〔註74〕

〔註70〕《總統蔣公大事長編》（卷一），第 146〜153 頁。

〔註71〕《孫傳芳痛陳贛江三戰敗北誓隨張作霖與北伐軍決戰電》（1927 年 4 月 19 日），見《中華民國檔案史料彙編・第三輯・軍事》(3)，中國第二歷史檔案館，1994 年，第 796 頁。

〔註72〕《事略稿本——民國十六年五至六月》（1927 年 6 月 6 日）臺北「國史館」藏，典藏號：002-060100-00003-037。

〔註73〕蔣介石 1927 年 6 月 22 日日記。

〔註74〕《蔣中正電朱培德白崇禧由總司令部設軍械庫收藏各軍繳來槍械再分配》（1927 年 7 月 16 日），臺北「國史館」藏，典藏號：002-010100-00009-045。

北伐軍使用的克虜伯 75 毫米野戰炮

隨著戰爭的進行，北伐軍繳獲了更多先進的武器裝備。圖片來自駱藝、黃柳青編：《軍閥之國──從晚清到民國時期的中國軍閥影像集（1911～1930）》，人民日報出版社，2015 年。

　　7 月下旬，直魯聯軍與孫傳芳殘部聯合反攻徐州得手。時在張宗昌軍中的李藻麟回憶北伐軍圍攻徐州之戰說：

　　　　國民革命軍為了挽回敗勢，立即調集有力部隊，由蔣介石親自指揮，企圖一舉奪回徐州重鎮。直魯軍仍然採取以逸待勞、誘敵深入、出其不意、聚而殲之的方略。蔣介石求勝心切，長驅直入，兵臨徐州城下，直魯軍自正面和兩翼突然發起猛烈反攻，國民革命軍全線潰退。直魯軍乘勝追擊，特別是鐵甲列車在追擊速度和威力方面發揮了巨大的作用。……〔註 75〕

　　在直魯聯軍的優勢火力下，北伐軍死傷枕藉。京畿憲兵司令王琦向張作霖報告說「是役約斃敵兩萬餘人」。〔註 76〕李宗仁說這次徐州之戰「潰敗之慘，實前所未有。」〔註 77〕

〔註 75〕 李藻麟：《我的北洋軍旅生涯》，團結出版社，2017 年，第 121 頁。

〔註 76〕 《京畿司令部王琦關於徐源泉等部在徐州擊潰北伐軍情形給軍事部呈》（1927年 8 月 4 日～8 日），見《中華民國檔案史料彙編·第三輯·軍事》（3），中國第二歷史檔案館，1994 年，第 817 頁。

〔註 77〕 李宗仁：《徐州班師與龍潭之戰》，見全國政協文史和學習委員會編：《國民革命軍北伐親歷記》，2017 年，第 217 頁。

奉軍遭遇北伐軍炮擊情形

圖片來自駱藝、黃柳青編：《軍閥之國──從晚清到民國時期的中國軍閥影像集（1911
～1930）》，人民日報出版社，2015 年。

張宗昌部繳獲北伐軍的鐵甲列車

圖片來自駱藝、黃柳青編：《軍閥之國──從晚清到民國時期的中國軍閥影像集（1911
～1930）》，人民日報出版社，2015 年。

　　而軍事上取得了勝利的張宗昌仍在擴充自身實力。1927 年 7 月，張宗昌
向捷克布魯恩（Brunn）兵工廠購買了五萬支步槍。除此之外，張宗昌還在德
國私人軍火商處購得了 6,000 支步槍和 600 萬發子彈。〔註 78〕

〔註 78〕 Anthony B.Chan, Arming the Chinese, Vancouver, university of british columbia
　　　　 press, 1979, p93.

　　一方面國民黨內部反對蔣介石的人越來越多，另一方面北洋軍閥攻勢咄咄逼人，蔣介石此時「被迫下野」何嘗不是一種「就坡下驢」。失去蘇聯的後援後的蔣介石時深知繼續北伐，軍事上已處於明顯劣勢，並無必勝把握，開始積極尋求其他列強的幫助，日本自然是蔣介石的首選。11 月 14 日，蔣介石在日本會見日本首相田中義一。田中義一表示日本政府絕對沒有支持過張作霖，日本只是希望中國東北的治安得到維持。蔣介石卻表示，「現在和中國打交道的列強雖然為數不少，但確有緊密的利害關係的不過日、俄兩國。俄國在這種理由下，對中國已經有所干涉，日本為什麼沒有理由進行干涉和援助呢？」〔註79〕言下之意就是要求日本給予援助。

　　馮玉祥在河南戰場與張宗昌作戰的主力，自然不想張宗昌源源不斷的獲得武器裝備，聽聞張宗昌又要購買德國軍械，馮玉祥要求國民政府對此問題予以交涉，阻止張宗昌獲得更多武器。國民政府針作出反應，向海軍司令部、外交部、財政部發布命令：

　　　　為令飭事：本月十三日據國民革命軍西北軍總司令馮玉祥文電內稱：濟密。頃據職部張總司令之江電稱：據天津來人報稱，魯張由德購步槍兩萬四千支云云。伏乞鑒核。除電覆並分飭設法扣留，嚴重交涉外，函令該部迅即嚴重交涉，轉飭扣留，是為至要。切切。〔註80〕

　　德國領事不久回應稱從事該筆軍火所操作之人「克立本多夫者雖係德產，然已失去德籍，現隸美籍。」〔註81〕也就是說對於奉系的軍火購入，德國政府愛莫能助。但國民政府依舊使用海軍軍艦進行稽查。〔註82〕

　　馮玉祥的西北軍現在歸入國民政府麾下，是北伐的中堅力量。馮玉祥沒有了蘇聯的軍援之後，便在寧漢之間左右逢源，索要軍械物資。12 月 16 日，國民軍張之江等向南京國民政府索要武器和餉械，關於武器部分其要求是：

〔註79〕 李華譯：《田中義一與蔣介石會談記錄》（1927 年 11 月 14 日），見章伯鋒、李宗一：《北洋軍閥》（第五卷），武漢出版社，1990 年，第 508～513 頁。

〔註80〕 《國民政府令軍事委員會等為馮玉祥電稱設法扣留魯張軍械一案分飭扣留並嚴重交涉》（1927 年 12 月 15 日），臺北「國史館」，典藏號：001-071147-00001-002。

〔註81〕 《外交部次長代理部務郭泰祺呈國民政府為飭查德國接濟北方軍閥軍械一案將德領來函並青島中華英文正報抄呈鑒核》（1928 年 2 月 13 日），臺北「國史館」，典藏號：001-071147-00001-008。

〔註82〕 國民革命軍總司令部參謀處：《北伐陣中日記》（1928 年 2 月 5 日），見章伯鋒、顧亞主編：《近代稗海》（第十四輯），四川人民出版社，1988 年，第 642 頁。

（1）職軍鏖戰許久，軍械無從補充，前決定由武漢補充之彈藥
既為唐生智所扣留，而由滬寧補充者亦無法運輸。最近豫東、河北
三次血戰子彈消耗殆盡。大敵當前，務乞迅速撥發六五、七九子彈
共五百萬粒，以利北伐。

（2）奉魯軍有帝國主義之援助，軍器精良，又甚充足，尤以飛
機、毒瓦斯兩項為最殘酷之器具，擬請籌發飛機若干架，高射炮若
干尊，以資抵禦。毒瓦斯防禦器亦乞籌發。〔註83〕

對於馮玉祥的要求南京國民政府自然不敢怠慢，但是對於高射砲等武器
裝備只能推託說正命令兵工廠研究製造辦法。〔註84〕

1928年1月4日，蔣介石回到南京，恢復國民革命軍總司令職。1月16
日，馮玉祥致電總參謀部稱：

據確報張逆作霖，由天津海口輸入步槍三萬五千支，子彈一千
五百萬粒，預備反攻。……按張宗昌、孫傳芳兩逆所部精銳，在隴
海、津浦兩線迭遭慘敗，損失殆盡。其張逆作霖所部，雖稱頑強，
而攻晉攻涿，死亡數萬，兵挫力竭，士氣已餒，然以其為帝國主義
之走狗，利器源源而來，恢復自非難事。當此科學戰爭之時期，以
槍炮少而劣與多而精者遇，則多者精者，自操勝算。敵人取攜有自，
而我則製造不備，實力厚薄，顯然判分。自應迅速設法，多購械彈，
以備攻敵之用。……〔註85〕

北伐軍都深知奉軍的裝備精良，與其戰鬥必須要加緊購買更為精良的武
器裝備，以資使用。但奉系畢竟自第一次直奉後，就開始購置軍械和發展兵工
廠，其軍火貿易關係網絡和軍工基礎都更為雄厚，東北三省進可攻退可守。想
要徹底消滅奉系實為不易之事。

2月4日，馮玉祥向蔣介石通報獲得的奉軍情報：

〔註83〕《國民聯軍代表張之江等呈國民政府為軍械餉項及國民軍聯軍名義三項提案
請示》（1927年12月16日），臺北「國史館」，典藏號：001-073230-00001-
011。

〔註84〕《軍事委員會呈國民政府為撥發總司令馮玉祥軍械當陸續籌發高射砲等軍器
飭兵工廠研究製造辦法》（1928年1月5日），臺北「國史館」，典藏號：001-
073204-00001-028。

〔註85〕國民革命軍總司令部參謀處：《北伐陣中日記》（1928年1月19日），見章伯
鋒、顧亞主編：《近代稗海》（第十四輯），四川人民出版社，1988年，第627
頁。

　　頃據天津特別密探報告，奉張極焦急。因召張、褚等人晤會，
刻間辦法乃暫定。第一步整理內部，視整理如何，支配新購軍械，
聞于學忠所得獨多。第二步，認蔣、閻與馮決難互為呼應，先全力
造謠離間並對付河北我軍，倘倖一戰而勝，與蔣、閻再定和戰。並
擬一面挑撥桂系，一面運動蔣在山東到緩衝地帶，妄異延遲等語。
謹聞。〔註86〕

　　很明顯奉系內部一邊在整軍經武積極備戰，一邊又在試圖從北伐各軍內
部挑起爭鬥，重演第二次直奉戰爭的勝利。北伐軍自然不能甘於落後，也積極
向外國軍火商購買軍械，擴軍備戰。

　　1928 年 2 月 27 日，俞飛鵬致電蔣介石：

　　　　前奉電諭，就滬購七九步彈，遵即會同陶處長樹模與商人接洽。
　　業於本日定約，數額三百萬，價共一十八萬兩，期限十二天交貨。
　　合同另函呈繳惟認現款，價款需洋二十萬元待交。急請即面商宋部
　　長，即予設法籌足匯下應用。至前請宋部長續籌之八十萬兩，除先
　　後已交五十八萬外，二十二萬未交，並乞催請，迅速發清。〔註87〕

　　蔣介石批示道：「凡我請兄陸續支借之款，可陸續向宋部長取還，不過先
墊而已。守梅之款應先還，余仍催宋速還清之。」可見北伐軍購置軍需彈藥最
主要的困難還是財政不裕。同日俞飛鵬又詢問蔣介石，禪臣洋行有德國駁殼槍
300 支，每支 123 元；勃朗寧手槍 70 支，每支 65 元，要不要購入。蔣介石批
覆到：「可買」。〔註88〕

　　蔣介石復出之後，開始著手二次北伐。蔣介石對於購買軍械一事備為關
注，4 月 6 日，張群向蔣介石報告與德國禪臣、義太兩家洋行的商議情況：

　　　　禪臣洋行接洽結果：彈千萬發價十七萬，兩三月交貨，款分三
　　期，定約時交四成貨；由外國起運時交四成；餘二成貨到後交。條
　　件不允讓步，此外接洽甚多。但以楊幼京介紹之德商義太洋行所議

〔註86〕　《馮玉祥電蔣中正言張作霖召張宗昌等會商支配軍械離間其與蔣中正閻錫山
　　　　　褚玉璞》（1928 年 2 月 24 日），臺北「國史館」，典藏號：002-020100-00017-
　　　　　010。
〔註87〕　《俞飛鵬電蔣中正請與宋子文商購軍械並速撥清籌餘款》（1928 年 2 月 8 日），
　　　　　臺北「國史館」，典藏號：002-080200-00030-033。
〔註88〕　《俞飛鵬電詢蔣中正鈞部是否需用德國槍械》（1928 年 2 月 27 日），臺北「國
　　　　　史館」藏，典藏號：002-080200-00030-031。

　　價格及條件較為妥當：計槍一萬支，彈一千萬發共一百五十六萬元。

　　如單購彈八十八萬元。二月半交貨。款存浙江實業銀行，貨到再交。

　　〔註89〕

　　蔣介石對此事批覆說：「義太與禪臣均可購買……其款由陳果夫籌備決勿誤也。」〔註90〕可見北伐軍失去蘇聯軍事援助後，迅速和不受「武器禁運協定」限制的德國走進，向其購買武器裝備以資利用。

　　5月2日北伐軍開進濟南城。5月3日「濟南事件」爆發。日軍這一挑釁行為也打亂了北伐軍的作戰部署。5月10日，日軍進攻濟南，北伐軍退避，在日軍的火力打擊下造成中國軍民3,254人死亡，1,450人受傷，是為「濟南慘案」。

　　日本出兵濟南是以保護僑民為由，其實更與其所謂滿蒙政策息息相關。早在日本東方會議後，奉天日本總領吉田茂就要求北京政府解決中日懸案，「濟南事件」發生後，日本更加逼迫張作霖妥協。張作霖無奈通電呼籲息內爭以禦外辱，與北伐軍達成某種默契。

　　1928年5月28日，蔣介石正式下令各集團軍向京、津發起總攻擊，30日，克保定，31日，下高陽。6月2日北伐軍佔領滄州，張作霖離開北京。6月4日凌晨，張作霖在皇姑屯被日本關東軍炸傷，翌日去世。張作霖是北京政府最後一位國家元首，北洋軍佔領北京標誌著北洋時代的終結。

〔註89〕　《張群電蔣中正請俞飛鵬前來共同辦理購彈事宜》（1928年4月6日），臺北「國史館」藏，典藏號：002-080200-00031-048。

〔註90〕　《蔣中正電張群華太與禪臣槍彈均可購訂俞飛鵬一時不能回申請兄負責辦理其款由陳果夫籌備決勿誤也》（1928年4月6日），臺北「國史館」藏，典藏號：002-090106-00006-269。

結　語

　　中國近代歷史是一部由戰爭鑄就的歷史，研究武器裝備的發展脈絡以及在戰爭中的應用，才能更好地回溯到歷史場景，接觸歷史本相。本文以武器裝備為研究視角，旨在探討軍事技術細節，打破傳統認知「重戰略輕細節」的藩籬，還原從晚清到民國近代陸軍武器裝備發展的真正歷史。

　　自甲午戰爭之後，「強兵」的理想無疑是整個中國社會最大的基本認同。而為了達到「強兵」的目的，清政府委託漢納根購買了大量的武器裝備來籌建新型陸軍。利用西方武器武裝起來的北洋新軍卻在辛亥革命中給予了清王朝致命一擊，迫使清帝退位。可以說北洋新軍是舉全國之力打造的新型陸軍，其武器裝備和兵源素質都優於各地軍事力量，北洋新軍「順理成章」地成為了操控辛亥政局的最主要力量。

　　以袁世凱為首的北洋軍閥成為一個緊密的軍事政治團體開始操控北洋政府，而維持袁世凱統治基礎的就是北洋軍強大的武器裝備。袁世凱統治時期發動的贛寧之役與護國戰爭，北洋軍在武器裝備方面一直處於優勢，贛寧之役中最為明顯的是革命軍在各個戰場都無法對抗北洋軍的進攻。護國戰爭中北洋軍的軍事優勢依然不可撼動。

　　袁世凱死後，段祺瑞、馮國璋等軍閥依靠強大的軍事實力繼續控制北京政府。以段祺瑞為首的皖系為了實現南北統一的目的，不惜與日本人簽訂軍械借款，編練所謂的參戰軍和國防軍。直皖戰爭中，皖系一朝敗北，其購買的日本軍械流入直系軍閥和奉系軍閥手中，使得直系軍閥得以繼續控制北京政府。

　　直系在戰勝皖系之後，因受「武器禁運」的影響武器裝備購買、更新變得異常緩慢，其對於兵工廠的發展亦沒有系統的規劃，致使漢陽兵工廠和鞏縣兵工廠的生產效率沒有進一步提高。基於此，直系軍閥最終向沒有參加「武器禁運」的意大利購買軍火，但購買軍火的數量有限。在北洋軍閥混戰時期，如果不能在武器裝備上有壓倒競爭對手的優勢，其統治基礎也隨之會被弱化。

　　直奉之間因為「分贓不均」引發的矛盾很快爆發。第一次直奉直奉戰爭後，戰敗的奉系加緊了武器裝備的更新換代，通過一系列軍事改革和兵工廠的大規模發展，一躍而成為當時中國最強大的軍事勢力。待第二次直奉戰爭爆發，奉軍長驅入關，繼續盤踞北京政府。

　　孫中山領導的國民黨在蘇聯的軍事援助下異軍突起。廣州國民政府成立之後，將國民黨控制的各種軍事勢力改編為「國民革命軍」，蘇聯軍事援助的擴大造就了國民革命軍北伐的基本軍事力量。在攻克武漢、收復江西、底定華東的過程中，國民革命軍通過戰場繳獲，不斷壯大了自身的軍事力量。蔣介石發動「四一二」反革命政變後，蘇聯停止軍事援助，蔣介石曾想向日本購買軍械，但「濟南事變」的爆發，使得蔣介石最終轉向了與德國進行軍事合作。

　　北洋時期掌控中央政府的各種勢力的崛起，無論是在軍事上還是政治上，都是以擁有武器裝備為前提條件。從這一點來說武器裝備無疑是形塑了北洋時期軍閥政治的格局。

　　軍火貿易和武器仿製是從晚清到民國武器裝備發展的二重奏，其中軍火貿易是主流，武器仿製只是軍火貿易的一種附庸。作為民族工業中最重要的軍事工業，受限於資金供給、技術引進以及原材料供給困難，並沒有在北洋政府統治時期得到發展。北洋時期雖然戰爭頻仍，但沒有雄厚軍事工業作為支撐，中國的軍隊發展建設只能亦步亦趨，受制於人。反思歷史，並不只是簡單地認識到歷史事實，更應該放到歷史的「長時段」去考量。自「九一八」事變開始，中國軍隊節節敗退，很重要的原因就是武器裝備的落後。發展軍事工業並不是一朝一夕的努力就可以完成的，需要科技人才培養、科研技術積累才能使兵工企業發展跟上世界軍事變革潮流。北京政府時期軍閥混戰導致了兵工企業發展停滯不前，造成中國軍隊武器裝備落後，不足以抵抗日本侵略者。所以對於中國兵工發展而言，北京政府時期是一次「失去的機會」。

　　總體而言，北洋時期的軍事發展是中國政治的特殊變異，但是在戰爭的形式上卻並不是異類。北洋軍閥統治時期，世界軍事技術正處在向機械化過渡的

初期，「國家的武器質量和工業能力逐漸成為戰爭勝負的決定性因素，而不再是求勝的意志、信念和自尊心。」〔註1〕雖然中國的民族主義思想不斷上升，但是沒有先進的武器裝備和武器工業作為基礎，中國人民憑一己之力無法打贏即將到來的「總體戰」。

〔註1〕〔美〕約翰·埃利斯：《機關槍的社會史》，上海交通大學出版社，2013年，第173頁。

參考文獻

一、史料

（一）未刊史料

1. 中國社會科學院近代史所檔案館藏《蔣介石日記》抄件。
2. 臺北「國史館」藏「國民政府」、「蔣中正『總統』文物」、「蔣經國『總統』文物」。
3. 臺北「中央研究院」近代史研究所藏「外交檔案」。
4. 亞洲資料中心藏（JACAR）藏「外務省檔案」、「陸軍省檔案」。

（二）已刊檔案和相關史料彙編

1. 來新夏：《中國近代史料叢刊·北洋軍閥》（五卷），上海人民出版社，1993年。
2. 章伯鋒、李宗一主編：《北洋軍閥（1912～1928）》（六卷），武漢出版社，1990年。
3. 中國第二歷史檔案館編：《北京政府檔案》，中國檔案出版社，2010年。
4. 中國第二歷史檔案館編：《民國檔案史料彙編·第三輯·軍事》（2），江蘇古籍出版社，1991年。
5. 中國第二歷史檔案館編：《護法運動》，檔案出版社，1993年。
6. 中國第二歷史檔案館編：《直皖戰爭》，江蘇人民出版社，1980年。
7. 中國社會科學院近代史研究所《近代史資料》編譯室：《徐樹錚電稿》，知識產權出版社，2013年。

8. 榮孟源、章伯鋒主編：《近代稗海》，四川人民出版社，1985 年、1988 年。

9. 張俠：《北洋陸軍史料（1912～1916）》，天津人民出版社，1987 年。

10. 《中國近代兵器工業檔案史料》編委會：《中國近代兵器工業檔案史料》，兵器工業出版社，1993 年。

11. 日本外務省編：《日本外交文書》1917 年第 2 冊。

12. 劉路生、駱寶善：《袁世凱全集》，河南大學出版社，2013 年。

13. 天津檔案館編：《北洋軍閥史料》，天津古籍出版社，1996 年。

14. 天津檔案館編：《北洋軍閥天津檔案史料選編》，天津古籍出版社，1990 年。

15. 遼寧省檔案館編：《奉系軍閥密電》，中華書局，1984、1986 年。

16. 遼寧省檔案館編：《奉系軍閥密信》，中華書局，1985 年。

17. 中國人民政治協商會議全國委員會文史資料委員會編：《中華文史資料文庫·政治軍事編》，中國文史出版社，1996 年。

18. 張研：《民國史料叢刊》，大象出版社，2009 年。

19. 中國社會科學院近代史研究所中華民國史組編：《清末新軍編練沿革》，中華書局，1978 年。

20. 政協湖北省武漢市委員會編：《武昌起義檔案資料選編》，湖北人民出版社，1981 年。

21. 毛注青：《黃興年譜》，湖南人民出版社，1980 年。

22. 張羽新、張雙志編：《民國藏事史料彙編》第 20 冊，學苑出版社，2005 年。

23. 《西藏研究》編輯部：《民元藏事電稿·藏亂始末見聞記四種》，西藏人民出版社，1983 年。

24. 廣東省國防科技工業辦公室編：《廣東軍工史料（1840～1949）》。

25. 中國社會科學院近代史研究所中華民國史研究室主編：《民初政爭與二次革命》，上海人民出版社，1983 年。

26. 《聯共（布）、共產國際與中國國民革命運動（1920～1925）》（第一卷），北京圖書館出版社，1997 年。

27. 杜春和等編：《北洋軍閥史料選輯》，中國社會科學出版社，1981 年。

28. 全國政協文史資料委員會編：《文史資料存稿選編》第 3 輯「東征北伐」，中國文史出版社，2002 年。

29. 王芸生：《六十年來中國與日本》第七卷，三聯書店，1981 年。

30. 全國政協文史資料委員會編：《文史資料存稿選編》第 2 輯，「晚清北洋」（下），中國文史出版社，2002 年。

31. 全國政協文史資料委員會編：《文史資料存稿選編》第 16 輯，「軍事機構」（下），中國文史出版社，第 2002 年。

32. 中國人民政治協商會議河北省保定市委員會文史資料委員會編：《保定文史資料》第 17 輯，2001 年。

33. 中國人民政治協商會議遼寧省委員會文史資料研究委員會編：《遼寧文史資料》第 1 輯，遼寧人民出版社，1988 年。

34. 中國人民政治協商會議遼寧省委員會文史資料研究委員會編：《遼寧文史資料》第 8 輯，1984 年。

35. 中國人民政治協商會議全國委員會文史資料委員會編：《中華文史資料文庫》第一卷，文史出版社，1996 年。

36. 中國人民政治協商會議天津市委員會文史資料研究委員會編：《天津文史資料選輯》第 33 輯，天津人民出版社，1985 年。

37. 中國人民政治協商會議全國委員會文史資料研究委員會編：《文史資料選輯》第七卷第 25 輯，中華書局，1962 年。

38. 廣州市政協學習和文史資料委員會編：《廣州文史》，廣州出版社，2013 年。

39. 黃嘉謨編：《白崇禧將軍北伐史料》，臺北「中央研究院」近代史所，1994 年。

40. 朱賽虹主編：《最後的皇朝·軍務》，故宮出版社，2011 年。

（三）日記、文集、回憶錄

1. 張國淦：《北洋述聞》，上海書店出版社，1998 年。

2. 翁同龢：《翁文恭公日記》，《中國近代史資料叢刊·中日戰爭》（四），上海人民出版社，1957 年。

3. 曾業英編：《蔡松坡集》，上海人民出版社，1984 年。

4. 曹汝霖：《曹汝霖一生之回憶》，中國大百科全書出版社，2009 年。

5. 徐永昌：《求己齋回憶錄》，中華書局，2016 年，第 90 頁。

6. 王鐵漢：《東北軍事史略》，中華書局，2016 年。

7. 張學良口述，唐德剛撰寫：《張學良口述歷史》，山西人民出版社，2013 年。

8. 張發奎口述：《張發奎口述自傳——國民黨陸軍總司令回憶錄》，當代中國出版社，2012 年。

9. 李藻麟：《我的北洋軍旅生涯》，團結出版社，2017 年，第 45 頁。

10. 〔俄〕阿納斯塔西婭・卡爾圖諾娃編，張麗譯：《來到東方：加倫與中國革命史料新編》，廣東人民出版社，2017 年。

11. 〔俄〕亞・伊・切列潘諾夫：《中國國民革命軍的北伐——一個駐華軍事顧問的札記》，中國社會科學出版社，1981 年。

12. （四）報刊

13. 佚名：《日俄戰爭之結果及中國練兵之前途》，《東方雜誌》第三卷第 2 期，1906 年。

14. 林之夏譯：《經歷：日俄戰爭戰術上之研究（譯日本明治三十九年三日版）》，《南洋兵事雜誌》，1906 年第 2 期。

15. 王裕光：《野戰重炮》，《軍事雜誌（北京）》第 36 期，1915 年。

16. 是我：《陰尚書之軍械談》，《南報》1910 年第 3 期。

17. 佚名：《袁總統之軍事秘密》，《民國新聞》1912 年 8 月 19 日。

18. 「我」：《聞情：激二次革命軍》，《大共和日報》1913 年 7 月。

19. 《吳佩孚提國稅趕造軍械》（1922 年 10 月 9 日），《大埔週刊》第 39 期。

20. 蔣光鼐：《武昌圍城之役經過概要》，《軍事雜誌（南京）》1928 年第 3 期。

二、著作和編著

1. 來新夏等著：《北洋軍閥史》，東方出版中心，2016 年。

2. 章伯鋒：《皖系軍閥與日本》，四川人民出版社，1988 年。

3. 姜克夫：《民國軍事史》第一卷，重慶出版社，2009 年。

4. 文公直：《最近三十年中國軍事史》，上海太平洋書店，1930 年。

5. 《中國近代兵器工業》編審委員會：《中國近代兵器工業》，國防工業出版社，1998 年。

6. 郭廷以：《中華民國史事日誌》（第一冊），臺北「中央研究院」近代史研究所，1979 年。

7. 章永樂：《舊邦新造（1911～1917）》，北京大學出版社，2011 年，第 51 頁。

8. 王兆春：《中國火器史》，軍事科學出版社，1991 年。

9. 王兆春：《中國火器通史》，武漢大學出版社，2015 年。

10. 《中國軍事史》編寫組:《中國軍事史‧兵器》,解放軍出版社,1983 年。

11. 周緯:《中國兵器史》,中國友誼出版公司,2015 年。

12. 邱捷:《近代中國民間武器》,社會科學文獻出版社,2012 年。

13. 鄺智文:《民國乎?軍國乎?——第二次中日戰爭前的民國知識軍人、軍學與軍事變革》,中華書局(香港)有限公司,2017 年。

14. 齊錫生:《中國的軍閥政治(1916~1928)》,中國人民大學出版社,2010 年。

15. 喬偉、李喜所、劉曉琴:《德國克虜伯與中國的近代化》,天津古籍出版社,2001 年。

16. 孫烈:《德國克虜伯與晚清火炮——貿易與仿製模式下的技術轉移》,山東教育出版社,2014 年。

17. 曾祥穎:《中國近代兵工史》,重慶出版社,2008 年。

18. 王爾敏:《清季兵工業的興起》,臺北「中央研究院」近代史研究所,1978 年。

19. 郝秉讓:《奉系軍事》,遼海出版社,2000 年。

20. 霍安治、馮傑:《中國野戰炮兵史(1900~1937)》,中國長安出版社,2015 年。

21. 火器堂堂主:《抗戰中國軍隊輕武器史料》,航空工業出版社,2014 年。

22. 劉香成編:《壹玖壹壹——從鴉片戰爭到軍閥混戰的百年影像史》,世界圖書出版公司,2011 年。

23. 駱藝、黃柳青編:《軍閥之國——從晚清到民國時期的中國軍閥影像集(1911~1930)》,人民日報出版社,2015 年。

24. 郭世貞‧裴美成:《軍事裝備史》,解放軍出版社,2007 年。

25. 徐勇:《近代中國軍政關係與「軍閥」話語研究》,中華書局,2009 年。

26. 茅海建《天朝的崩潰——鴉片戰爭再研究》,三聯書店,2016 年。

27. 周維強:《佛朗機銃在中國》,社會科學文獻出版社,2013 年。

28. 金玉國:《世界戰術史》,解放軍出版社,2012 年。

29. 興河:《天朝師夷錄——中國近代對世界軍事技術的引進(1840~1860)》,解放軍出版社,2014。

30. 戚其章:《甲午戰爭史》,上海人民出版社,2005 年。

31. 王捍珍:《中德軍事交往錄》,解放軍出版社,2016 年。

32. 邵雍：《中國近代對外關係研究》，合肥工業大學出版社，2013 年。

33. 王虹鋮：《火炮歷史的見證——館藏火炮鑒賞》，南京大學出版社，2014 年。

34. 竇坤等譯著：《〈泰晤士報〉駐華首席記者莫理循直擊辛亥革命》，福建教育出版社，2011 年。

35. 賀覺非、馮天瑜：《辛亥武昌首義史》，湖北人民出版社，1985 年。

36. 蔣緯國主編：《國民革命戰史》，黎明文化專業公司，1981 年。

37. 馮兆基：《軍事近代化與中國革命》，上海人民出版社，1994 年。

38. 胡耀忠：《民國海軍》，中國文史出版社，2017 年。

39. 繆新權等著：《北洋軍閥軍事經濟史》，黃河出版社，1992 年。

40. 曹心保：《徐樹錚與皖系興亡研究》，廣西師範大學出版社，2016 年。

41. 唐啟華：《洪憲帝制外交》，社會科學文獻出版社，2017 年。

42. 方一兵：《中日近代鋼鐵技術史比較研究（1868～1933）》，山東教育出版社，2013 年。

43. 徐平主編：《侵華日軍通覽（1931～1945）》，解放軍出版社，2012 年。

44. 徐平主編：《中國工農紅軍通覽（1927～1937）》，解放軍出版社，2017 年。

45. 陳予歡：《中國留學日本陸軍士官學校將帥錄》，廣州出版社，2013 年。

46. 伊恩·豪格：《20 世紀火炮》，吉林美術出版社，2004 年。

47. 郭慧志：《鋒從磨礪出——美國陸軍戰術體制的發展歷程》，航空工業出版社，2014 年。

48. 石源華主編：《中華民國外交史辭典》，上海古籍出版社，1996 年。

49. 李玉貞：《孫中山與共產國際》，臺北「中央研究院」近代史研究所，1985 年。

50. 茅家琦：《桑榆讀史筆記：認識論、人生論與中國近代史》，南京大學出版社，2012 年。

51. 宋其蕤、馮粵松編著：《廣州軍事史（下）》（近現代卷），廣東經濟出版社，2012 年。

52. 陳訓正編：《國民革命軍戰史初稿》（第一輯卷一），文海出版社，1973 年。

53. 姚金果等：《共產國際、聯共（布）與中國大革命》，福建人民出版社，2002 年。

54. 張光宇：《第一次國共合作時期的國民革命軍》，武漢大學出版社，1989 年。

55. 石犖編：《粵軍縱橫——李潔之將軍回憶錄》（上），明報出版社，2009年。

56. 〔德〕克勞塞維茨：《戰爭論》（第一卷），解放軍出版社，2004年。

57. 〔美〕拉爾夫・爾・鮑威爾：《中國軍事力量的興起（1895～1912)》，中國社會科學出版社，1979年。

58. 〔美〕拉爾夫・爾・鮑威爾著，陳澤憲、陳霞飛譯：《1895～1912年中國軍事力量的興起》，中華書局1978年。

59. 〔美〕埃德森・J・丁格爾著，張建軍譯：《中國的革命（1911～1912)》，中央編譯出版社。2011年。

60. 〔美〕馬克斯・布特著，石祥譯：《戰爭改變歷史——1500年以來的軍事技術、戰爭及歷史進程》，上海科學技術文獻出版社，2011年。

61. 〔美〕歐陽泰著、張孝鐸譯：《從丹藥到火炮——世界史上的中國軍事格局》，中信出版社，2019年。

62. 〔美〕魏斐德著，陳蘇鎮、薄小瑩譯：《洪業——清朝開國史》，新星出版社，2013年。

63. 〔美〕威廉・H・麥尼爾著、倪大昕、楊潤殷：《競逐富強——公元1000年以來的技術、軍事與社會》，上海辭書出版社，2013年。

64. 〔美〕裴士鋒著，譚伯牛譯：《天國之秋》，社科文獻出版社，2014年。

65. 〔美〕T.N. 杜普伊著，王建華等譯：《武器和戰爭的演變》，軍事科學出版社，1985年。

66. 〔美〕約翰・埃利斯，《機關槍的社會史》，上海交通大學出版社，2013年。

67. 〔英〕羅傑・福特著，張國良等譯：《鑒賞百科全書——槍》，中國畫報出版社，2016年。

68. 〔英〕J.F.C.富勒：《戰爭指導》，解放軍出版社，1985年。

69. 〔英〕吟唎著，王緯周譯：《太平天國革命親歷記》，上海古籍出版社，1985年。

70. 〔英〕麥吉著，葉紅衛、江先發譯：《我們如何進入北京——1860年中國戰役的記述》，中西書局，2011年。

71. 〔英〕邁克爾・E・哈斯丘：《對比與反差——火炮》，機械工業出版社，2016年。

72. 〔日〕杉本勳編、鄭彭年譯：《日本科學史》，商務印書館，1999年。

73.〔日〕岩井茂樹：《中國近代財政史研究》，社會科學文獻出版社，2011年。

74.〔日〕藤原彰：《日本軍事史》，解放軍出版社，2015年。

75. Anthony B. Chan, Arming the Chinese: The Western Armaments Trade in Warlord China, 1920～28（Second Edition）, University of British Columbia Press , 2010.

76. Diana Lary, Warlord Soldiers: Chinese Common Soldiers 1911～1937, Cambridge University Press, 2010.

77. Edward A. McCord, The Power of the Gun: The Emergence of Modern Chinese Warlordism, University of California Press, 1993.

78. William H. McNeil, The age of Gunpowder Empires 1450～1800, Washington: American Historical Association, 1989.

79. Robert O'Connell, Soul of the Sword: An Illustrated History of Weaponry and Warfare from Prehistory to the Present, Free Press, 2002.

80. Guilmartin, J.F.Jr, Gunpowder and Galleys, Cambridge: Cambridge University Press, 1974.

81. Arthur Waldron, From War to Nationalism: China's Turning Point 1924～1925, Cambridge University Press, 2003.

三、論文

（一）期刊論文

1. 李學通：《北洋六鎮編練過程考》，《歷史檔案》1993年03期。

2. 陳存恭：《民初陸軍軍火之輸入》，《中央研究院近代史研究所集刊》第6期，1974年。

3. 陳存恭：《列強對中國禁運軍火的發端》，《中央研究院近代史研究所集刊》第4期（上），1973年。

4. 潘崇：《錫良與清末雲南新軍編練》，《軍事歷史研究》2016年第3期，第69頁。

5. 侯昂妤、劉戟峰：《中國近代軍事學何以落後於日本》，《二十一世紀》總第100期，2007年，第73頁。

6. 黃金麟：《近代中國的軍事身體構建（1895～1949）》，《中央研究院近代史研究所集刊》第 43 期，第 173 頁。

7. 桑兵：《「北洋軍閥」詞語再檢討與民國北京政府》，《學術研究》2014 年09 期。

8. 張華騰：《北洋軍閥詞語探源──簡論北洋軍閥、北洋集團概念的使用》，《史林》2008 年第 3 期。

9. 劉鴻亮：《第一次鴉片戰爭時期中英雙方火炮的技術比較》，《清史研究》2006 年第 3 期。

10. 許順富：《「二次革命」失敗原因新論》，《江西社會科學》，2001 年第 4 期。

（二）學位論文

1. 李寧：《北洋新軍武器裝備建設歷史考察（1895～1911）》，國防科學技術大學碩士學位論文，2008 年。

2. 王濤：《清軍火器、軍制與戰爭──以旗營與淮勇為中心》，復旦大學博士學位論文，2007 年。

3. 趙魯臻：《危機下的變革：晚清陸軍戰術及訓練研究──以湘軍、淮軍與新建陸軍為中心的討論》，南開大學博士學位論文，2014 年。

4. 郭靜：《清末新軍後勤體制研究（1895～1911）》，陝西師範大學碩士學位論文，2012 年。

5. 施春煜：《江南製造局技術引進及其工業體系的建構》，蘇州大學碩士學位論文，2006 年。

6. 侯玲玲：《湖北槍炮廠的興建和發展（1888～1927）及其歷史作用的探析》，內蒙古師範大學碩士學位論文，2011 年。

7. 謝之玉：《1912～1926 年湖北軍隊建設研究》，華中師範大學碩士學位論文，2017 年。

8. 吳吉利：《北洋初年陸軍改造論評（1912～1916）》，華中師範大學碩士學位論文，2016 年。

9. 楊濤：《北洋陸軍第三師述略》，吉林大學碩士學位論文，2011 年。

10. 何微：《段祺瑞與清末北洋新軍炮兵制度研究（1895～1900）》，上海大學碩士學位論文，2015 年。

11. 孫志鵬：《外債與外交：西原借款研究》，東北師範大學博士學位論文，2013 年。

四、網站、數據庫

1. 全國報刊索引：http://www.cnbksy.cn.
2. 臺北「中央研究院」近代史研究所近代春秋 TIS 系統：「徐永昌日記」，「譚延闓日記」，http://mhdb.mh.sinica.edu.tw.
3. 美國國會圖書館：https://www.loc.gov.
4. 第二歷史檔案館開放檔案查詢系統：
   http://218.94.123.149：8081/shac/res/layouts/login.jsp?searchContent.

後　記

　　《史記‧伯夷叔齊列傳》曾曰：「君子疾沒世而名不稱焉」。歷史學的功能在於記錄一個個鮮活的人生故事。因此，在這本著作的最後記錄一下我的寫作過程和諸君的二三事是非常必要的。

　　這本著作能順利出版，首先要感謝我的恩師李學通教授。先生是一位正直儒雅的長者，他總是把「年長者最大的修養就是要控制住批評年輕人的欲望」掛在嘴邊，總是鼓勵年輕人多去思考和實踐，也總喜歡和年輕人一起探索新的世界。初次聆聽先生教誨，先生告誡我三件事：學好專業知識、學好外語、學會做人。這也是我一直努力奮鬥的目標。

　　先生一直以身作則，言傳身教。記得我剛到近代史所讀書，不得不與一家公司解約並要賠償，但自己荷包困窘，一籌莫展。那時，喻樂師兄突然要借錢給我讓我去支付違約金，強調要讓我務必收下。有了這筆借款，我才能付了違約金，安心讀書。雖然我深知喻樂師兄是耿直善良之人，但我還是不解其中緣由。直到畢業，喻樂師兄才敢偷偷告訴我，當時是先生要借錢給我，怕我拒絕，於是託喻樂師兄轉借。先生一再叮囑喻樂師兄不要向我透露這件事，聽到此處我已潸然淚下。這件事足見先生做人做事堪稱「行為世範」。

　　先生學問淵博，對學生的學術要求也是極為嚴格。這本著作在寫作之時，先生正在臺灣交流。幾個月間我把書稿頻頻寄往寶島，請先生批評。先生每次批閱得很仔細，每個標點、每個錯別字都會一一標出，每次修改意見近萬言。對於我引用不清的資料，先生往往要親自讀一遍原文才能放心。先生「學高為師」，能在先生門下學習，無疑是我一生的幸運。只是我自己天資魯鈍，往往

不能將文章寫到盡善盡美，所以本書中可能存在的所有錯愕，均由我個人負責。

當先生得知本書行將付梓，欣然應允為本書作序，先生的教導提攜之恩不能盡述。中國近代史所《近代史資料》研究室的劉萍老師、卞修躍老師、扎洛老師、關康老師對我也多有照拂，在此一併感謝。

我還要感謝我本科論文導師鄭峰老師。鄭老師是我學術路上的領路人，如果不是鄭老師鼓勵，我不可能走上歷史科研這條路。在這本著作寫作過程中，鄭老師也為我提供了許多寫作思路和建議。鄭老師也是一位品行高潔的正人君子。某次，鄭老師談起自己的學術理想和世俗生活之間的矛盾，曾引用明代方孝孺「群鷗得腐鼠，笑汝長苦饑」來形容自己的境遇。這句話對我的影響極深，在面臨人生名利場的抉擇時，我總能想到這句話。為什麼很多學者並不是世俗生活中志得意滿之人呢？答案可能正如顏淵對孔子說：「不容何罪。不容然後見君子。」歷史學者的境遇可能充滿坎坷，但這也愈能凸顯在紛繁複雜的世界裏高貴品格的難能可貴。又如太史公所言：「舉世渾濁，清士乃見」。鄭老師的處世哲學對我影響很深，希望我也能成為像鄭老師一樣具有史才、史學、史識的歷史學者。

感謝我的同門師兄喻樂、師弟席卿循，在生活中我們相互照顧，在學習中我們時常交流。今年疫情剛剛結束，我們師兄弟在柳州相聚，時隔多年未見，與同門師兄弟相處的時光依舊快樂又愜意。

感謝我的室友劉洋督促我學習和減肥，與他一起同窗三年使我受益良多。每當我木心不直時，他總會委婉規勸，人生能得諍友是一大幸事。感謝同系的盛羕偲同學為我提供諸多歷史資料、書籍的信息，若不是羕偲同學的無私分享，這本完成程度可能要大打折扣。感謝同係的牛猛同學和高星同學，與他們相處讓我倍感溫暖。感謝我的好友沈茂鵬同學，他一直對本書的出版極為關心，為本書出版提供了很多幫助。我的摯友李得聰、路其首、馬永凱對本書的出版亦有助力，一併感謝。

感謝我的父母的無私支持，助力我完成這本著作。父母一直鼓勵我讀書，最終讓我走上了一條不同的人生之路。在寫作此書時，我幸運地遇到了我的女朋友王慧，在國圖一起學習、談天的日子是我在北京讀書階段最幸福的時光。更幸福的是，她現在已經成為了我的太太。

　　不過人生中總有遺憾。2017 年暑期我在寫作本書的間隙回家探親。在陪祖父乘涼時，給他講日本作家湯本香樹實的《夏日的庭院》中的溫暖與人性。祖父饒有興趣地聽著，並和我約定等我工作有成，接他一起生活。孰料我回京不久，祖父就因病倉促離世，我竟沒有在祖父臨終前見到他最後一面，親人閒坐的畫面竟定格在那個夏日的庭院。

　　祖母在世時會像歸有光《項脊軒志》中描述的一樣——經常問我：「兒寒乎？欲食乎？」某次我在讀書，祖母坐我身邊拿起書視若珍寶地看了起來，近一刻鐘我才發現祖母把書拿反了，我猛然想起祖母其實並不識字，但她內心其實是有對知識的渴求。經我提醒，祖母才意識到自己將書拿翻了，祖母略顯尷尬和慌亂的眼神我現在還歷歷在目。希望祖母可以在天堂看到我的第一本著作。

　　僅將本書獻給我的祖父蔣振華先生、祖母張鳳英女士。我想您們。

蔣鐵鑫於成都

2023 年 8 月 18 日